· 语 文 教 学 研 究 丛 书 ·

语文教学的现实与图景

谭轶斌 著

SINCE 1897

The Commercial Press

商务印书馆

上海高校汉语言文学
本科教育高地建设项目

《语言教学研究丛书》弁言

　　专家学者和一线教师有关语文教学的研究是在观念和操作的层面齐头并进的。

　　尽管对语文教学的一些基本问题时有争议(比如阅读教学内容的确定性、写作教学的序列性等),对语文教学操作上的实际效果也时有怀疑。但是,令人稍稍感到欣慰的是,在语文教学的圈外,有相当多的人始终关注着语文教学、关注着语文教学的最新成果,使得语文教学和教学研究似乎已经成为关乎国计民生的大事,获得了来自民间和政府的大力支持。而在语文教学圈内,也确实有一些人以他们扎实的课堂教学,以他们实证式的教学研究,以他们深刻的思想与悠长的历史意识相渗透,以他们的反思和建构、批评和反批评,做着语文教学研究最基础的积累工作。因为他们的存在,因为他们已经取得的成绩,语文教学研究正逐渐摆脱个人即兴式的随机发挥,而日益回归理性、回归科学,回归到对教学规律的客观探求中。

　　语文教学研究的实绩当然需要科学和理性的支撑。本丛书的汇编,就是这种理性和科学的明证。但是,如何在强调科学和理性的同时,保持着作为一种语言艺术对情感与想象力等非理性因素的敏感和开放,如何在探求语文教学的技术娴熟中进一步深思更具包容性的道的境界,并把作为一种精神乳汁的母语文化意识自觉渗透到教学的点点滴滴,或者说,如同庄子在庖丁解牛中提示我们的,在技术的娴熟中达到一种融会贯通的艺术境界,以对"道"的追求来包容"技"超越"技"。这是汇编此丛书以引发人们向着更深、更高境界求索的一个愿望,但愿这样的愿望不会是一种徒劳的奢望。

2012 年 4 月 10 日

目　　录

序　言

　　语文新课程改革拉开帷幕至今已十年有余，从课标出台到理念宣传，从三维目标到教学设计，从文本解读到课堂实施，从对话教学到多元评价，从学生主体彰显到教师专业发展，大批语文人以坚定的步伐行走在这条光荣的荆棘路上。

　　尽管语文课改取得的成绩有目共睹，但依然面临着不少老问题、新问题。

　　当课程内涵从强调课程内容到强调学习者的经验和体验，从强调教材的单一因素到强调教师、学生、教材、环境四因素的整合，从强调显性课程到强调显性课程与隐性课程的并重……我们不得不思考，接下来的语文课程与教学改革将往何处去？

　　当世界各国越来越关注学生的学习与创新技能，信息、媒体与技术技能，生活与职业技能的时候，我们不禁深思，语文教育能为学生这些21世纪技能的提升做些什么？

　　当国际学生评估项目(PISA)"阅读素养"的定义不再仅仅是强调阅读的认知能力，还强调阅读的元认知能力和兴趣、态度、习惯的时候，我们无法不去直面世界改革的潮流。

　　教育不是面向过去，而是面向未来。在当前世界各国课程改革的背景下，我们的母语教育该建立起怎样的图景？当前教育改革中有一个热词——转型，语文课程与教学改革应该如何转型？

　　语文课程建设，应由学术取向转为学习取向，从"课程开发范式"转为"课程理解范式"。语文教师应承认语文课程的开放性、多元性、实践性、生态性,认识到教师与学生经验在语文学习中的重要意义,要注重学生学习动机的激发、个别差异的处理、学习环境的设计。

语文教学设计,应从"传递—接受"范式转向"平等对话"范式。语文教师应摒弃以知识传授为中心的教学设计,从"容器教学"转向人的培养,关注情境对认知的作用,告别"教教材",走出知识本位,从仅仅关注学科逻辑转向关注学科逻辑与心理逻辑的整合。

语文课堂实施,应由控制转为交互。语文课堂须改变教师"独白"的现状,让学生的力量充分发挥,从单向度教学走向主体性对话,从假结构走向真结构,从"岩石逻辑"走向"岩石"与"水"的逻辑的整合。

语文教学评价,应由传统"对学习的评估"转为多元化"促进学习的评估"。学生参与语文活动的积极性如何?在小组内是否展开了逼近语文学科本质的探究活动?语文学习是否从消费走向了生产,从继承走向了创造?

所有这些,都是在不断追求教育的"返魅"之路。

马克斯·韦伯提出"世界的祛魅",即祛除巫术、魔法和神秘性,祛除传统、情感乃至价值理性。由此,精神、价值和道德因素被排斥在外,工具理性不断发展,世俗化和功利化成为时代的标签。以格里芬为代表的建设性后现代主义提出了"返魅"的世界观。在他们看来,如果要解决人类社会今日的诸多问题,并防止其继续恶化,就必须把人同自然、同整个宇宙的其它部分融为不可分割的统一体,主张容忍复杂性、多元性、不确定性和自然的神秘性。

当教育从学徒制时代,进入普遍学校教育时代,再进入终身学习时代,我们当能形成这样的理解:教育的"祛魅",即把教育认作流水线,把学生或当作产品,或当作容器,或当作知识的消费者。教育的"返魅",就要把每一个学生都作为"完整的人"对待,不是重在学会知识,而是重在学会学习。

　　真正的学习取向、深层的平等对话、真实的课堂交互、促进学习的评价,难道这些不是语文课程与教学改革所期冀的图景吗?

　　图景不是空中楼阁,必须建立在现实的基础之上。

　　图景不是一纸空文,只有潜心实施才会成为现实。

课程改革的目标与价值

改善后的标准与基于标准的改革

《义务教育语文课程标准(修订稿)》(下文简称"修订稿")在课程定位、课程目标与内容、课程实施以及附录等各个方面,都在《义务教育语文课程标准(实验稿)》(下文简称"实验稿")的基础上做了修改与完善。改善后的课程标准将对今后的语文课程改革起到更积极的引领作用。

平衡:在语言文字的运用和思想文化修养的提升间,进一步理清了关系

修订稿在"课程性质"中开宗明义:"语文课程是一门学习语言文字运用的综合性、实践性课程。义务教育阶段的语文课程,应使学生初步学会运用祖国语言文字进行交流沟通,吸收古今中外优秀文化,提高思想文化修养,促进自身精神成长。工具性与人文性的统一,是语文课程的基本特点。"

这段描述进一步清晰了语文课程的定位,明确了语文课程的基本特点。语文不是知识性课程,也不是理论性课程,而是实践性课程,因此,语文学习不是在于获得知识的"带宽",掌握静态的语文知识。语文也不是单一性课程,或语言学、或文字学、或文章学、或文学,而是综合性课程,因此,语文学习不能只顾及一方。语文学习的任务主要有两方面,一是培养理解和运用祖国语言文字的能力,二是

提高思想文化修养,体现语文学科的育人价值。更为重要的是,两者密不可分,高度融合。

因此,我们绝不能片面理解语文学科的性质,随意曲解"工具性和人文性的统一"的观点。工具性一旦和思想文化绝缘,语文教育必是死的,最终将只剩下躯壳;人文性一旦和语言文字脱钩,语文教育必是虚的,最终只能使语文不像语文。

这属于本体论范畴,它应当是语文教师的思考基础与认知背景,如果缺少对此的正确认识与基本理解,就会影响日常的教学行为。但事实不争。前些年,不少教师过于注重人文性,在教学中往往注重对内容的理解感悟,注重拓展延伸,注重旁征博引,忽略了对语言的含英咀华,忽略了文本形式。很多时候,语文课偏向于了文学课。

但近些年,在强调"语文味"的背景下,有的教师教《向中国人脱帽致敬》,仅要求学生体会主人公答辩的机巧睿智和层层推进的写作手法,至于字里行间所弘扬的民族志气、民族自尊和对文化认同的坚持,则成了可有可无的东西,或者只成为一种点缀和装饰。可以说,在今日的部分语文课堂上,人文精神的枯萎、终极关怀的泯灭、工具理性的泛滥又开始占上风。①

修订稿指出,"应该重视语文课程对学生思想情感所起的熏陶感染作用,注意课程内容的价值取向,要继承和发扬中华优秀文化传统和革命传统,体现社会主义核心价值体系的引领作用……"当前,社会上时有人批评语文教育过于注重道德教育,怀念20世纪三四十年代的语文教育,对欧美的语文教育也羡慕不已。其实,我国传统语文教育历来重视对学生情感的教化、思想的陶铸,当前世界各国的母语教育也都极其重视德育因素。修订稿的价值取向,既继承了传统,又符合全球教育趋势。

修订稿进一步理清了语言文字运用和思想文化修养提升之间水

---

① 参见拙作《语文:须立"现代文明人"》,载《语文学习》2010年第10期。

乳交融的关系,使我们进一步认识了工具性和人文性的统一,万不可偏废于一方。任何改革,最怕的就是走极端,课程改革亦是如此。很多时候,改革就是求取平衡,这绝不是"中庸之道"。语文课程的"双性统一",体现了国家课程改革的精神,也反映了当今世界"科学主义"与"人文主义"两种教育思潮逐渐靠拢的大势。

前瞻:在对语文教育优良传统的继承和 未来公民素养的培养间,进一步体现出融合

修订稿在"前言"中有这么一段话:"当今世界,经济全球化趋势日渐增强,现代科学和信息技术迅猛发展,新的交流媒介不断出现,给社会语言生活带来巨大变化,对中华民族优秀传统文化的继承,对语言文字运用的规范带来新的挑战。时代的进步要求人们具有开阔的视野、开放的心态、创新的思维,对人们的语言文字运用能力和文化选择能力提出了更高的要求,也给语文教育的发展提出了新的课题。"

面对这一"新的课题",修订稿在"课程基本理念"中作了强调:"语文课程的建设应继承我国语文教育的优良传统,注重读书、积累和感悟,注重整体把握和熏陶感染;同时应密切关注现代社会发展的需要,拓宽语文学习和运用的领域,注重跨学科的学习和现代科技手段的运用,使学生在不同内容和方法的相互交叉、渗透和整合中开阔视野,提高学习效率,初步养成现代社会所需要的语文素养。"

"语文素养"这一概念,在实验稿中已被旗帜鲜明地提出。语文课程强调"全面提高学生的语文素养"这一课程理念,体现出语文教育必须促进学生知识、技能和情感、态度、价值观等多方面的整体发展与和谐发展,体现了语文水平高低是学生多方面因素综合体现的思想。

修订稿中的语文素养,是"现代社会所需要的语文素养",其内涵和外延比实验稿中有所扩展,涵盖了科学技术普及所带来的新要求。如修订稿"总体目标与内容"的第十条明确指出:"学会使用常用的语文工具书。初步具备搜集和处理信息的能力,积极尝试运用新技术和多种媒体学习语文。"这一要求在"学段目标与内容"中有更具体的描述,此处不作引用。

"积极尝试运用新技术和多种媒体学习语文",这一修订稿中新增的内容,向我们传递出这样的信息:教师应适当改变教学目标和教学方法,培养学生的信息素养、媒体素养和技术素养,使他们成为跟得上时代节拍的 21 世纪合格公民。

就媒体素养看,国际上许多国家,如英国、加拿大、新西兰、澳大利亚、日本等国,早就把媒体教育纳入正规教育体系之中,中国台湾、中国香港地区也已在 21 世纪刚刚到来之时,在语文课程中纳入了媒体素养。美国基础教育界于 2007 年推出了"21 世纪学习框架",该框架强调 21 世纪核心课题与主题是发展学生的学习与创新技能,职业与生活技能,还有数字化素养(包括信息素养、媒体素养、信息与通信技术素养)。①

当今时代,信息素养、媒体素养、技术素养,已不再是某些专业人员所特有的素养,而是每一个公民都应该具备的基本素养。提高学生的这些素养,语文课程负有义不容辞的责任。对这一点,修订稿已发挥了风向标的功能。如何让生活在数字化信息世界中的学生,有效地获取信息、客观地分析信息、批判性地评价信息、创造性地使用信息,是每一名语文教师应该思考和实践的新课题。

修订稿还有一处新的表述,同样是一盏导航灯。在"年段目标与内容"(第四学段)的阅读要求中,增加了"阅读由多种材料组合、较为

---

① 伯尼·特里林、查尔斯菲德尔:《21 世纪技能——为我们所生存的时代而学习》,天津社会科学院出版社 2011 年版。

复杂的非连续性文本,能领会文本的意思,得出有意义的结论"。

在 2009 年"国际学生评估项目"(Programme for International Student Assessment,简称 PISA)中,上海学生在连续文本分量表上的平均成绩为 564 分,位列全球第一(比第二名韩国高出 26 分),达到 6 级和 5 级水平的分别为 3.6% 和 20.1%。但是,上海学生在非连续文本分量表上的平均成绩为 539 分(比韩国低 3 分),达到 6 级和 5 级水平的学生比例分别为 1.9% 和 12.8%。可见,上海学生在连续文本分量表与非连续文本分量表上的成绩差异高达 25 分,在总成绩高于 OECD 平均值的参与国家和地区中差异最大,说明上海在不同文本形式的课程内容上分布不均衡。[①] 尽管这只是上海学生的表现,尽管非连续文本不仅仅出现在语文课程的阅读中,但随着非连续文本,如清单、表格、图表、图示、广告、时间表、目录、索引等在生活中的作用日益重要,阅读非连续文本的能力,已成为未来公民的素养之一。在语文课程中关注非连续文本的阅读,已成为世界各国课程改革的潮流。

此外,诸如修订稿对综合性学习和思维能力培养的重视,也体现了对未来公民所应具有的社会责任感、思维能力、创新精神和实践能力的高度重视。

人本:在学段目标、内容的调整与学生认知发展的规律间,进一步体现出累积性

修订稿和实验稿一样,仍是按 1—2 年级、3—4 年级、5—6 年级、7—9 年级四个学段,从"识字与写字"、"阅读"、"写作"、"口语交际"、

---

① PISA 中国上海项目组编著:《质量与公平——上海 2009 年国际学生评估项目(PISA)结果概要》,上海教育出版社 2010 年版。

"综合性学习"等五大板块呈现"学段目标与内容"。相比实验稿，各学段中各板块的目标与内容，梯度更明显，层次更清晰，内部一致性更强，学段间的衔接更紧密，更尊重学生的认知发展规律。

例如，关于"现代文阅读"，第一学段针对浅近的童话、寓言、故事，提出相应阅读要求，"向往美好的情境，关心自然和生命，对感兴趣的人物和事件有自己的感受和想法，并乐于与人交流"。第二学段针对叙事性作品，提出能"复述大意，初步感受作品中生动的形象和优美的语言，关心作品中人物的命运和喜怒哀乐，与他人交流自己的阅读感受"。第三学段针对叙事性作品，提出要"了解事件梗概，能简单描述自己印象最深的场景、人物、细节，说出自己的喜爱、憎恶、崇敬、向往、同情等感受"；针对说明性文章，提出"能抓住要点，了解文章的基本说明方法"；针对简单的非连续性文本，提出"能从图文等组合材料中找出有价值的信息"。第四学段针对文学作品，提出"欣赏文学作品，有自己的情感体验，初步领悟作品的内涵，从中获得对自然、社会、人生的有益启示。对作品中感人的情境和形象，能说出自己的体验；品味作品中富于表现力的语言"；对简单议论文，提出能"区分观点与材料（道理、事实、数据、图表等），发现观点与材料之间的联系，并通过自己的思考，作出判断"；对新闻和说明性文章，提出"能把握文章的基本观点，获取主要信息"；对科技作品，还提出"应注意领会作品中所体现的科学精神和科学思想方法"；对较复杂的非连续性文本，提出要求——"能领会文本的意思，得出有意义的结论"。

可见，每个学段的阅读要求，都建立在该年段学生的阅读基础、认知规律、思维特征之上，呈现出循序渐进的特点。阅读的内容随着年段的增高而呈现出多样化，阅读的要求也随着年段的增高逐步提升。譬如，同样是叙事性作品，第三学段的要求就是在第二学段的基础上更进一层；同样是说明性文章、非连续性文本等，第四学段的要求明显高于第三学段。

写作同样如此。第一学段定位于"写话"，第二、三学段定位于

"习作"，第四学段定位于"写作"。概念的变化，带来的实则是理念的变化、目标的变化和要求的变化。这样的变化，呈现了不同学段的特色和差异，也体现了对写作过程的重视。而有些要求，则在不同的年段反复强调，并螺旋式上升。如对想象力的培养，第一学段明确"写想象中的事物"；第二学段提出"能不拘形式地写下自己的见闻、感受和想象"；第三学段提出"能写简单的记实作文和想象作文"；第四学段强调"运用联想和想象，丰富表达的内容"。

反复强调的内容，反映了对该方面教学的导向。像日常教学中教给学生的那些"蔚蓝的大海""灿烂的阳光"等毫无意义的范式，对培养学生的想象没有任何益处，规避了学生对自然的观察和心灵的放飞。

关于课程内容的组织，泰勒曾提出连续性、顺序性和整合性三项基本原则，强调每一个后继内容要以前面的内容为基础，同时又对有关内容加以深入、广泛地展开。在加涅看来，人类学习的复杂性程度是不一样的，是由简单到复杂依次推进的，学习任何一种新的知识技能，都是以已经习得的从属于它的知识技能为基础的。①

修订稿的目标与要求以累积性的方式组织安排，既体现了语文学科知识与能力的系统性与完整性，又有利于提醒教师，去帮助学生由易到难、由浅入深地掌握知识，发展能力，切不可不顾学生实际，一味拔高教学要求。只有避免了这样的"好心办坏事"，才有可能提高语文教学效益。

此外，修订稿适当降低了第一、第二学段的识字写字量的要求。降低要求，许是更多地考虑到全国各省市教育的均衡，以切实减轻学生的学业负担。

学科课程标准在有些国家是最低标准，在有些国家是最高标准，

---

① 王凯文：《美国课程标准之评价标准的比较、评价与借鉴》，载《比较教育研究》2004 年第 1 期。

就我国义务教育课程标准看,则是基本标准。如果课程标准要求过高,且偏重书本知识掌握的话,会造成教育方针与课程内容之间的矛盾。因此,类似识字量这样的调整,体现了对每一个完整个体发展的关注。

修订稿新增了《识字、写字教学基本字表》,明确了"先认先写"的300个字。同时,在第三学段"识字与写字"的要求中强调,"能用毛笔书写楷书,在书写中体会汉字的优美",第四学段强调,"临摹名家书法,体会书法的审美价值"。去年颁布的《教育部关于中小学书法教育的意见》,也强调了这样的理念与要求。书法被联合国教科文组织列为非物质文化遗产代表作名录,意义就在于它的非物质性,在于书法所积淀的美学价值和人文精神。所以,这样的要求不为过,完全符合书法的价值取向。我们要通过教学彰显这样的价值取向,让写字的过程,让整个语文教育的过程,成为育人的过程。

除上文所涉的各方面体现出了修订稿在实验稿基础上的改善之外,修订稿在"实施建议"部分也做了相应调整,尤其是针对近些年语文教学中出现的问题和偏差,强化了某些要求,如"教师应加强对学生阅读的指导、引领和点拨,但不应以教师的分析代替学生的阅读实践,不应以模式化的解读来代替学生的体验和思考;要善于通过合作学习解决阅读中的问题,但也要防止用集体讨论代替个人阅读"等。可以说,修订稿在对课程静态结构的设计和对课程动态教学的引领之间也实现了进一步的融合。

【就什么说点什么】

今日的课程改革,很大程度上是基于标准的改革,即所谓"标准驱动"。因此,课程标准的"灯塔"作用不言而喻,其指导性和约束力,更是彰显在课程改革的每一个环节中。

就当前世界各国母语课程标准来看,有些国家提供了"内容标准",有些国家提供了"学习水平分类",目前的修订稿中尚未有这方面的内容，这恐有修订组专家们的立场。确实，标准不是圣诞树，不必什么东西都往上挂，一切都要从本国实际出发。

　　基于标准的教学，也应如此。

刍议"以学定教"

在质疑中拉开帷幕

教师：《合欢树》读过没有？（学生答：读过了）读过了，那我们看看有什么问题？我说过三类问题，请大家提出来讨论。先自己看看，拿出笔写写。如果已经想好了，或者举手，或者站起来都可以。（学生看书、思考、做笔记后开始提问）

学生："我心里一阵抖"，为什么作者不愿去看小院子，后来又后悔前两年没有去看，后悔但始终没有去看？

学生：也是第9页，为什么最后一段说："有一天那个孩子长大了，会想到童年的事，会想起那些晃动的树影儿，会想起他自己的妈妈，他会跑去看看那棵树。但他不会知道那棵树是谁种的，是怎么种的。"

教师：也就是"孩子"在这篇文章里有什么寓意。

学生：题目是《合欢树》，为什么前面大部分都没有讲到合欢树，最后一小部分才讲到合欢树，这合欢树到底代表着什么？

教师：包含两个问题：一个是结构上的，一个它的内涵。

学生：第8页，"我摇车离开那儿，在街上瞎逛，不想回家"，"我摇着车在街上慢慢走，不急着回家"，这两处作者心情有何不同？

教师："摇车""不想回家""悲伤也成享受"，怎么理解？

⋯⋯⋯⋯⋯⋯

教师：这节课，我们主要解决大家提出的内容、语言、结构这三个方面的问题。

这是语文特级教师步根海执教的《合欢树》一课开始的教学片段。教学是在学生的质疑中拉开帷幕的，课堂要解决的问题全部来自于学生。课始，教师鼓励学生提出问题，当一个个问题"出炉"后，教师迅速地把握"火候"，及时地对所提问题进行完善，或归纳、或概括、或明确范围，因势利导，明确该堂课的学习任务，让学生心中有一本了明细账。接下来的教学均从这里展开，在解决问题的过程中，教师不以真理的垄断者自居，而是以富有启发性的语言，适时地为学生指明道路。在这样的课堂上，学生真正地成为主体——不是表面的、形式的主体，而是内在的、情感的、思维的，乃至灵魂的主体。

这不就是"以学定教"的一个范例吗？

一个且新且旧的教学主张

其实，若往前追溯，先秦时期的教育文献《学记》中就有以学定教的教学主张。

"使人不由其诚，教人不尽其材"，强调了一名好教师不是要把自己的理解告诉学生，而是要尽力帮助学生发现属于他自己的东西。"知其心，然后能救其失也。教也者，长善而救其失者也"，教师要善于了解每一个学生的特点，这样才能弥补他的不足，帮助他发扬长处，纠正他在学习中的偏差。孔子提出的"不愤不启，不悱不发"，从今天来看，也充满了以学定教的意味。

同样，苏格拉底名闻遐迩的"产婆术"也在强调，教师的职责是帮助学生自己重新"发现"早已存在的观念。因此，他在课堂上从不讲授所谓的知识，而是不停质问，若学生反驳，他非但不以为忤，反而击节赞赏，于是学生免除了恐惧，畅所欲言，或与之针锋相对，或与之如切如磋。维果茨基提出的"最近发展区"理论,则可用来作为以学定教的心理学机制。

一种既受重视又被冷落的教学行为

笔者曾和一些青年教师于 2004 年做过一次较大规模的上海市中学语文教师课堂教学现状调查。

当被问及在设计课堂教学目标时,是否会以某个层次学生的学力水平为基准,67.2％的教师表示"经常会",30.1％的教师表示"有时会",只有极个别的教师表示"较少"或"从不"考虑学生的学力水平。

在被问及"您认为课堂教学过程中最突出的问题是什么"时,45.3％的教师认为是"不善于根据学生的学习进程和实际水平调整教学环节",41.6％的教师认为是"在教学中不留余地,很少留有质疑的时间",只有 10.2％和 2.9％的教师认为是"教学步骤不清,环节之间有跳脱"或是"语文知识讲错"。

从上述数据来看,绝大部分教师在十年前就已认识到结合学生实际来设计教学的重要性,教师心中都已铭记着学生主体,都有着以学定教的意识。教学的主要矛盾显然不在于能否意识到"以学生为本",而在于如何灵活地运用策略,以有效地达成目标。

确实,上好一堂课,教师要考虑教学目标是否科学、集中、明确、可测;教学内容如何体现合宜与适切;教学过程中要为学生提供怎样的学习"鹰架"……因为这些因素都会从不同层面影响教学的有效性,但有一个前提因素万万不能忽略,那就是学生。

今天的不少语文课堂,从教的层面来看,教学内容科学准确,教学环节清晰完整,教学手段丰富多样,课上得精致,甚至堪称完美;但若从学的层面来观察,学生所学仍是支离破碎,学习过程中更多的是被动,课堂上少有那灼灼求知的眼神和积极发言的欲望。究其原因,教师的"教"还是未能真正地从学生的"学"出发。更有甚者,漠视学生的参与态度、学习情感以及精神价值,只关心实用的目的,以及实现目的的手段。在此种情况下,学生早就由主体变成了客体,非但失去了自主性,其作为个体的独创性、想象力也大大缩减,最终造成了主体价值和意义的失落,这样的课堂是病态的。

针对不同学习水平的学生确立不同的教学内容

如果说一堂课是教师所创造的作品,那么这种作品一定有别于其他的艺术作品,因为它不是静态的成品,而是动态的学习经验,教师须"放下身段",让学生共同参与和经历才可完成,而创造的重要前提是关注学生的学习起点,包括他们的知识基础、思维能力、生活经历、情感状态、认知态度等等。

比如,杜甫的《登高》一诗,针对不同学习水平的学生,应确立不同的教学内容。如果所学内容过易或过难,学生都会失去学习兴趣,只有当教学内容是让学生"跳一跳才能摘到的果子"时,才是最有效的。这首诗若是在小学阶段学,只要让学生找出诗人描写了秋天的哪些景物,了解诗歌的大致意思,然后读读背背即可。如果在初中阶段学,可让学生抓住描写景物特征的词语谈感受和理解,思考景物描写与诗人内心情感之间的关系,同时也把握它作为"古今七律第一"的形式美。如若在高中阶段学,该让学生去感悟杜甫在登高时所触发的人生悲怀以及大唐帝国由盛转衰的时代氛围,从而走进杜甫的心灵深处,同时体会其诗歌沉郁顿挫的风格;对基础更好的学生,还可对木叶意象、登高题材等作些探究。

【就什么说点什么】

"以学定教"作为一个比较完整的概念提出,大约是在 20 世纪 90 年代。在北京的韦国锋看来,以学定教是"以学生的身心发展素质为基础,以科学的学习规律为依据,以科学的学习方法为纲要,以发展思维,提高学习能力为主线,以素质充分发展为目标,以高效的学习思路为设计蓝图,遵循相应的教学原则,让学生在积极主动的学习活动中,建立合理的知识结构,获得科学高效的学习方法,形成较强的学习能力,养成良好的思维品质,身心素质和谐发展。"① 广东的鲍银霞对以学定教的基本内涵做了界定:"以学定教是指教师根据学生的成长需求、学习准备、个性特点、发展潜能等设计和实施教学活动,并依据学生的学业进步程度评价和调节自身的教学行为,从而达到促进学生有效学习的根本目的。"②

理想的课堂教学应该如水一样随"物"而赋"形"。如果教师只单方面按教材逻辑和自己的思路,而不是随着学生的学习愿望、学习兴趣、能力发展去设计教学,那又岂能会产生良好的教学效果?很多时候,粗砺的课堂因其更多关注学生,而比精致的课堂更有张力;有缺憾的课堂因其凸显真实,反比完美的课堂更受学生欢迎。

以学定教,让人扪心自问:我的心中有学生吗?

---

① 韦国锋:《"以学定教"的十年研究》,载《基础教育研究》2007 年第 12 期。
② 鲍银霞:《以学定教的基本内涵和实现途径》,载《现代教育论丛》2008 年第 4 期。

实现从"重教"到"重学"的转型

"三种境界"

一位物理教师从教三十年,有人问他体会。他说,第一个十年是他在教物理,第二个十年是他在教学生探索物理,第三个十年,是学生在探索的时候,他在一旁提供帮助。这可以说是三种境界,由教学生知识,到教学生运用这些知识探索未知,再到学生要帮助时提供及时的帮助。

第一个十年是"惟我之境",第二个十年是"有我之境",第三个十年是"无我之境",这"三种境界"的变化背后,是教师角色观念的转变,是学生地位的彰显。

这是我前不久从《教育,春天里的发现》①一书中读到的。

今天,我们的课堂做到了吗?

新课改从课程设计和教学实施两方面强调了要为学生提供学习经历并获得学习经验的理念,既强调课程设计要从学生的角度出发,要与学生个人的经历和经验相联系,确立学生在学习中的主体地位,又强调教师要关注学生体验、感悟和实践的过程,通过学习情境的创设、实践环节的开发和实践渠道的拓宽,来丰富学生的经历和经验,改变学生的学习方式,从而实现知识传承、能力发展、态度与价值观

---

① 钟发全:《教育,春天里的发现》,江苏教育出版社 2009 年版。

形成的统一。

岩石为什么不是生命体呢？

有位教师在教学生命体和无生命体的时候，举了他认为最为典型的沙鼠和岩石的例子，强调沙鼠是生命体，岩石是无生命体。但年幼的学生却提出了质疑："岩石也会改变，岩石也会移动，岩石为什么就不是生命体呢？"这位教师猛然想起，有一次他带学生们外出游玩时，曾跟他们解释岩石如何随着冰川滚下山顶，岩石的形状如何随着时间流逝而改变。这时，另一名学生补充说："岩石也会繁衍，大岩石能分裂成许多小岩石。"

学生们的身上涌动着多么可贵的创新意识！伟大的发现，有时就来源于学生们好奇的思维之中。

在"世界是平的"这样一个时代，社会竞争日益激烈，现代社会越来越需要创新型人才，而创新型人才就需要终身的学习能力。审视当前的教育环境，素质教育已成为广大教育工作者的共同愿景，但应试教育仍没有退出历史的舞台，读书改变命运的功利色彩依然严重，学校教育注重知识灌输，忽视学生创新精神、实践能力和健全人格培养的现象不属个别。

为何学习？何谓学习？

在今天的不少莘莘学子看来，学习是一件痛苦的事情，与"愉快"几乎沾不上边，而且，年级越高痛苦感越强。可以说，在学习面前，很多学生是被动、沉默，乃至愁苦的。这其中，一部分学生奉行的是"分数至上"，他们之所以学习，是因为把学习与考试得高分看作是求得幸福人生的通行证;另一部分学生奉行的则是"学习无用",他们之所以学习,是因为迫于父母和老师的威逼。随着年级的升高,不少学生的学习积极性呈现下降的趋势,他们从原先对学习的热爱转为对学习的冷淡,甚而至于出现了对学习的厌倦,陷入了"习得无助"的泥潭。

《论语》开卷标题为《学而》,所记孔子的第一句话为"学而时习之,不亦说乎",用今日的话来说,就是"学了时常温习、练习,不是很愉快吗?"然而,无论是哪一类学生,学习对于他们来说,除了苦和累,就很少有其他的了,尤其谈不上快乐。

何谓学习? 我们的祖先有自己的表述。《礼记》中的"学者,觉也",强调了学习的真义;《论语》中的"学而不思则罔,思而不学则殆",指明了学习的原则;程颐所说"学莫贵于自得",道出了学习的方法,《学记》中"化民成俗,其必由学",阐述了学习的功能。

在西方,也有许多专家对"学习"给出过定义,并提出了各种学习理论:桑代克的早期刺激—反应学习理论、格思里邻近学习理论、赫尔驱力还原学习理论、斯金纳操作学习理论、皮亚杰建构主义学习理论、布鲁纳认知结构学习理论、奥苏贝尔认知同化学习理论、加涅的信息加工学习理论与累积学习理论、布卢姆掌握学习理论、班杜拉社会学习理论、罗杰斯人本主义学习理论等。

这些学习理论,从不同层面强调了学习的内在价值,也使我们看到人们对学习内在价值的认识经历了一个不断深化的过程。以前,人们比较注重具体的知识和技能的获得,因此更关注机械训练、关注结果,学生的情感体验没有得到重视。随着认知心理学的兴起,人们开始关注学生内在的思维过程及其认知结构的变化,强调学习的方法和认知过程。随着人本主义心理学的兴起,人们越来越清晰地认识到,学生在学习过程中是"完整的人"。

比如人本主义学派的罗杰斯认为,意义学习应包含四个要素:一是个人参与,即整个人(包括认知和情感)都投入到学习活动中;二是自我发起,即使推动力来自外界,但发现、获得、掌握和领会是来自内部的;三是渗透性,即学习会使个体的行为、情感、态度乃至个性均产生变化;四是自我评价,其表明学习是一种负责的行为。在认知主义学派的奥苏贝尔看来,在意义学习中,要注意三个要点:一是学习不能从零开始,因为学生不是一张白纸;二是学习要发挥主动性,因为学生不是一台机器;三是学习内容要有逻辑、有意义地呈现,因此不能是材料的简单堆砌。

这些认识,不再仅仅强调学生的"认知",而是更多地强调了态度、情感及其过程。可以说,学习的内在价值已由原先的工具性转移到了关注个人潜能充分实现的发展性上来。

新课改提倡的三维目标,让我们进一步思考学习的内在价值。学生的学习不仅仅是要获得知识与技能,学习的过程与方法对其长远的发展同样具有巨大的价值和意义,情感、态度和价值观更是对其整个学习过程起着调控、定向与整合的作用。

日常教学中的"好心办坏事"

今天,老师们都把"有效教学"奉为圭臬,在课堂上试图通过各种教学手段去有效地达成教学目标,但结果并不是想象的那样。老师们教得辛辛苦苦,学生的学习积极性却始终得不到激发。为什么?

这不禁让人想起了关于三组小白鼠的一个实验。研究人员把一群刚出生的小白鼠分成三组,对第一组小白鼠采取的行为是,不进行任何训练,只让其吃饱睡好;对第二组小白鼠进行简单机械的重复训练;对第三组小白鼠则进行丰富多样的训练。一段时间过后,研究人员有两个发现:第一,第三组的小白鼠大脑皮质生长最快,脑容量最大,大脑发育要明显好于其他两组小白鼠;第二,第二组小白鼠的大脑发育比第一组的还要差。这第二个发现无疑是令人震惊的——进行简单机械的重复训练,其危害性甚至大于不进行任何训练。

在日常教学中,我们又有多少这样的"好心办坏事"呢?

相信每位教师的心中都有着"学生是教学的主体"这一图谱,但一到课堂上,演绎出的却时常是"教师中心"的教学行为。一旦学生对问题的理解出现障碍,不少教师总是舍不得花时间让他们去思考、去体悟,而是直截了当地报出答案,美其名曰"抓紧时间";一旦学生的回答与教师事先预想的答案有距离时,不少教师总是千方百计地把学生的思维纳入自己的思维轨道上来。课堂上,教师喜欢给出一个个"句号"与"感叹号",而把本该属于课堂的"问号""省略号"踢到了教室门外。

很多时候,学生只是"被主体"了。教师一味地塞给学生知识,学习非但无效,甚而至于倒了他们的胃口。即使没有危害,简单、机械、重复的学习,充其量也只能算做是完成了表层的学习任务,只能让人看到石头就是一块石头,沙子就是一粒沙子,它不可能让学生从一块石头里看到风景,从一粒沙子中发现灵魂。

从"教"到"学",虽一字之变,却境界全出。

研究学生学习的动力系统

有位学生采用了自己独特而有价值的方法,正确地求解出一道题目之后,老师很兴奋地用这位学生的名字来命名。这"某某解题法"不仅对这名学生产生了深远的影响,对他的同伴们也产生了巨大的鼓舞和鞭策作用。

常言道:"知之者不如好之者,好之者不如乐之者。"要消除学生的厌学心理,就必须提升学生的学习动机,恢复其学习兴趣、学习动力、学习志向。真正意义上的学习一定是建立在关注自我成长与发展基础之上的,因此,教师要不断地唤醒人的自然天性中蕴藏着的探索的冲动,完善学生的自我发展,培养学生对学习的终身热爱。如果学生具有强烈的内驱力,就能使有效学习得到长久的维持;如果学习的动机更多地来自外在的压力而缺少主动性,那么一旦失去外在压力,学习也将终止。

学习动机又称"学习动力",即学习活动的推动力,是引起和维持个体的学习行为以满足学习需要的心理倾向。它并不是某种单一的结构,而是由各种不同的动力因素组成的整个系统所引起,包括对知识价值的认识、对学习的直接兴趣、对自身学习能力的认识、对学习成绩的归因等多个方面。

动机和学习之间的关系是辩证的,学习能产生动机,动机又推动学习,两者互为关联,互为影响。有了强烈的动机,学生才有可能取得良好的学习效果,具体表现为:

◎动机推动着学习活动,能激发学生的学习兴趣,保持一定的唤醒水平,指向特定的学习活动。

◎有些学习可以不靠动机,在没有任何明确学习意向的情况下偶然发生,但若要有效地进行长期的有意义学习,绝对离不开动机。

◎动机通常并不是直接卷入认知的相互作用过程中,也不是通过同化机制发生作用,而是通过加强努力、集中注意及其对学习的准备,来影响认知的相互作用过程。

◎动机的强度影响解决问题的效率,动机过强或过弱,不仅对学习不利,且对保持也不利。

◎动机水平高的学生,其成就也高;反之,高成就水平也能导致高动机水平。

学习动机的多样化,派生出多种不同的动机理论,影响较大的有自我效能感理论、归因理论、强化论、需要层次说、成就动机论等,掌握这些理论能更好地研究学生学习。

激发学生学习动机的方式也是多种多样,比如:

◎将学生的意见列入课程规划,从而为学生提供多样化的学习形态。

◎树立"进步即成功"的理念,让学生充分体验成功,使课堂成为学生学习的乐园。

◎转变评价观,相信多一把尺子就会多出一批好学生。

◎适时的赞美与表扬能帮助学生树立学习的自信。

◎引导学生用积极的态度面对学业的挑战,相信"能挑战的学生才是最灵动、最美的"。

◎帮助学生运用探索的技巧,善用学生的好奇心,强调理解而非死记。

◎提升师生间的互动,因为课程即是赛跑。

研究学生学习的动力系统,是为了把学生从"习得无助"的泥潭中解救出来,是为了不让学生失去起跳的力量,是为了让每个学生都能昂首挺胸。

研究学生学习的操作系统

"未来的文盲不再是不识字的人,而是没有学会怎样学习的人",埃德加·富尔在《学会生存》一书中作了如此强调。如何让学生学会学习,实现从"学会"到"会学"的转变,涉及学习方式和学习方法的问题。

学习方式是指学生在完成学习任务过程中基本的行为和认知的取向;学习方法是指学习过程中学生所采取的具体活动措施与策略。常用的学习方法有很多,科学记忆、概念图、思维导图、列提纲等都是很好的学习方法。很多专家也都有自己独特的学习方法,如著名数学家华罗庚就有"由薄到厚,再由厚到薄"的学习方法,"由薄到厚"是指知识的摄取和积累过程,是加法;"由厚到薄"是指知识的提炼和升华过程,是减法。无论是哪一种学习方法,其掌握与运用都是实践性很强的技能，光靠教师的说教，学生是无法掌握的。

一般来说，学习方式有两大类，一类是传统的学校教育所采用的学习方式，即注重学生对知识的接受和独立完成任务，其特性是被动、接受、封闭；另一类则是在对传统学习方式进行反思和批判的基础上形成的学习方式，注重学生对知识的构建和共同完成任务，主动、发现、合作是其主要特征。这两大类学习方式都有其合理性。

比如，我们所说的"直接学习"，以教师讲授为基本特征。有经验的教师所组织的内容精要的讲演，涵盖大量的信息，并且包含许多学科领域的概念结构和应用。研究表明，当学习目标被狭义地定义为事实或技能时，这种教学会取得很好的教学效果。

但随着信息化、网络化时代的到来，教师不可能教完所有的知识，处在终身学习社会的学生如果要在今后有所作为，必须学会思考，学会学习。更何况今天的学习目标也发生了改变，我们关注的不再仅仅是"知识的人"，而是"完整的人"，也就是说，学生不再仅仅是一个个认知体，而是一个个完整的生命体；关注的不再仅仅是知识与技能目标，还有过程与方法、情感态度价值观的目标，因此，一定要从传统的学习方式转变为当今提倡的学习方式。学习方式的转变，从某种程度上说，意味着个人与世界关系的转变，意味着存在方式的转变。

目前，世界各国所倡导的学习方式呈现出多样化格局。如日本强调"综合学习"，欧美各国多采用"主题探究学习""应用学习""设计学习"等，我国新课程倡导"研究性学习""自主学习"……尽管名称各不相同，其精神实质都指向培养学生的创新精神和实践能力。

课程方案明确提出，要把改变学生的学习方式作为改革的重心，也就是要培养学生自主、合作、探究的学习方式。自主、合作、探究并不是三种截然分割的学习方式，而是相互联系，共为整体的，自主是动力，合作是过程，探究是手段。为表达的需要，下文分开阐述。

自主学习可以让学生主动地进入学习过程，取得行为复杂层次更高的成果。它可以帮助学生形成自己的理解,也有助于学生对内容进行推理,解决问题并进行批判性思考。[①] 它包括对学习的自我规划、自我调整、自我指导、自我强化、自我监控、自我评价。有如下几个要点:

◎在学习活动前,学生能够自己确定学习目标、制订具体的学习计划,并选择学习方法,作为学习准备。

◎在学习活动中,学生能够对自己的学习过程、学习状态、学习行为进行自我观察、自我审视和自我调节,把必须做的事和可做可不做的事分清楚,并从重要的事情入手。

◎在学习活动后,能够对自己的学习结果进行自我检查、自我总结、自我评价和自我补救。

合作学习指的是学生以基组为单位的学习方式。所谓基组,就是一种长期的、有着稳定成员的异质合作学习小组,如果一个基组由四个人组成,那么其中一名学生成绩较好,一名学生成绩较差,另两名学生成绩中等。基组内是异质的,但基组间是同质的。合作学习的开展通常要注意几个方面:

◎明确所要学习的概念、原理和相关策略。

◎制订小组学习目标,安排需要合作完成的任务。

◎在自学的基础上进行小组合作学习,与同伴展开讨论。

◎全班讨论交流,通过讨论产生新的思想,因为1+1>2。

◎对小组总体表现进行评价。

探究学习能帮助学生解决问题,激发学生学习动机,并发展较高智能的认知水平。开展探究学习的关键点是:

◎问题是探究的核心,"为学患无疑,疑则有进""小疑则小进,大疑则大进",提出问题本身就蕴涵着创造思维的火花。

---

① [美]加里·D.鲍里奇著,易东平译:《有效教学方法》,江苏教育出版社 2002年版。

◎学习目标是立体的,既注重知识,更注重能力、注重认知、注重情感体验。

◎学习过程除展示学生的聪明才智、独特个性和创新成果外,还要充分暴露学生的各种疑问、困难和矛盾。

◎在解决问题的过程中做到不唯书、不唯上。

合作学习则能将差异资源转化为教育资源。合作学习既能解决彼此的矛盾和冲突,又能弥补个性差异所带来的知识缺陷和思维局限,将个体的竞争变为团队的竞争和个体之间的交流与沟通,促进学生自我反省和完善。教师要指导学生在目标、角色、资料、身份等多方面进行积极互赖。

探究包括指导性探究、开放性探究和个性化探究。在不同的探究学习中,教师的作用也不同。指导性探究需要教师参与,开放性探究只需要教师少量的参与,个性化探究则不需要教师参与。

在指导性探究中,教师通常以一个开放性的问题或一组数据、一个图表、一个案例引出探究的话题,学生观察、思考,进行归纳,或得出结论、或形成概括、或形成解决方案。这些问题可由教师提出,也可由学生提出。其实,学生的头脑中天生充满着问题,但在当前的教育系统中受到了抑制,他们自然而然地等待教师提问,之后便等待正确的答案。因此,教师要想方设法调整和强化学生的学习,慢慢地从教师主导的活动向指导性探究的学习经验转变,使教师的指导作用落实到组织、激励、指导、调控上来。

个性化探究的最终目的,是使学生思考和回答问题,让他们能够激励自己寻找问题的答案。学生积极参与是探究的关键,有了积极的参与,就能用特定的方式加工信息,从而得出属于自己的见解。

研究学生学习的操作系统,得接受"学习是过程而非目的"的观念,须关注学习的多彩体验和个性化的创造性表现,强调多元的价值取向,令学习过程体现出开放性。

除研究学生的学习方式外,还要研究学生的思维方式——问题解决、决策、批判性思维、创造性思维这些思维技能对学生学习来说也十分重要；研究学生学习的差异——有的教学对一个或几个学生有效，未必对所有学生都有效；研究学生学习的失败——利用学生的错误所形成的教学资源，引领他们走向成功……

研究学生学习的环境系统

两棵水仙球根，都用清水养着，如若一棵放在玻璃窗边，一棵放在室内的餐桌上，两三个星期过后，窗边的那棵仍会像一盆青葱，而桌上的那棵，却通常已开出了迷人的花朵。

同理，研究学生学习，也必须研究支持其学习的外部环境系统。外部环境系统包括构建多样合理的课程结构和民主开放的课堂文化、调适学生学习的心理环境、多渠道创设学习情境和学习资源环境等一系列内容。其中，营造宽容随性的学习氛围占有举足轻重的地位。

当今时代需要的不是范进、孔乙己之流的书呆子，而是富有创新精神、勇于开拓的创造性人才。创造性人才从哪里来？创造性是不是教出来的？法国生理学家贝尔纳曾强调创造力是无法教的，"所谓的创造力教学，是指学生要真正有被鼓励展开并发表他们想法的机会，如此才能发展他们富于创造力的才能"。这里强调的"机会"不正是指营造一种良好的课堂教学氛围吗？有了氛围，才有创造性的培养，这是一个必不可少的前提。

有人把创造分为真创造与类创造两类。如科学家的劳动产生了新的有社会价值的产品，这是真创造，而教学过程中学生的创造则是一种类创造。很多专家强调，只要有点新意思、新思想、新观念、新意图、新做法、新方法，就称得上创造。换言之，学生学习的本质就在于获得对其而言是新颖的知识经验。在心理学家米德看来，一个 20 世纪的儿童自己发现:在直角三角形里,勾股边的平方之和等于弦边的平方,那么他也就完成了跟毕达哥拉斯一样的创造性劳动。尽管这个发现对文化传统来说等于零。

虽然学生的创造性学习成果一般不具有社会价值,但此过程对学生心理的作用和意义却有着极为深远的影响,对更高的能力与素质具有不可低估的发展价值。因此,教师要为学生创设一个个发现的天地,指导他们自己去发现、去创造。

古语云:"亲其师,信其道。"学生往往会因为对教师的喜爱和与教师的交往而分外努力学习,教师也会因为学生对他的尊敬和爱戴而更好地致力于教学。真正创造性的教学活动,就是师生共同的生命投入,是一种良性的双向运动,而绝不是单向的给予。如若能在师生间建立真实、合作的人际关系,建立起互动的空间,学生学习的求知欲望就能得到充分的诱发,学习效果必然增强。

一堂有效的课,一定有学生与教师的互动、学生与学生的互动、学生与符号系统的互动。在这互动的过程中,教师会向学生展现其自身的认知策略和高层次的思考技巧,去支持学生内化所要学习的内涵,经历问题解决的过程,从而形成新知识和新经验,并帮助学生发展出属于他们的认知技巧。

心理学研究表明,放松的警觉状态是学习之"门",当"门"半开或紧闭之时,学习就无法畅通进行,而互动空间的创设是使"门"打开的重要手段之一,学生有可能会达到"愤"之状态。在此种状态下,学生的心理一定是放松的,注意力一定是集中的,课堂的教学形式也会从"一言堂"转向开放式,教师就会逐渐地从追求学习结果转向重视学习过程,真正把学生当作获取知识的最高主人,"讲堂"也就会自然地变为"学堂"。

在美国的课堂上,一个学生得出"4+5=9"的结论,老师用了三句话加以评价:"很好!""很接近!""谁还有不同意见?"第一个评价是对学生敢于发表意见的赞赏,第二个评价是对学生积极思考的肯定,第三个评价则揭示了回答不正确的信息。扪心自问,如果类似情况出现在我们的课堂上,我们又会做出怎样的评价呢?

"没关系,大胆讲""你的看法很独特""你分析得头头是道"、"你真善解人意"……这样的语言,会让学生感受到教学氛围的宽松与自由,更好地体验到学习过程的成功与快乐。有时教师适当运用微笑、点头等体态语,也能表示对学生的期待与欣赏。我们还注意到,像"我希望你对词语的解释更全面些"这样的积极性语句,比起"我对你的解释很失望"这样的消极性语句所起到的作用至少要大十倍。反之,在教学中,教师如果机械地对学生的应答作与预设答案的"对"与"错"的两极判断,就无法形成一种无拘无束、自由畅达的空间,学生就不会尽情地自由表达与参与,由此就不能促进学生进行更高层次的思考。

叶圣陶先生说过一句极为普通又蕴涵着深意的话:"一个教师,四五十个学生,心好像融化在一起,忘记了旁的东西,大家来读,来讲,老师和学生一起来研究。"当课堂教学充满了围炉夜话般的宽容随性的时候,学生的创新精神、主体精神的形成便指日可待了。

研究学生学习的环境系统,是为了保障学生的心理安全,从而使学生敢想、敢说、敢问;是为了鼓励学生有自我生命情感的主体投入,从而在课堂这个小社会中自由想象和创造;是为了发扬教学民主,尊重学生的人格和权利,变纯粹的理性教学为情知交融的教学。

【就什么说点什么】

当今学生是怎样的一代?青少年研究专家杨雄教授认为,当代学生是传统观念、现代观念和后现代意识结合在一起的一代,是过程主义的一代,是文雅地反叛的一代,是成为工具性人才的一代,是吃着超市食品长大、看电视长大的一代……面对这样的学生,我们唯有不断地研究与实践,才能无愧于家长和社会的期待。

有部美国电影叫《死亡诗社》,主人公是一位名叫基廷的语文教师。在教学"如何理解诗"这一课时,他原本试图按照文章作者的思路,以数轴的方法分析诗歌创作。但他突然说,"诗歌是这样欣赏的吗？不！这是鬼话！这不是在修木管,这是在谈诗。把教材撕掉吧！"基廷——这名来自教育模式固定、单调的威尔顿预备学院的新教师,教学生撕掉了权威关于诗歌的评价,用自己的心去品读诗歌,让学生在足球运动中学习文学,鼓励他们站到桌子上用另一个视角看世界,指引着学生珍视并发现自己内心的梦想,帮助学生去挑战那些金科玉律的教条。

随着课程改革的深入,我们越来越坚信,学生的学习是教师陪伴的一段旅程,教学的本质就在于激励、唤醒和鼓舞。课程方案与各学科课程标准已经赋予教学主体双方以极大的解放,教师必须放弃指令型课程范式中所扮演的控制者角色,成为开放性、多样化课程范式中学生学习的有效促进者,令教学从"重教"向"重学"转化,完成学生这一学习主体主动参与学习,实现生命激扬的深刻转型。

学生不是只带着耳朵的学习者。

教与学就像铜币的一体两面。

课堂教学应以解放学生、发展学生、高效乐学、师生相长为旨归。

把握住每个学生发展的最佳目标,使每个学生得到最大限度的发展。

以上这些,岂能只是说说而已？

母语教学不是"英语900句"

从于漪老师的愕然说起

学习都德的《最后一课》,教师让学生在书上划出注释中有的词语,然后抄写几遍,把注释背出来;再划出有关法国语言最美的句子,抄在练习本上;要求学生看一遍,接着完成一课一练。几天以后,一位家长问孩子:这篇文章是世界上许多国家少年学习的教材,你学习以后怎么想的? 孩子回答说:和学习别的课文一样,划词、抄词、背词、做练习;还有,韩麦尔先生话说不出来,哽住了,很滑稽,是不是得了老年痴呆症。家长愕然。

这是常常挂在著名特级教师于漪嘴边的一个例子。

家长愕然,于漪老师当然也愕然了,否则她不会把这个案例记得如此清晰。愕然之余,于漪老师提出了许多在当时新人耳目的观点:"民族文化是民族的根,而民族语言负载民族文化,是根之根。语言文字在民族生命的组合中,对外是屏障,对内是黏合剂。语言文字这个工具在为民族政治、经济、文化服务的过程中渗进了民族的个性,成了民族的财富,民族的标志。汉语言文字负载着中华民族数千年的文化,语言这一工具和它装载的文化、思想不可分割。也就是说,语言不能凌空存在。"[1]

---

① 于漪:《语文教学谈艺录》,上海教育出版社 1997 年版。

下面层出不穷的要言妙道也均从于漪老师文章中提炼或摘录所得：

> 民族的睿智积淀在民族的语言中。
>
> 凡是明智的领导人，有希望的民族，都把自己的民族语言放在非常重要的位置。
>
> 汉语是活泼泼的，有灵性的，有表现力的，有迷人魅力的。
>
> 母语学习，从来就是一个民族对其后代的精神哺育。
>
> 语言文字装载着丰富的情和意。
>
> 语文教学要有更高的起点、更新的观念、更宽的视野。
>
> 母语教学绝对不是技术问题。
>
> 教学中千万不能把语言文字看成是僵死的符号。母语教学不能如同外语教学中的"商业对话"训练，不是"英语900句"。

语文是气体

笔者曾以"语文是气体，数理化是固体，音体美是液体"这一判断句，请学生写随笔发表感想。学生们均认同这一说法，觉得语文就像气体一样，无时无刻不在我们的生活周围；语文又像气体一样，不可捉摸。还有位学生打了个比方——语文就像封建宅院里的大太太，明媒正娶，地位很高，但不受宠。

对"不受宠"的母语教学现状，于漪老师心存忧虑："坦率地讲，这些年语文的地位已经从所有课程中的第一位下降到第五位，在一般的高中里排在英语、数学、物理、化学后面。在一些中学的理科班甚至只要数学和英语，语文成绩实际上是不看的。"她对原因的分析可谓中肯："为什么语文这个学科在孩子们的心中这么没有地位呢？我觉得有社会大环境的原因,也有学校小环境的原因;有教师、家长的责任,当然也有孩子的一些认识上的误区。现在整个社会都有一种急功近利的思想,表现在学校里,就是重技能技巧,而对人的培养,'对求学为什么',没有足够的关心。"①母语教学理应有很高地位,但如今已有名无实。

另有一说,可资比勘。那是于漪老师在 2004 年中国语文教育高峰论坛上的书面发言,"不能重外轻内,奉外贬内,把母语学习放在不屑一顾的位置。从长远来看,语言文字存在一个激烈竞争的环境,强势语言对弱势语言的生存构成很大的威胁,西语霸权的情况不言而喻"。

中国大学生看不懂《牡丹亭》

写到这里,笔者忽地想起一事:前些年,白先勇先生新编古典戏曲《牡丹亭》,到各个大学巡演,不少大学生居然无法看懂文言剧词,只好借助字幕上的英文,反过来揣度中文句意。毋庸置疑,英语已成为事实上的"世界语",它在相当程度上挤压了汉语的生存空间,当今学生和一部分青年教师对母语学习的认同度明显下降。

于漪老师认为,在这样的社会大环境下,"阅读教学程式化,作文教学模式化,能力训练机械化,学生常常成为操练的机器,兴趣、爱好、特长、个性的发挥,不能说没有,但确实已凤毛麟角,十分罕见。语文学科是一门最开放的学科,语文与生活同在,应用性极强。把最开放的学科禁锢在考试的小圈子里,把最广阔的天地挤压到一个狭窄的角落里,对其'敲门砖'的功能放大再放大,学生怎敢越雷池一步? 这种被动学习的状况、形成的后果与现代社会素质教育要求培

---

① 于漪:《对母语,应该有血肉亲情》,《中文自修》2004 年第 5 期。

养的目标距离甚远"①。

虽没有"拯救母语，救救孩子"的呐喊，但在这交替互见的呼吁与论说、一一道明的功过与利弊背后，我们感受到了一名有良知的语文教育工作者对汉语所承载的文化继承将会出现断层而引发的深重隐忧。于漪老师强调，在全球经济一体化和文化多元化的时代，母语教学处在非常困难的境地，但母语是文化的生命线。愈是困难，我们愈是要帮助学生学好母语。

"三个远离"

如何面对新世纪的挑战？面对母语教学的无力、无能、无奈的尴尬处境，于漪老师不断探索并自觉实践"三个远离"。

第一，远离工具论的单向定位。于漪老师对语文学科性质的认识具有前瞻性与思辨性，她的《弘扬人文，改革弊端》等文章，为语文学科的定位和语文课程改革打下了坚实的基础。她强调课文是学生学习语言文字的范例，应从内容与形式有机结合的高度来学习，既要让学生整体感知，又要能对精彩的局部含英咀华。她还强调学习课文一怕架空分析，丢掉了语言文字的训练，二怕肢解，把好端端的文章肢解成若干零部件，丢掉了文章的灵魂。

第二，远离母语教育的功利色彩。"语文这个东西是逼不出来的，就像种庄稼一样，无法急功近利。别的可以补课，可以突击，语文不可以。它就是要耳濡目染、日积月累、细水长流。语文是与功利相悖的一门学科"②你若有幸听过于漪老师的课或看过她的教学录像，就会发现在她的课堂上，从来没有纯技术化的东西，她总是想方设法

① 于漪：《站在大写的人字上》，上海教育出版社 2001 年版。
② 于漪：《对母语，应该有血肉亲情》，载《中文自修》2004 年第 5 期。

帮助学生告别功利,找回失去的精神家园。

第三,远离题海战术和机械训练。"而今只重视符号的训练,学生被淹没在大量的题海之中,做自己不愿做又不得不做,似是而非而又必须非此即彼的练习。语境不见了,趣味没有了,独特的体会、见解、创意不允许,只得在预先设计编织好的答题框子里浮沉。"①

于漪老师的课堂,决不预先设计好圈套引诱学生往里钻。她或给学生创设读写的自由天地,让学生在其中驰骋想象,信笔悠悠,或让学生进入到作品的情境之中,实现与作品所写之景、所塑之人、所抒之情、所论之理在情感上的和谐共振。

于漪老师教《岳阳楼记》,就把做人的忧患观、价值观传承下来,在传播知识的同时,撒播做人的良种。在她看来,倘若忽视了对学生的精神哺育,就在很大程度上失去了母语教学的真正意义。

【就什么说点什么】

新课程改革十分强调课程的环境意识。

于漪老师在接受某杂志主编访谈时曾说:"课程中环境要素不可忽视。有物质的硬条件、教学设备等,有心理的、文化的软条件,社会的、家庭的、学校的,扬长避短,兴利除弊,均是课程应有之义……课程的发展趋势,从学校一个因素,强调教材一个因素,发展到学习者的经验,发展到教材、教师、学生、环境四要素的整合。"②

三十年前,于漪老师执教《花儿为什么这样红》一课时,就把课堂搬到了鲜花盛开的校园,学生们学得兴致盎然。她观课时,时常会注意教师的板书和投影清不清楚,声音是否响亮到能让最后一排学生听见。这些均体现了她对物质环境的重视。

---

① 于漪:《站在大写的人字上》,上海教育出版社2001年版。
② 于漪著,陈军编:《于漪新世纪教育论丛·呐喊》,广西教育出版社2008年版。

于漪老师在二十年前就提出，语文课堂教学"必须打破沉闷的空气，大力改变教师讲、学生听的单一情况，要力求多渠道地传递信息。教作用于学，学也作用于教，它们之间是相辅相成的关系。师生如果同处于积极思维的状态，那么学生所接受的信息比来自教师单方面的要多许多倍"①。这里隐含了她对人际环境的关注。

于漪老师对学校文化环境也常放言而论，学校办学必须要深入到文化层面，但当前相当数量的学校仍停留在"技术办学"层面，未考虑过"文化育人"这个问题。现在的学校规模越来越大，设备越来越好，但却越来越没有分量，质量也总是缺这少那。②

而眼前更重要的，当是高度重视母语教学的观念环境。

汉语是植根于每一个中国人心灵深处的精神之根、生存之本，是华夏子孙的人文家园和精神线索，是中华民族在全球化浪潮中身份认同的文化基因。母语教学应以此为旨归。

技术的白昼是世界的黑夜，海德格尔的这一论断在今天更具说服力，因为技术正如八爪鱼般牢牢地纠缠着我们，母语教学也不例外。

如果我们能对母语怀有敬畏之心，如果母语教学能着意于培育和陶铸，那么，未来的母语教学将会长袖善舞还是捉襟见肘，答案应该是清晰的。

---

① 于漪：《站在大写的人字上》，上海教育出版社 2001 年版。
② 于漪：《学校的灵魂》，载《上海教育》2007 年第 6 期。

教出"真精神"

难忘的《最后一课》

生1:(朗读)"……啊!这是最后一课,我真永远忘不了!"

(录音机里传出"铛、铛……"12响,沉重、遥远,学生惊诧)

师:(出示韩麦尔先生写完"法兰西万岁"后的彩色图片),请同学们:

(1)图文对照,仔细观察,仔细阅读;

(2)在理解的基础上用饱含感情的语言描述课堂上庄严肃穆的场景;

(3)描述韩麦尔的神情、语言、动作,以及他内心的痛楚和期望;

(4)描述此时此刻小弗朗士的心情和感受;

(5)说明这个场景在文中的地位和作用。

生2:这是一个令人心碎的场景,确实,令人心碎。

生3:教学的钟声、祝福的钟声、普鲁士士兵的号声,是驱赶韩麦尔出课堂、出学校的最后信号,所以他难过到极点,脸色惨白。

生4:他心里乱极了,他要和同学们作最后的告别,但痛苦使他的喉咙哽住,不能用语言表达。"我的朋友们啊",这样称呼,说明他对同学、对镇上的人爱极了,留恋极了。

生5:他只向学生做了一个手势,什么话也不说,其实,坐在教室里的人心里都明白,韩麦尔被迫离开学生,离开家乡,他痛苦极了。我觉得这里是"此时无声胜有声"。

生6:写"法兰西万岁"两个大字的情景激动人心。这两个大字是韩麦尔使出全部的力量写的,他把丧失故土的痛楚,把对侵略者的仇恨,对自己祖国的热爱,对恢复失地的向往和信念,都凝聚在里面。

生7:韩麦尔的神情,写的字使小弗朗士更加震撼了,他一下子长大了。他从来没这样敬仰他的老师,老师对祖国故土一往情深的热爱使他感动不已。

生8:这个场景是文章的高潮,我要是小弗朗士,这一课我永远忘不了。

生9:我不是小弗朗士,我也忘不了。

师:此刻,我想起了自己的一段亲身经历。日本侵略者的铁蹄长驱直入,家乡的小学即将解散,音乐老师教我们唱《苏武牧羊》,"苏武留胡节不辱,雪地又冰天,苦忍十九年……"老师用"心"在唱歌,唤起我们幼小心灵的觉醒。从此,这首歌不断在我胸中激荡,构成了我生命的一部分。

都德的《最后一课》之所以震撼了那么多不同肤色的人,不仅仅在于侵略者占领了土地,还在于他们禁止被征服者使用自己国家的语言,企图借此抹杀一个民族的记忆,这样的劫掠才是最惨绝人寰的。

于漪老师执教的《最后一课》之所以深深地打动了我们,不仅仅在于她炉火纯青的教学艺术,更在于她教出了文本的"真精神",让人在这节课的许多点石成金之笔中,感受到了语文的教育功能。用于漪老师自己的话来说:"教育,说到底就是培养人,当今中国的教育当然应是培养有一颗中国心的现代文明人。"①

生理解剖、失魂落魄、薄情寡义

为什么当前的有些课"教不出精神"？为什么今日的课堂上，常会出现"生理解剖"——把文章肢解得四分五裂；常会出现"失魂落魄"——忽略了人物的心灵世界和作品的灵魂；常会出现"薄情寡义"——让本该充满情意的语文课堂成了绝情之物？究其原因，在如何处理好语言和精神的关系时，教师缺少了自己的文化眼光，被某些片面的观点所左右。

作为母语教学的语文学科，是一门有着浓郁的民族文化色彩，关系着学生心灵塑造的学科，肩负着传递民族文化、培养学生人文素质的重要任务。读屈原，我们会感到自己的渺小；读李白，我们会感到自己的狭窄；读鲁迅，我们会感到自己的卑琐。语文课程不仅具有听、说、读、写的工具性功能与价值，同时具备求真、审美、向善的人文性功能与价值。但如今，在某些老师看来，学语文就是学语言文字，更有甚者，把语文教学完全变成应试训练，怎么考就怎么教，考试的内容和样式成为其强有力的教学目标，至于思想素质、道德情操、审美情感的培养，早被抛到了九霄云外。"今日看来，不是教学内容、教学环节处理不当的技巧问题，而是这类植根于现实生活土壤，作者用激情与生命歌唱的诗文，究竟拿什么来指向学生的心？"②

语文教学，一定要让学生深刻了解隐含在语言文字背后的深厚

---

① 于漪：《历史经验与现代生活的融合——从〈美国语文〉教材引发的思考》，载《语文学习》2005 年第 1 期。

② 于漪著，谭轶斌编：《拿什么直指人心》，《于漪新世纪教育论丛·反思》，广西教育出版社 2008 年版。

的文化内涵，并对其产生清醒的文化意识。如若语文教师缺少了这样的文化眼光，无视文本的精神，又怎么期待他能把学生培养成"现代文明人"？

今天，有的老师上公开课不愿教《清贫》，即使勉强教之，也只是把目光聚焦在语言描写和行动描写上，不敢让学生从字里行间去体会方志敏甘于清贫的可贵品质，去感受其坚定的革命志向和崇高的共产主义信仰，以为这样的教学会缺失"语文味"。

可以说，在今日的一部分课堂上，人文精神的枯萎、终极关怀的泯灭、工具理性的泛滥又开始占上风。今天，我们处在一个人类的生存境况极为尴尬的时代，理想缺失、道德沦丧、心态失衡、个性扭曲……已成为无法回避的问题，那么，为找回失去的精神家园，语文教师就有责任来帮助学生穿越喧嚣、功利的尘世，在含英咀华中读出文本中的人性，触摸一颗颗鲜活的灵魂，从而抛却媚俗，远离浮躁，努力成为"现代文明人"。

有些教师则不同，他们也意识到立"现代文明人"的重要性，但通常只是在课的结尾部分，离开具体的文本内容，或煽情，或作秀，或唱些高调，以此来体现"精神"。其实，在那些华丽的辞藻和机智的修辞背后，只是空荡的灵魂，下课铃声一响，那些东西立即像泡沫一样成为过眼烟云。

"自立其则"与"用之者存"

说到立"现代文明人"，不禁想起提出"立人"思想的鲁迅先生。先生从来是主张以自己为主，对自己进行裁判的。他认为，如若要反抗一些东西，最要紧的乃是"自立其则"，即自己给自己立标准。

在所有的学科中，语文大概是最扑朔迷离的。世界上各个国家对自然科学的评价标准大体一致，社会科学在理论模型和研究方法等方面也较易达成一致,但各个国家的人文学却很难有共同的取向与标准,观念和论述都和自己国家的历史文化传统紧密联系。因此,各家形成各家的一套,聚焦到语文学科的性质上,各方人士的争论至今尚未消停。

在这场争论中,于漪老师并不因为自己是一名中小学教师而任人摆布,她毫不示弱、旗帜鲜明地提出:"语文课不是语文知识课,更不是某项知识或语言或文字或辞章等知识体系课,但必须重视语文知识的传授……""我们的语文教学一讲到人的培养,有人就讨厌,认为不是语文……学科教学总要为育人的大目标服务,怎能游离于育人目标之外?"①

洪堡说,"语言是世界观"。是的,谁能否认语言和心灵、精神的关系不是密切相连? 一位旅居海外的中国诗人说,每当看到"碧海、沧桑、江湖"这些汉语独有的词汇时,都会莫名地激动,甚至落泪。是的,谁敢说语言背后不是美丽的故乡? 同样,于漪老师的"自立其则",绝对不是无来由的,不是拍脑袋拍出来的,也不是靠道德的煽情鼓捣出来的,而是有迹可循,其背后有大量的根据和严格逻辑的审视,有她对语文教育的深刻认识,也有她深刻的公共关怀和忧患意识,这正应了博兰尼的观点,专业的学术只有建构在一个很深厚的"支援意识"上,才有可能形成有思想的学术。

于漪老师来自草根,一直处在"接地气"的位置,她的文化眼光体现在她的躬身践履,有时候甚至是以悲壮的身体力行实现的。儒家强调身教重于言教,人师高于经师。其实,无论是体道、政道还是弘道,都应反求诸己,从自我做起,所谓"用之者存,舍之者亡"。于漪老师不为他人的说法所动摇,坚守教育的本性与本体,并努力做到知与行的和谐统一,她的许多教学录像、教学设计、课堂实录就是明证。

---

① 于漪:《历史经验与现代生活的融合——从〈美国语文〉教材引发的思考》,载《语文学习》2005 年第 1 期。

【就什么说点什么】

余光中先生曾提出过一个很尖锐的问题:"当你的情人已改名玛丽,你怎能送她一首《菩萨蛮》?"此问不由得让我们清醒,语言的背后有着一个民族的集体意识,藏着一种文化的深层编码。语文教育应该如何更好地引导学生学习母语,学习母语提供给我们的精神养料?

蜚声中外的英语语言学家陆谷孙先生曾"越界"谈汉语问题:"语言被智者赋予一种超越时空的力量,成为中国传统文化的精神线索。我说留住我们的精神线索,决不仅仅是从技能层面谈论提高汉语修养,而是要把尊重、敬畏、护卫、热爱母语作为一种文化意识和精神责任来看待。"语文教育如何更好地培养学生"尊重、敬畏、护卫、热爱"母语的文化意识?

于漪老师的话语给了我们答案——

"文化是语言文字的命脉。教语文,站在文化的平台上,语言文字的表现力、生命力才会闪耀光彩;语言文字才是生动的、鲜活的。"①

"学语文不是只学雕虫小技,而是学语文学做人。语文教育就是教文育人。"②

作为一名语文教师,我们必须明白什么是语文教学的价值追求,必须能对有价值的东西做出正确的判断和处理,这种能力就来自于自身的文化觉醒。有了文化的觉醒,才会拥有文化的眼光,虽然这不是一朝一夕的事。

---

① 于漪著,黄荣华编:《站在文化的平台上》,《于漪新世纪教育论丛·超越》,广西教育出版社 2008 年版。

② 于漪:《弘扬人文·改革弊端——关于语文教育性质观的反思》,载《语文学习》1995 年第 6 期。

《上海市中小学语文课程标准(试行稿)》"口语交际"解读[①]

口语交际有其独特的内涵

口语交际就是交际对象为了特定的交际目的,运用自己的口头语言和适当的表达方式进行思想感情交流的一种言语活动。

口语交际是将听说能力和交际能力融为一体的一种综合能力。它不同于"听说",注重的是在交际过程中的口语能力,但"听说"又是口语交际的重要组成部分。"听"是获得信息、摄取知识和发展智力的重要途径,"说"是输出信息,用口语表达形式提出问题,表述自己的所见所闻所感。没有良好的听说能力,交往沟通无法顺畅实现,因此,听说是口语交际的基础,只有提高听说能力,才能提高学生的口语交际能力。

口语交际有其目的指向,通过在不同场合,得体、清晰地表达自己的见解和思想感情,从而达成人际交往的意图。它不仅要求听说技巧,还要求具有待人处世、举止谈吐、临场应变以及传情达意等人际交往方面的能力与素质。

---

① 本文由笔者和华东师范大学王群、上海市杨浦区教师进修学院储竞共同执笔。

口语交际有其独特的性质

◎**口语性**

口语交际强调语言的口语化。口语交际是现实生活的重要组成部分,应当运用生动鲜活的生活口语。这种口语既不同于书面语,也不是书面语的口语化。

◎**交际性**

口语交际注重人际交往的互动、应变和目的实现,强调口语对人际交往特性的服从。在口语交际过程中,交际双方既是听者,同时又是说者。说者要根据听者的反应,及时调整自己的语气语调和语言内容;听者又得根据说者的表述,及时作出应答。双方在互动过程中,要遵循人际礼貌、身份协调和跨文化冲突等交际规则。

◎**实践性**

口语交际是在特定情景下你来我往的,通过口语交流实现思想的沟通,因此,口语交际能力的培养要以学生的日常生活和社会实践为基础,在丰富多样的语言实践中进行。它强调学生的亲身经历、亲身体验,在经历、体验、感受中学会用生动、贴切、合乎礼仪的语言与人沟通,发展与人的交往能力和创造性解决实际问题的能力。口语交际教学不能只局限于语文课堂,还应渗透于各学科、社会生活的各方面。

◎**即时性**

口语交际要求思维必须能够及时跟上交流沟通的需要。语言是思维的外壳,思维是语言的内核,口语表达过程实际上是把思维的结果表达出来的过程。口语交际中思维的品质和水平,很大程度上决定着口语交际的质量。由于口语交际是交际双方或多方互动的过程,不论交际活动是否事先预约,其内容和结果往往是不可预期,说者应尽快把思维转换成语言,听者应敏捷地把对方说的话转换成认识,交际双方须思维敏捷,反应灵活,表达迅速,心到口到。

◎**情境性**

口语交际是在特定的人际交往情境中发生的言语活动。所谈的话题,交际的对象与场合都有其特定性,并受情境控制。不同的场合和对象,言语表达的方式各不一样。如果离开了具体的特定的情境,口语交际就无法进行。

◎**复合性**

口语交际的能力不只是"听说"能力,它体现的是一个人的综合素质,包括言语和非言语因素,诸如思想、人格、形象、个性、交际技巧等。可见,要提高口语交际水平,还必须提高道德修养,拓宽知识视野,塑造健全人格。

口语交际教学应遵循的原则

◎**互动原则**

根据口语交际的口语性、交际性和即时性特点,在教学中应提倡双向和多向的互动交流,让学生在互动中提高口语能力、思维能力和应变能力。

◎**情境原则**

根据口语交际的情境性特点,教学过程中应注重口语交际的情境创设,为学生的口语交际训练提供一个模拟空间,让学生在具体的情境实践中承担有实际意义的交际任务。

◎**实践原则**

根据口语交际的实践性和复合性特点,教学中要广泛开展语言实践活动,多给学生口语交际的实践机会,拓宽口语交际的内容、形式和渠道,使学生的口语交际能力在实践中得到锻炼。

"口语交际"目标与内容解读

> 　　总目标:能正确运用规范的语言进行口语交际,能在不同场合,得体、清晰地表达自己的见解和思想感情;有一定的演讲能力和辩论能力。
>
> 　　一至二年级目标:能认真听他人说话,主动与他人交流。有用普通话说话的习惯;有口语表达的自信心。
>
> 　　三至五年级目标:能认真听他人说话,理解他人所说的主要意思,并能用普通话清楚地表达自己的意见;能根据需要,独立地发表自己的看法。
>
> 　　六至九年级目标:养成尊重他人发言的好习惯;能及时概括他人发言和报告的主要意思;能在不同场合清楚、得体地发表自己的意见,并能根据需要作演讲或辩论。
>
> 　　十至十二年级目标:能尊重他人发言,及时把握他人发言的要点;有收听、收看广播和影视新闻的习惯,能概括视听内容的中心。能根据不同场合和不同需要即时发表自己的意见,能进行即兴演讲或辩论。
>
> 　　——《上海市中小学语文课程标准(试行稿)·课程目标》

《上海市中小学语文课程标准(试行稿)·课程目标》①

　　上述所引目标,均涉及"知识与技能、过程与方法、情感态度和价

---

① 　上海市教育委员会组织编写:《上海市中小学语文课程标准(试行稿)》,上海教育出版社 2004 年版,下同。

值观"三个维度,尤其是关注情感态度的目标,如"主动与他人交流","有口语表达的自信心"等都具有开拓意义。

确实,良好的口语交际态度是一个人文明素养的体现,也是提高口语交际效果必不可少的条件。很多学生在当众讲话时会产生紧张、胆怯、心慌等心理障碍,一紧张一慌乱,便六神无主,不知所措,思维紊乱。思维一旦不能正常运行,语言便不受支配。于是,有的同学面红耳赤,呼吸急促,心跳加快;有的同学手腿发抖,大汗淋漓,战战兢兢。语言便出现种种混乱:或结结巴巴,出现口吃,语流极为不畅;或语无伦次,表情僵硬,下意识地说话;或喃喃自语,唧唧哼哼,甚至张口结舌。更有甚者,几种情况兼而有之,话语让人听了耳中生棘,如坐针毡。在"怕"字当头的情况下,既不可能准确地传递信息,又不可能恰当地表达情感。因此,在口语交际中培养学生的主动性、自信心就显得尤为重要。只有具备了这些前提条件,学生在交际中才能临危不惧、处变不惊、从容不迫,交际也才会有好的效果。这些目标在以前的听说教学中未曾提到。

从上述目标中可以见出,口语交际分成两大部分内容:一是聆听,二是表达。

聆听是指能注意、记住和理解别人讲话,抓住要点,辨别正误,能利用一定的语境推断出说话者所表达的真正意义,做到有礼貌,不随便插话。

表达又分为两种情况:在单向口语交际中是指音量恰当、口齿清楚、用语规范、语调鲜明,并能辅以态势语,表达得准确、清楚、流畅、生动、得体;在双向口语交际中是指能根据对方的话语或已经变化的情况(如场内气氛、秩序、听众情绪、注意力等),机敏地回应和调整说话内容与方式,在适当的语境下灵活地遣词造句。

课程标准从口语交际的各个方面分别提出了不同的内容与要求,比如一至二年级提出了"能转述他人发言的大体内容"的要求,三至五年级提出了"能转述听到的主要内容"的要求;一至二年级只要求单向"发言"，三至五年级不仅要求单向"发言"，而且要求双向的"与他人交流"；六至九年级不仅要求单向"发言"，双向的"与他人交流"，还要求学习"演讲"，高中还提出了"辩论"的要求，可见难度在逐渐加大。

这些不同的内容与要求既有纵向的梯度发展，又有横向的相融关联。比如三至五年级"聆听"的三点要求：

> 1. 养成认真听他人说话或收听广播、音像资料的习惯。
> 2. 能理解并记住所听内容的主要意思、边听边思考。
> 3. 能转述听到的主要内容。
> ——《上海市中小学语文课程标准(试行稿)·内容与要求》

第一条要求是从聆听注意力及范围、对象、习惯的角度提出的，第二条要求是从聆听中记忆力、理解力角度提出，第三条要求是从聆听和表达的关系而提出。三点要求既彼此独立，又互相关联，构成了对这一学龄段学生"聆听"能力训练的一个整体。

"聆听"的能力要素、训练内容及层次

> 一至二年级：能注意力集中地听他人发言。
> 　　　　　　能记住他人发言的大体内容。
> 三至五年级：能理解并记住所听内容的主要意思，能边听边思考。
> 六至九年级：能准确地概括聆听的内容。
> 　　　　　　能对所听内容作出思考和判断。

十至十二年级：能听懂对方（或所听内容）说话中隐含的潜
台词。

能迅速把握他人发言（或视听内容）的要点。

能迅速把握他人发言（或视听内容）的要点，并
作出自己的判断。

——《上海市中小学语文课程标准（试行稿）·内容与要求》

从上述所引的要求中可以看出，聆听包含以下要素：

◎**注意力**

注意力是聆听的前提。学生在聆听时应全神贯注，并随时作出
积极反应，这样才能形成信息反馈。

◎**记忆力**

记忆力是聆听的保证。记忆力的好坏在很大程度上决定听话能
力的高下。如果没有好的记忆力，学生所听到的信息就不能成为一
个连贯的整体，也就无从把握信息的主要内容。

◎**理解力**

理解力是聆听的核心。理解力的强弱直接关系到对信息的把
握。听人说话，仅仅能够辨识和记忆语流中单个的孤立的语音符
号远远不够，只有把它们有序地联结起来，从中理解说话人所发出
的语言信息的整体内涵，有时还要体会出话语的弦外之音、言外之
意，这样才算是听懂了对方的话，也才算圆满完成了口语交际的
任务。

◎**概括力**

概括力是聆听的重要一环。学生在聆听过程中要迅速、准确、全
面地概括出话语的要点。否则眉毛胡子一把抓，效果必定糟糕。

◎**判断力**

判断力是聆听的关键。听话人只有善于分析、综合、评价、判断

对方话语的真假、是非与曲直，才能决定自己应持的态度和应做的反应。

注意力、记忆力、理解力、概括力、判断力等五要素是一个水乳交融密不可分的有机整体。在具体的听话活动中，它们往往同时产生作用。根据这些要素，大致可以形成下列训练层次及要求。

◎听记

听记是指把听到的话语迅速、准确地"手记"或"心记"下来。可以从听记情节性强的故事开始，过渡到听记文章（从记叙类到说明类再到议论类）。

教师可教给学生一些速记的方法，也可组织一些听记比赛，比一比谁记得最全，或者一边听歌曲，一边记歌词等。

◎听答

听答是指听他人讲述话语后，立即回答指定的问题。可以从听新闻，答出新闻所涉要素开始，过渡到听小说，答出小说中的人物、情节等。如：

> 参加 2005 年 5 月底"地球第三极珠峰环保大行动"的环保志愿者们，已经是第二次上珠峰清理垃圾，去年他们清扫到珠峰海拔 6500 米，今年他们将一直清理到海拔 8000 米。与去年清扫活动不同的是，这支环保队伍中竟然首次出现了国际志愿者的身影，他是现年 37 岁的伯克哈德·费尔伯。

教师可根据学生的不同年龄特点，从时间、人员、海拔高度、活动内容等各方面设计难易不同的问题。

◎听辨

听辨是指边听边对所听材料进行准确辨析。教师要引导学生对话语内容的各个方面进行比较，对材料进行整体把握，这样才能对局部作出正确判断。此外，也可根据句子的不同句式体会其含义，或者根据重音的不同位置来体会句子的不同含义等。比如：

星期五王老师来你们班作报告。（不是今天或其他时间）
星期五王老师来你们班作报告。（不是其他老师来）
星期五王老师来你们班作报告。（不是在其他地方）
星期五王老师来你们班作报告。（不是来做其他事）

◎听测

听测是指对所听到的话语内容进行推测与判断。如推测故事结局、判断人物身份、揣摩写作意图等。教师要引导学生根据话语内容的逻辑或事情发展的总体趋势进行推测，如对欧·亨利小说的结局进行推测等。

小学阶段可侧重于听记、听答的训练，中学阶段可侧重于听辨、听测的训练。

口语表达的能力要素、训练内容及层次

根据课程标准中口语交际的目标、内容与要求，口语表达的能力要素可归纳为下表：

一级要素	二级要素
语音能力	使用普通话
	口齿清楚
	音量适中

一级要素	二级要素
语用能力	语句连贯、通畅
	意思清楚
	语言简明
	应对敏捷
	用语文明、得体、规范
表达能力	思路清晰
	有内容、有中心
	有针对性
	观点明确、说理得当、论据充分
	表达生动
	有感染效果
	即兴发表见解
情感态度	态度自然、大方
	主动与他人交流
	尊重他人意见
	坚持正确意见,修正不正确意见
	感情真实、充沛
	积极参加相关活动

　　从课程标准所示的目标、内容与要求出发,以训练内容为纬、年段为经,重新罗列,构成口语表达的训练内容与层次。(表格空白处指该年段无这方面要求。)

	发言	交流	演讲	辩论
一至二年级	◎结合学习内容或他人发言大胆回答问题或发表意见,意思清楚,语句连贯,有一定针对性。 ◎在课堂活动中发言,态度自然,口齿清楚。 ◎在班会、校会或其他活动中独立发言2分钟左右,有一定中心与内容,语句基本通顺。			
三至五年级	◎在各种场合发言,条理清楚,语句连贯。 ◎在校、班举行的活动中,独立发言3至5分钟,有中心、有内容、表达真实感情。	◎主动与他人交流,表达想法;依据学习内容,提出问题,并表达自己的思考。 ◎自然地运用所学词句表达见解。		
六至九年级	◎正确、清楚地表达自己的思想、感情、观点,态度大方、口齿清楚、音量适中、语句流畅。	◎主动与他人交流,在交流中大胆提出问题或发表意见,观点明确、条理清楚、用语得体。	◎根据已定主题和有关要求作演讲10分钟左右,中心明确、感情真实、条理清晰、语句通畅连贯、有一定感染效果。	◎依据辩论主题,有针对性地发言,清楚地表达见解,观点明确、说理得当、用语文明。

	发言	交流	演讲	辩论
十至十二年级	◎根据一定情景表达自己的感受，中心明确、感情自然、语言简明。 ◎以介绍新闻、说事件、讲故事等形式表达对生活的感受和认识，事实清楚、表达生动。	◎养成与他人交流的习惯，在交流中尊重他人意见，及时表述见解，应对敏捷、思路清晰、意思连贯、用语得体。 ◎围绕一个专题或一定要求，即兴发表见解，并能在与他人讨论中坚持正确意见，修正不正确意见。	◎在学校、班级活动中作演讲15分钟左右，观点明确、阐述清楚、用语规范、语言连贯；感情充沛、音量适中、借助语调手势等，产生一定感染力。 ◎根据情景作即兴演讲，内容切题，中心鲜明，语言流畅。	◎根据要求参与班级、学校组织的辩论活动。 ◎辩论时抓住对方发言中的破绽，作针对性反驳。表述时观点明确、论据充分、针对性强，并做到尊重对方、用语文明得体。

以下就发言、交流、演讲、辩论分别予以阐述。

◎发言

发言可分成有准备的发言与无准备的发言。教师要引导学生做到以下几点：

内容新颖。如果尽搬陈谷子、烂芝麻，只弹老调旧曲，肯定乏味，难以精彩，必须针对新情况、新问题，谈出自己的新见解、新看法。

语言简洁。切忌拖泥带水，枝蔓横生，应抛开那些不必要的套话。别人陌生的，喜欢听的，多说；别人熟悉的、不关心的，少说。事情的重点、要点要交代清楚，枝节问题三言两语带过即可。当然，简洁不是简单，而是言有尽而意无穷。

语气平稳。既不要人云亦云，毫无主见；又不要狂妄自负，哗众取宠，把自己的观点强加于人。即使不同意他人的观点，在修正、补充时，态度也要温和，不要声嘶力竭。

措辞得体。发言时必须对所表述内容的轻重、主次,选择恰当的措词和表述方式,努力把握好表述的分寸,力求恰如其分。

若是即兴发言,一要培养学生迅速构思的能力,确立中心,从实际出发,可以借当时的场景、情景、会议的主旨等作为开场白,结尾则要强化发言的主要内容。二要引导学生克服紧张心理,一方面作些必要的准备,另一方面能随机应变。

◎交流

交流是两个或两个以上的人在同一时间同一场合相互交流思想感情,达到互相了解。它往往即境而发,随机而发,具有双向性、互动性、即时性。要做到对象明确、观点正确、内容丰富、语言通俗、反应敏捷等。

交流是听与说双向的活动,说话者不能把谈话仅仅看成是表达自己的感情,因此要避免以自我为中心,谈吐应谦和得体,不强词夺理,不蛮横无理,态度要谦虚,平等待人、开诚布公。当双方意见不合时,千万不能恶语伤人,讽刺挖苦。

◎演讲

演讲是在公开场合面对较多的听众,针对某一问题或某一事件发表见解、阐明道理、进行宣传鼓动的口语训练方式。它应有鲜明的主题,有较强的针对性,内容稳定,结构完整,情动于衷,形之于声,用真情实感来打动听众。

演讲的详略长短要适时适量,区别时间和地点,不能随心所欲。一般说来,时间不宜过长,否则人们会因为疲倦而不愿听。据说有一次,马克·吐温听牧师的募捐演讲,开始准备把袋中所有的钱悉数捐出;10 分钟后,决定只捐身上的零钱;20 分钟后,决定不捐一分钱;最后,等牧师讲完,端着盘子上来募捐时,他反而从盘子里拿走了两元钱。有些教师太好说话,不管什么场合,都把说话看成一种很大的权利,像是垄断一切,根本不顾听众的感受,这是没有效果的。

教师要指导学生做好演讲前的准备工作,如明确演讲中心、确定演讲题目、选择演讲材料、安排演讲结构、运用演讲技巧、掌握听众心理，并借助态势语增强演讲效果。

◎辩论

辩论是围绕同一论题，正反双方通过激烈的争辩来捍卫自己的观点，明辨是非，以说服或驳斥对方观点的一种口语交际训练。它具有逻辑性、对立性、应变性等特点。这种训练层次高、难度大，要注意以下几点：

辩论前充分准备。近期准备是指研究辩论题目，把握论题含义，明确我方观点，寻找核心概念，收集相关材料；了解对方观点，推测理由根据，弄清分歧实质；研究辩论策略，进行模拟辩论，发现问题纠偏。远期准备包括读书和做人，要有丰厚的知识底蕴和高尚的人格修养。

辩论中全身心投入。既要运用进攻技巧，也要运用防守技巧，并能识别诡辩。一方面要旗帜鲜明地提出自己的观点，用确凿的事实、严密的推理加以阐述；另一方面要认真听取对方的发言，抓住其中的纰漏和谬误；最后针锋相对地驳斥对方，进一步确立自己的观点。

辩论要注重整体性。要遵守辩论规则，轮番发言，遵守时限，几位辩手之间有主有次，分工合作，配合默契，相互之间不抢话题，不打断对方话头，不以势压人，不无理取闹，不搞人身攻击，讲究语言美和仪表风度。

平时，教师应该从组织准备、辩论技巧和注意事项等方面给予学生具体的指导，也可组织学生观看一些辩论赛的录像。辩题贴近学生的生活实际，要有明显分歧，能够形成对立面，并能引起辩论的热情。

口语交际教学的途径

◎开设专门课程，构建体系

口语交际教学是一门独立的课型，应是由各个相关教学内容构成的一个整体。要让学生获得完整的系统的口语交际能力，就必须从学生的年龄特征与认知特点出发，安排一定课时量的教学内容，从基本到综合，从一般规律到特殊规律，循序渐进。

若能通过专门的口语交际课程，将课程标准的教学内容、要求和目标系统与学年、学期、学周三个不同层面的"口语交际"时段有机地系统地结合，构建成相对完整的训练体系，无疑是口语交际教学的重要途径。

◎结合阅读写作，交替互补

口语交际能力是语文基本技能的一个重要方面，是和语文其他能力相互渗透、协调发展的，因此口语交际训练不能孤立进行，必须结合阅读和写作，进行交替互补。

众所周知，阅读既能积累语言，又可利用获得的语法等知识使语言表达更规范，还可为说话提供生动的范例。如果我们在提供话题或范围时，有意识地引导学生说一些与课文相关的内容，就能引导学生去研读文本，这样说和读的能力会得到双提高。此外，在阅读教学中也可以通过复述、表演、讨论、交流等形式锻炼学生的口语表达能力和思维能力。

说和写是语言表达的同位体，思维是它们共同的基础，人情事物是它们表达的对象，求得理解是它们表达的目的。写作训练，既能锻炼说话的思维能力，也能丰富学生说话的内容和方式。在作文教学中可通过评议、修改等环节，培养语感，矫正语病，提高说话的严密性与条理性，实现思维能力与语言能力的共同发展。

为此,必须紧紧围绕新课标口语交际的训练内容,深入挖掘教材中有利于口语交际训练内涵的因素展开教学。阅读与写作教学过程的实质是教师、学生、文本三者互动的过程,是师与生、生与生进行学习交往的过程。听说读写四大能力紧密联系、相互制约而又相互促进,以读写带听说是培养学生的口语交际能力高效长效的途径之一。

◎**注重生活实践,学以致用**

口语交际能力的培养具有很强的实践性,只有在日常生活的语言实践中才能使口语交际能力得到真正的锻炼提高。教师在课堂上所传授的有关口语交际技能方面的知识,毕竟更多的是理论知识,即便是一些模拟训练也不能等同于生活实践,由于其脱离真实的语境最终不能内化为学生自身的实际能力。口语交际训练必须立足课堂,而面向课外、校外,让学生走进生活,走进社会,教师必须学会引导、组织学生在社会交往中实践,开展各种社会交往实践活动,充分利用各种场合、采取多种方式、组织各种有价值的活动,为学生创造口语交际实践的机会,比如社团活动、社区活动、公益活动、社会调查等。

有的教师把口语交际渗透在春游、秋游、参观革命圣地等教育活动中,学生在参观访问中主动积极与周围的人进行口语交际,并把口语交际延伸到活动后的主题班队会活动中。这些实践活动,充分发挥了学生的主体作用,让学生在与别人打交道、求帮助、解决问题中学会倾听,学会表达与交流,学会交往与合作。

口语交际教学应以"用"为主,只有把课堂教学与课外实践有机结合起来,才能最大限度地实现口语交际的价值。我们的现实生活环境,存在着大量的交际活动,无时无处不需要口语交际,日常生活应该是学生进行口语交际最广泛、最频繁的领域,也是口语交际教学的良好途径之一。

口语交际教学的策略

◎角色扮演，把握交际关系

按照社会学的观点，一个人的社会身份以及与其相关因素（年龄、性别、文化、职业、个性等）构成了所谓的社会角色。社会角色指的是交际主体在具体的交际情境中所显示的一种临时身份，而口语交际就是不同社会角色的人在一起打交道。社会学还认为，社会角色是多样的，每个社会人都是一个社会角色；社会角色也是多变的，每一个人在与不同社会角色的人交际时，都会随着交际对象的变化而变化，充当不同的社会角色。能否说符合自己社会角色的话，能否把握交际关系，说符合对方社会角色听得进的话，这是交际能否成功的关键。虽然从严格意义上讲，中小学学生的社会角色还不充分，但口语交际教学时，让学生扮演各种社会角色进行表演，一方面能提高学生的兴趣，促使他们进入交际状态；另一方面能让学生深明角色语言在口语交际中的重要作用，并逐步学会说符合在交际关系中特定的角色语言。

当然口语教学过程中，教师也可以参与角色的扮演之中，加强示范、指导的作用。另外，教师和学生在教学中都应有清醒的双重角色意识，不仅注意角色的对位，还要随时进行角色的转换。除教师在指导点拨学生时构成教与学的双边关系外，师生之间要像日常生活中口语交际那样互为对象，构成交际关系，并模拟生活实际双向互动地进行训练，才能体现出口语交际训练的特点，切实锻炼和发展学生的口语交际能力。

口语交际是以口头语言为载体而进行的交际双方互动的信息交流活动。构成这一活动的第一要素就是参与口语交际的双方，即交际主体。只有抓住这一要素多做文章，才能加强口语交际的实践性，切实提高学生的口语交际实践能力。

◎ **情境创设,提供交际背景**

构成口语交际活动的第二要素是交际的情境,它包括交际的时间、空间,大而言之还包括说话人的文化背景等,简称为语境。课堂上话题式的口语交际不同于日常生活中原生态的自然的言语交际活动,它不仅缺少激发学生思维的动力,更缺少口语交际时必不可少的语境,而离开了一定的交际时间、空间等其他因素,任何交际都是无谓的。因而,创设具体的交际情境,应该成为口语交际教学的重要策略之一。

在口语交际教学中创设符合学生生活实际的交际情境,一方面能使学生有一种身临其境的感觉,让学生思想上暂时忘却自己所置身的课堂,很快进入到无拘无束、自然而然的口语交际中,迅速步入教学指向的交际情境,以此来调动学生内在真实的情感体验,激发他们强烈的表达欲望,发展他们的个性和创造思维,达到口语交际训练的要求;另一方面,是要学生懂得交际语境对交际口语的制约因素,学会在一定的场合、一定的时机说一定的话,真正意义上提高口语交际的能力。

口语交际的场合一般可分为:使用家常口语体的亲朋之间的交际场合;使用正式口语体的一般交际场合;使用典雅口语体的隆重交际场合;使用书面语体的特殊交际场合。情境的创设方式因场合不同而不同,可联系学生的日常生活和经验世界,也可用极富感染力的语言调动,还可利用音像、图片等各种媒介。

◎ **行为驱动,明确交际目的**

口语交际是交际者出于某种社交需要而采取的行为,人们在进行口语交际的时,彼此都在朝着某一交际目的而努力。用交际行为带动学生的口语交际训练,让学生明确交际目的,在必须设法实现这一交际目的心理状态下进行口语交际必定是一种有效训练。教师向学生指明每一次交际活动的行为目的,或者让学生能自知每一次交际活动的行为目的,不仅能加强学生的积极态度,使之在交际过程中,为完成各自交际任务而热情参与、和谐交流,更重要的是要让学生懂得每一次口语交际都是一次实现意图的行动,让学生学会为实现这一意图而进行巧妙而有效的言语沟通。

说话都是有一定"用意"的,人们使用语言进行交际的过程就是言语行为,而言语交际的成和败主要看它是否达到了预期目的。从口语交际者言语功能出发,言语行为一般可分为:①叙事言语行为:叙述或者说明事件或道理的言语行为;②施事言语行为:为了影响对方,以求改变对方的观点和行为方式的言语行为。其中直接施事行为又可分为以下五种:断定、指令、承诺、表情、宣告。实际生活中向别人道歉,向同学祝贺,劝阻同学间的争吵,被别人误解后作解释,向别人请教,赞美别人的优点,安慰心灵受创伤的人,到商场购物后要求退货,接到别人误打的电话,邀请他人参加你的生日宴会等,无一不体现这些言语行为。口语交际训练务必让学生受到行为的驱动,努力达到交际的目的。

◎**个案剖析,学习交际技能**

口语交际能否成功,取决于交际者能否遵循人际交往必须遵循的原则,比如平等原则、诚信原则、互利原则、宽容原则等,也取决于交际者言语技巧的高低。对课文以及影视作品中的成功口语交际范例,或者对学生成功的口语交际范例作个案剖析,让学生从这些成功交际口语范例中学习口语交际的技巧也不失为一种教学策略。

比如有的教师从传授口语交际技巧目的出发,拿《老杨同志》中老杨的讽刺语,《最后一次讲演》中闻一多的声讨语,《鲁提辖拳打镇关西》中鲁达的戏弄语,《曹刿论战》中曹刿步步深入的询问语作为典型话例进行分析,收到了良好的教学效果。

总之,口语交际训练上应从学生实际出发,从学习效果出发,鼓励学生采用适合自己的方法,主动地进行学习,形成良好的口语交际习惯。另外,在训练目标上体现自学能力培养的同时,也应教给学生一些科学的、基本的技能，包括掌握一些相关的知识。

◎全员介入，引起交际互动

双向互动是口语交际的主要特点。只有通过双方互动，口语交际才能实现，离开了双方互动，口语交际也就不存在了。即便是独白体的口语交际，表达者也总会有对象，也需要和听者互动，也会和倾听者在情绪乃至思想情感上相互刺激，产生交流，倾听者会以表情作出回应，口语表达者也会即时得到反馈，作出必要的言语内容和方式上的修复，引起交际互动。这是与以往听说训练的一个明显不同点。因此，口语交际教学必须突出学生的主体地位，面向全体学生，凸现以学生为本的观念，让全体学生主动参与，这不仅是为了调动学生积极性，更重要的是要在口语交际教学中营造出口语交际场所必须具备的气氛。

口语交际教学互动方式有很多，常见的有：①师生互动：它要求教师与学生平等交流，决不能以自己的权威抑制学生表达的欲望和思想的火花，决不是教师问、学生答的问答式，也不能只停留在以教师为主导、以学生为主体的范围内，而应该走出师生圈，转换角色，建立一个平等交流的交际网；②生生互动：它是指学生与学生之间在课堂上交换思想的过程，包括同桌之间、前后座位同学之间、小组成员之间在课堂上的互相讨论、相互合作、交流沟通；③群体互动：它是指教师做好协调、指导工作以后，在小组与小组之间或全班学生共同参与的一种活动口语交际教学方式。

口语交际的测评

口语交际的测评不是目的，而是促进学生学习的手段和策略，最终目的是为了全面提升学生的交际素养。因此，如何科学地测评口语交际教学效果，是关系到认真落实课程标准要求，按质按量完成教学任务的事。要让口语交际的测评具有科学性,就必须打破单一化,在明确评价目的的前提下,提倡多元化,在评价时间、评价方法、评价内容等方面构建一个科学的口语交际能力的测评体系。

评价时间:评价可以在训练当时、某一阶段和学期末尾三个时间进行。当时测评可以激发学生兴趣,让学生树立信心;阶段测评既是对学生的鼓励,又可以让教师了解教学情况,及时调整教学策略;学期末尾测评主要可以让学生看到自己学习的最终成果。

评价方法:评价方式中首先应该确定由谁来测评的问题,可以采取教师测评和学生自评、互评相结合,一是让学生有口语交际的实践机会,二是能让学生正确对待自己和他人,树立自信心。然后应确定测评形式的问题,测评形式可采取全班统测和单一测评相结合、定量和定性相结合,灵活多样,全面测评。

评价内容:课程标准口语交际课程目标中整合了情感态度与价值观、过程与方法、知识与技能三个维度的要求,这三个要求包括了交际口语评价的所有内容,如认真的态度、主动性、自信心、尊重他人,如独立性、及时性、得体性,如聆听的理解能力、概括能力,表达的交流能力,以及有准备和即兴的演讲和辩论能力等。

【就什么说点什么】

"口语交际"是语文课程改革的重点之一,它首次在课程标准中被明确提出,具有重要的现实意义。

随着科技的飞速发展,人与人之间的交往越来越密切,这是过去任何时代都无法比拟的。在学习文化科学知识,交流工作经验与研究成果,乃至在择业、事业发展、开展多样文化生活等方面,人们的社会交际活动日趋广泛、活跃和频繁。生活在这个时代,我们需要更经常地向他人表达自己的思想、情感和解决各种冲突。口头语言作为最基本、最便捷的交际工具,更经常地担负着个人社会交际效率高低甚至成败的重任。口语交际的提出,正是顺应了时代发展的潮流。

善于交往，有较强的社会活动能力是 21 世纪个人取得事业成功的重要条件。现在的中小学生，是我们培养的未来人才，若干年后，他们将在社会各行各业起到栋梁的作用。如果他们具有较强的待人处事的本领，以及能言善辩的口才，他们就能更好地与人交流、与人相处、与人合作，从而加快他们迈向成功的步伐，成为社会需要的新型人才。

学生除了在课堂上通过听课，在课内外通过阅读获取知识外，还需要在与师生的交往过程和在家庭、社会的生活实践中，通过与同学、老师、家长以及社会方方面面的人的沟通交流，进一步加深理解课堂上和书本上的知识，尤其是获得课堂上和书本上学不到的知识。在强调素质教育的今天，要成为一名全面发展的学生，必须具备很强的口语交际能力，善于倾听、理解别人的观点，准确表达、传播自己的理念，从而提升自己组织领导、团队协作等多方面的能力。

上海市中小学语文学科课程与
教学改革回顾与展望①

上海于 1988 年起启动第一期课程与教学改革,十年后,随着《面向 21 世纪上海市中小学数学教育改革行动纲领》和《面向 21 世纪世界教育内容发展趋势报告》的推出,第二期课程教学与改革正式拉开帷幕。本文立足现在,回顾过去,展望未来,意在总结经验,反思不足,更加坚定不移地深化课程与教学改革。

第一部分　学科课程与教学改革回顾

一、学科课程与教学改革的动因

1. 世界改革的发展趋势

母语教学历来为世界各国,尤其是经济发达国家所重视。从 20 世纪 90 年代以来欧洲各国、美国、日本等国的《课程标准》、《教学大纲》、教材等编制的情况来看,以下一些特点很值得借鉴:

◎重视语言与思维的关系。

◎强调学生的言语实践活动,重视综合性学习。

◎重视文学教育,重视民族文化、民族精神的传承,重视文化素养和人格的培养。

---

① 本文由笔者与上海市教委教研室步根海、薛峰共同执笔。

◎重视学生的主动学习、合作学习和探究性学习。

◎学习内容贴近学生的现实和日常生活。

◎遵循学生的心理发展规律。

2. 上海一期课改的经验和启示

1988年开始启动的一期课改，在大量调查研究的基础上，学习、吸收了国内外课程教材改革的先进经验，确定了改革的思路和行动策略。十年的改革，提出了许多先进的理念，形成了许多经验，为二期课改的启动提供了不少有益的启发。

◎着眼于语文阅读能力的培养，提出了以阅读为基础，全面提高学生语文素养的理念。

◎改变了以学科知识为主线的教材体系，力求形成以阅读能力培养为主线的教材体系。

◎提出了支撑课程理念的教学基本思路：注重积累，培养习惯，指导学法，训练思维。

◎注重文学因素，强调学生个性的健康发展。

◎改革了课堂教学方法，将教师的讲、问与学生的质疑、探讨有机结合起来，在语文课堂教学过程中，引进了许多活动课程的形式。

◎拓宽了评价渠道，将学生的学业水平和个性特长结合在一起进行评价。

◎注重德育因素，强调在语文教学的过程中培养学生健全的人格。

3. 一期课改的反思与亟待解决的问题

一期课改虽然取得了很大成果，但是，从课改期望目标来看，似尚未完全达到，尤其是"低效"现象，似未根本改变；对语文课程建设、课堂教学及与之相关的教学评价中的一些关系，尚未完全理清。再加上时代的发展，尤其是现代信息技术的普通运用，对许多问题需要重新认识。

◎重新认识语文的性质。一期课改，对语文性质描述的核心词是"交际工具"与"文化载体",这一描述比原来仅提"交际工具"显然进了一步,但对语文文化属性的认识尚不够深,这一认识直接影响语文课程目标、内容要求与评价标准的确定。

◎必须明确语文课程和教学的期望目标,即学生语言素养和文化眼光的培养;同时,还必须明确,不同学段的不同目标是什么。

◎必须理清语文课程和教学、评价的几个重要的关系,例如知识与能力的关系、语言和思维的关系、训练与体验感悟的关系、生活语文和语文教学的关系、阅读与写作的关系、通识的学习与个性发展的关系、教学内容与教学方法的关系等等。

◎语文教学必然承担着德育,尤其是民族精神教育的任务,但是,语文教学进行民族精神教育的核心是什么,呈现形式是什么,似需进行深入的研究。

◎语文学科与现代信息技术的整合是必然趋势,但在课堂教学过程中怎样理解"整合",怎样体现现代信息技术的作用,似需作深入、细致的研究。

◎怎样使课程适应学生的发展,怎样改善学生的学习方式,是时代发展迫使语文课程作深入思考的议题。

二、学科课程与教学改革的主要历程

1. 改革探索阶段

◎《行动纲领》编制

◎小学低年级语文"识写分流"实验

2. 文本编制阶段

◎《课程标准》编制

◎基础型(试验本)教材编制

◎拓展型教材编制

3. 试验推广阶段

◎2004 年秋季,小学一年级起全面推广新课程。

◎2005 年秋季,初中六年级起全面推广新课程。

◎2006 年秋季,高中一年级起全面推广新课程。

◎2000 年至 2004 年间,为配合新教材的教学试点,各年段分别组织面向全市课改实验校教师的寒暑假培训工作。

◎2002 年,编制《关于改进小学语文课堂教学的几点意见(供一、二年级使用)》、《关于改变一年级语文新教材评价方式的几点意见》、《小学语文 1—4 册试验教材总目标及各阶段训练目标》等文本。

◎2006 年,编制《关于本市小学低年级语文教学的调整意见(试行稿)》。

◎2007 年,制订《上海市小学学习准备期语文学科教学指导意见》。

◎2006 年和 2008 年,对《改进小学语文课堂教学的几点意见》和《改进中学语文课堂教学的几点意见》先后两次做修订,为基层教师提供了改进课堂教学行为的具体操作方法和努力方向。

三、主要问题与对策

1. 对课程内容、课堂教学内容的认识尚不够清晰

◎与一期课改的《课程标准》相比,二期课改《课程标准(试行稿)》在课程内容的表述上已比较具体,但是,无论是教材编写还是课堂教学,《课程标准(试行稿)》的表述终究还是泛了一些。

◎从教材编写的角度来说,小学三年级开始,就以生活内容、思想内容主题的相对集中来构成单元。但是,理解、把握单元主题毕竟不是语文教学的主要内容,怎样在教材编写的过程中综合考虑三个维度,尤其是给教师的教学以操作的思路,似还要作深入的思考。

◎在课堂教学过程,确定教学内容的依据是什么,怎样既发现教材的原生价值,又关注学生的需求,尚需进一步深入探究;课堂教学中,被课文内容牵着鼻子走的现象还普遍存在,语文的个性体现尚不明显。

◎要正确认识课程内容、课堂教学内容,必须先认识清楚几个问题:课程内容、教学内容、教材内容、课文内容等概念有什么异同;怎

样依据不同学段、不同学年、不同阶段学生的需求；怎样认识教材的原生价值；怎样在把握课文内容的基础上，从学生语言素养和文化眼光培养的角度来确定教学内容；教学评价怎样立足教学内容，全面评价学生的语文素养。

◎《课程标准》的编制者、教材编写者、市区教研员、教师要协同研究解决以上各问题，以使课程内容、教学内容具有相对的确定性。

2. 学生的语言表达能力亟待提高

学生语文素养的提高固然表现在各方面，但有一个显性的标志，就是学生的表达能力处于怎样的水平。二期课改期望培养和提高学生的语言表达能力，但是，语言表达能力与阅读能力是什么关系，怎样有效地提高学生的语言表达能力，似比较模糊。要从以下几方面研究学生表达能力如何提高这个问题：

◎认识清楚阅读与表达的关系，尤其是在语言、思维和思想认识水平等方面的关系。

◎口语表达与书面语表达的关系。

◎应用性写作与创作性写作的关系。

◎学生的学得和习得的关系。

◎写作知识、写作方法和技能与学生的生活积累、思想水平的关系。

◎写作基本序列的建构。

3. 教学方法的改革必须与教学内容的确定相统一

"二期课改"以来，尤其是新教材试验以来，教学方法、教学手段有了较大的变革，但是，教学方法的改革必须与教学内容的确定相一致。目前的教学状况中有一些倾向是令人担忧的：课堂教学看似热热闹闹，但学生一堂课下来，究竟有什么收获，师生似都不清楚。

改变这一状况，必须使教师认识到教学方法与教学内容的相互关系，促使教师钻研文本，并在教学过程中引导学生沉入文本，调动已有的经验和知识，认识、感受新知，在体验新知中或产生共鸣，或产生疑惑，从而有新的感悟。

4. 语文课程教学体现德育，尤其是"两纲"教育的内容，必须具有语文个性

语文的性质决定了语文教学所承担的德育任务，尤其是上海提出"两纲"教育以来，语文教研员、语文教师都在探讨语文课堂教学如何体现"两纲"教育的内容。但是，在实际操作过程中，过于强调思想教育的内容而架空了对祖国语言文字的感情的现象仍然存在，有些语文课变成了"政治课""班会课"。

要改变这一状况，必须清楚地认识到，语文教学进行"两纲"教育的核心是培养学生对语言文字的感情，要将思想教育的内容与言语形式有机地融为一体。

第二部分　学科课程与教学改革的主要成果

一、课程标准

《上海市中小学语文课程标准》主要有以下五方面的突破。

◎课程建设——拓宽语文学习的渠道，为学生营造大语文学习的环境。"拓宽语文学习的渠道"，就是在承认课堂主渠道前提下，能突破课堂的局限，让学生在更广阔的天地中学语文，激发学生对语文学习的兴趣，提高学生的语文素养。在"课程标准"的课程目标、课程内容部分，专列"综合学习"，要求学生主动参加班、校、社区的各项活动，自主地办报刊，参加社会调查、采访等活动，要求学生进行有目的的、自主的专题阅读，并写出相应的阅读报告……把学生多渠道的显性学习活动和隐性学习活动结合起来，注重学生语文素养的提高。

◎学生的语言素养——注重语言积累，开发学生的语言潜能。提高语言运用能力的基础是语言积累。语言积累，首先是一定量的语言材料的认识、记诵与掌握。《课程标准》规定了最低识字量、记诵

量和阅读量,目的就是让学生由不自觉到自觉地积累语言材料。同时还要引导学生沉浸到语言环境中去,在理解的基础上再记诵、内化,使书本上的语言材料内化为自己的语言。

◎学生的文化修养——渗透以爱国主义为核心的民族精神教育,提升学生的文化品位。"课程标准"强化了以爱国主义为核心的民族精神教育。"课程标准"适度强化了古诗文的阅读,目的是促使学生加深对中华民族优秀传统文化的了解,充实文化底蕴,提升文化品位;并在学习古诗文的过程中,吸收语言精华,提高书面语的表达能力。

◎学生的学习方式——改善学生的学习方式,培养学生研究性学习的能力。真正着眼于学生的发展,就必须改善学生的学习方式。从单一的接受性学习方式,转变为接受性、体验性、研究性学习方式相结合。改善学习方式,无意否定接受性学习方式,否定的是单一的接受性方式,让学生在接受的过程中,自己钻研教材,体验文本内容和作者的情感,逐步地形成问题意识,形成专题研究的意识。

◎训练和教学评价——突破训练模式,让教学评价产生增值作用。"课程标准"要求突破一课一练式,代之以"疏密结合,以疏为主"的形式;从训练内容来说,不再是已学内容的简单反复,而是以新引旧,既知新温故,又温故知新,重在学习习惯的培养,学习方式的指导,思想方法的学习和掌握,让学生在新的语言环境中作动态的体验、探究。训练力求将听、说、读、写能力整合起来,读中有写,读中有说,读写交融,提高语言感受能力和表达能力。同时,与训练密切相关的评价,也要有重大的突破,要在评价的过程中让学生发现自己的进步,使评价的过程成为培养学生自信心的过程。要打破单一的横向评价、定量评价、结果评价,代之以横向与纵向相结合,以纵向评价为主,定量与定性相结合,以定性评价为主,结果评价与过程评价相结合,以过程评价为主。

二、教材编制

小学教材

1. 目标特征

◎落实"识写分流"的改革理念;学习语言,掌握语文的基础知识,形成各种语文的基本能力,养成良好的学习语文的习惯,感受母语的魅力;关注童心童趣,激发学生的阅读兴趣。

2. 内容特征

◎以专题组元,组合教学单元为教材结构的基本形式。全套教材分三个阶段,第一阶段以识字为重点;第二阶段以词句和段的训练为重点;第三阶段以读写结合为重点。每个阶段各有侧重,在整个小学学段中循环往复,呈螺旋型。

◎辅读文字分为"单元导语""课文注释""课后练习""综合练习"四个栏目。其中以"单元导语""课后练习""综合练习"为核心栏目。

◎单元导语,一、二年级以图文结合的形式呈现单元阅读训练重点和方法;三至五年级以导语的形式,呈现单元专题和阅读训练重点。练习部分,一、二年级从"读""说""写"三个方面编制关于课文朗读、说话训练和写字等练习项目。三、四年级以"阅读芳草地""词句活动室""语言直播厅"为板块,编制了篇章阅读、词语和句子训练等听、说、读、写方面的练习。四年级第二学期开始,课后练习板块为"阅读新体验"和"说写双通道"。对带"*"的略读课文,则在课文后设"学习小建议"栏目。各年级都编制了单元综合练习,以达到复习、整理、归纳、巩固的目的。

◎拼音学习贯穿于整个低年级学习阶段,分三个阶段进行,第一阶段结合课文集中学习汉语拼音的主要知识、拼读方法等;第二阶段为初步掌握汉语拼音阶段;第三阶段为熟练掌握汉语拼音阶段。低年级以"识写分流"的方式,落实"在语言环境中正确认读1800 个左右的常用汉字"和"会写1000 个常用汉字"的识字和写字的任务。

◎阅读教学,一、二年级重兴趣的激发;三年级重培养预习课文,边读边想的习惯和能力以及问题意识;四年级重在归纳能力、详细复述能力的培养,了解句子和段落之间关系,体会常用修辞手法在文中的作用等;五年级重在培养"动笔墨读书"习惯,运用各种方法归纳课文主要内容能力,简要复述和创造性复述,品味语言、理解词句的特殊含义等能力。

◎作文教学,低年级强化听说训练,注重培养学生的口语交际能力,训练学生说比较通顺、比较规范的话,说自己的话。中高年级作文,重在段与篇的训练,鼓励学生放胆作文,写自己的事,写喜欢的事,写自己想说的话,体现自主性和选择性。

3. 教学特征

◎提倡自主识字,开放识字,开发学生识字潜能,满足了小学生早期阅读的愿望,也促进了其他学科的教学。

◎注重良好学习习惯的培养与训练。教材以图文结合的形式,将学习习惯的要求生动而又直观地展示给学生,并引导教师分层次、有计划地在各单元的训练中指导小学生养成良好的学习习惯。

◎关注学生的口头和书面的表达。"听说活动"贴近学生生活,激发了学生说话兴趣,调动了说话的积极性;作文题材丰富多彩,命题形式活泼多样,体现了写作的自主性和选择性;阅读内容中设计的"语言直播厅"和"说写双通道",不但有利于学生在表达中加深对文本的理解,同时又让学生在阅读中感悟写作方法。

◎课后练习关注语文基本能力的培养,注重语言的积累和应用;练习的题量适度,训练内容体现了针对性、层次性、综合性、趣味性和适度的选择性。同时,为教师确定教学重点提供了依据。

◎新教材试图建构起"以阅读为主线,在阅读实践中掌握语文的基础知识,形成各种语文能力以及健康的情感、态度、价值观"三位一体的训练体系。

初中教材

1. 目标特征

◎关注不同年龄段学生的认知特征和心理特征,让学生感知中华文化的博大精深,接受中华优秀文化的熏陶,认同中华文化,增强民族自信心和自豪感;提高阅读、写作、口语交际和综合学习能力。

2. 内容特征

◎以生活主题组元,不排斥文体组合单元和专题单元。课文多为经典名篇,也有少数时文,科技作品也占有一定比重。

◎"学习建议"分阅读、表达、积累三部分。阅读部分或引发兴趣,或知识学习重点,或提供学习方法,期望学生能在动态的言语实践中,体验、感受语言的魅力,养成良好的学习习惯,提高分析、综合、理解、鉴赏能力;表达部分联系阅读的内容和形式,结合学生的生活实践,设置情境,要求学生做书面或口头的表达训练;积累部分则是提示熟读和记诵的重点词语和篇章,或提供拓展阅读的书目、篇目,为学有余力的学生拓展更为广阔的阅读视野。

◎综合学习主要提供生活和学习的情境,活动和综合是两大特点。活动提供的情境多为真实的社会环境。从内容上大致可以分为自然体验活动、社会体验活动、文化体验活动三大类。综合也有三方面的含义,一是听说读写的综合,一是课内外生活的结合,一是语文学科和其他学科的综合。

◎教材在阅读能力、写作能力、口语交际方面都有着分年级的教学重点安排。就阅读能力而言,六年级重在整体感受、分类概括、体验悟得;七年级重在重点把握、逻辑分析、局部评价;八年级重在全面认识、辩证分析、整体评价;九年级重在综合理解、综合分析、初步鉴赏。就写作能力而言,六年级重在从我写起,叙述为主,快乐作文;七年级重在关注生活,叙议结合,兼及描写;八年级重在留意社会,多角度表达,侧重说明;九年级重在评论人事,综合表达,学会议论。就口语交际而言,六年级重发言,七年级重讨论,八年级重辩说,九年级重演讲。

3. 教学特征

◎"学习建议"一方面引领学生深入文本,另一方面也为教师把握教学重点提供了依据。

◎"知识卡片"主要是记录与课文有关的语文知识、文化知识和相关延伸作品,以落实语文知识"随文学习、适度有用"的理念,帮助学生了解知识概念。

◎"综合学习"意在让学生有效地进行语言实践,从而激发学生学习语文的兴趣,开发潜能,在动态的言语实践中提高语文素养。

◎新教材试图建构起"以阅读教学为基础,以语文综合学习为主,以口语交际为辅"的"三位一体"的作文训练体系,总原则是强调作文与生活的关系,作文与学生自我实现的关系。

高中教材

1. 目标特征

◎既体现必要的语文知识和能力要求,又注意学生的人文素养的培养,开阔他们的文化视野,提升他们的文化品位。

2. 内容特征

◎以专题组元,课文内容涉及人与自然、人与社会、人与自我三个方面,选文兼顾中国优秀的传统文化和世界的先进文化。

◎以知识与技能、过程与方法、情感态度与价值观的三维目标,设定各个具体单元的学习目标和学习活动。

◎课文和知识能力要求的安排,既大体展现知识、能力的逻辑线索,体现由浅入深、由易至难的层递性,又遵循语文教学循环往复、不断积累、螺旋式上升的特有规律,作适当反复。阅读部分,高一阶段侧重于理解与感悟,高二阶段侧重于分析与综合,高三阶段侧重于鉴赏与评价。

◎写作与口语交际部分,既随文进行,又在每学期各设专门板块;综合学习专设板块。整套教材中写作部分共六个专题,每一专题设有知识提要、例文点评、写作练习三部分;口语交际部分共六个专题;综合学习每册分综合实践与专题研究,课题序列大致为语言——文化——文学,每一课题一般设有导言、前期准备、问题探究、参考资料等。

3. 教学特征

◎每册课文均按专题组成 6 个单元,其中现代文单元 4 个,文言诗文单元 2 个,整套教材共 36 个单元。课文分基本篇目与略读篇目两类,略读篇目不教。

◎写作、口语交际、综合学习三个板块,可在每学期的总课时内实施教学。

◎每册所设的知识附录,供教学时参考。

三、教学过程

小学阶段

在二期课改课程推进过程中,关注教学过程的研究,取得以下成果:

◎改进汉语拼音教学

《课程标准》将汉语拼音教学的功能定位在以下三个方面:一是借助汉语拼音自主地学习汉字;二是借助汉语拼音学习普通话;三是借助汉语拼音使用工具书。基于此,市教研室提出了将汉语拼音的教学过程分为三个阶段,即渗透—强化—巩固。教师们大都能在教学中加强拼读能力的训练,延长学习巩固的时间,运用“集中认识字母,阅读中练习拼读,分阶段滚动复习,抓重点归纳知识,有弹性逐步达标”等教学策略,帮助学生建立起“音”与“字”的双向联系,凸现了汉语拼音的工具性。

◎凸显语言环境,提高识字教学的效益

教师大都能根据课文的特点,采用“分散”和“集中”相结合的方式教学生字,做到“合理分布,分步落实”。“分散”和“集中”相结合指的是教师结合课文内容的阅读和理解,将生字分成二至三个板块进

行集中教学。"合理分布",指的是生字新词的学习与阅读相契合,不割裂对文章的整体阅读;"分步落实"指的是音、形、义,记忆—理解—运用,分阶段逐步落实,并在此基础上做到"针对特点,各有侧重,方法多样,科学记忆"。同时,教师们能在教学中从整体着眼,有效地组织起拼音、识字、写字、阅读等各部分的教学,引导学生在读短文、诗歌的过程中主动识字,逐步做到文熟字悉,提高了识字教学的效益。

◎阅读教学注重整体感悟,加强语言实践

教师能认识到文章的内容、情感、结构、表达方式和主旨之间有着内在的联系,教学中应它们视作一个整体组织教学。教师在教学中能基本摒弃多余的分析、繁琐的谈话、机械的问答,加强师生之间、生生之间的平等对话;能鼓励和尊重学生在整体感悟中的个性化体验,初步能根据学生的学习状况来调整教学目标和教学策略。教师能比较正确地处理感悟与语言文字训练之间的关系;能遵循母语学习的特点,从学生已有的生活经验和知识背景出发,为他们提供充分的学习和交流的机会,拓展自主学习、思考和体验的时空;能以教材中具体的语言材料为抓手,引导学生在动态的语言实践过程中感受语言表达的精当与规范,领悟语言表达的特点,积累规范的书面语言。

◎随文学习适度有用的知识

"随文"即依据阅读材料,在阅读和言语实践的过程中,凸现语言环境的作用;"适度"指知识学习要符合学生的年龄特点、接受程度、内心需求、已有经历等,有序而不苛求完整和系统;"有用"指有利于语言的积累,以提高语言运用能力为目的。教师在教学中能紧紧依托文本,通过各种有效的动态的言语实践(听、说、读、写、想、问等)来引导学生随文学习适度有用的知识,并使语言知识的传授不是孤立的揭示,简单的告知,而是与阅读内容自然契合,贯穿于言语实践的全过程,呈现出举三反一,进而举一反三的过程。

◎阅读教学立足于"表达"

教师能立足文本,创设相关的教学情境,通过"表达"(或口头或书面)来传递学生的理解和感受,训练他们的表达能力(技能性表达和诠释性表达),进而检测学生的阅读成效。同时,教师能积极引导学生通过基于内容的了解,去关注作者的表达,有意识的吸收、借鉴文本的表达方式,树立篇章的意识,关注语言内部的联系,进而提高阅读与表达的能力。

◎**落实和贯彻"两纲"精神**

教师能注意结合阅读内容和生活体验,引导学生在听、说、读、写的语言实践过程中认识并认同相关的中华民族传统文化,逐步地受到民族精神的熏陶;引导学生在语文学习过程中自主体验,感受到生命的价值。"两纲"精神实施能结合不同年段的学习重点,形成教育序列。在教学目标中使其显性化,在教学过程中做到无痕化,发挥"润物细无声"的育人功能。

◎**作业设计增强层次性、开放性和典型性**

教师的作业设计既面向全体学生又能关注学生的个性,满足知识基础不同、智力因素各异的每一位学生,让每一个学生都能获得不同程度的成功尝试。所设计的作业在条件、策略、答案等方面都具有相对的开放度,并有相应的选择性,帮助学生发掘问题的各个方面达到深层地认识问题的本质,培养学生思维的独创性和发散性。教师对作业大都做到了精心设计,认真筛选,布置典型性强的作业题,使学生能触类旁通、举一反三。

中学阶段

面对课程改革,教师们已从最初的观望走向了今日的实践,尽管有些课还形似神离,但总体看来,语文课堂不再死水一潭,变得热闹、丰富、多元、活泼。

◎**关注三维目标,有意识地落实"两纲"教育**

教师能在关注知识与技能的基础上,考虑到过程与方法的落实,并较好地关注学生情感态度与价值观的变化发展,考虑到学生的已有知识积累、生活积累和思想认识水平,关注学生的兴趣点、障碍点和发展点,将学生的昨天、今天、明天综合在一起,把握学生在学习过程中可能产生的问题。教学目标的确定不再面面俱到,而是突出重点、集中明确,且将一堂课的目标与一个单元的目标、一个阶段的目标结合起来考虑,并有意识地落实"两纲"教育。

◎**开发课程资源,尽力体现"用教材教"的思想**

教师能注意到语文课程资源的开发利用,这使语文的视野大为拓宽,内容大为丰富,他们努力发掘教材的范本价值,尽力体现"用教材教"的思想,合理实施教学过程。现代文阅读教学,能引导学生沉浸、体验、感悟、思辨,整体感知文本内容和作者的思想感情,能依据自己的已有积累和思想认识水平来体验和感受,并在体验与感受的过程中不断与文本对话、与作者对话、与教材编写者对话,在对话过程中或产生共鸣,或产生疑惑。文言文教学,能帮助学生加深对民族传统文化的了解和认同,充实文化底蕴,提升文化品位,并在学习过程中注重文言语感的培养,反复朗读,理解课文内容,吸收语言精华,提高书面语表达能力,同时关注文化现象,注重积累。写作教学注重让学生有话可说、有情想抒,鼓励学生从现有生活中提取素材,表达自己的真情实感,注重培养学生的写作兴趣和动笔习惯。

◎**改善学生学习方式,教师具备"存疑"意识**

学生的学习方式不仅有原先的接受性学习,更多地体现出与探究性、合作性学习方式的相互结合,课堂(尤其是公开课)上经常出现"奇文共欣赏,疑义相与析"的小组学习场面,学生自主、合作、探究的学习方式得以体现,质疑能力得到提高。教师具有"存疑"的意识,一堂课,不可能解决学生的所有问题,因此引导学生抓住重要问题进行思考和讨论,一些内涵比较丰富的问题,引导学生在课外进一步思考。

◎**作业设计注重综合能力,注重语文素养的整体提升**

作业设计注重综合运用知识的能力,注重学生语文素养的整体提升,体现出题目的典型性、内容的开放性、操作的动态性及学生的选择性。注意语言材料的选择，能让学生由此及彼地思考问题，并从中发现一些规律；培养学生查阅资料、运用工具书的习惯，让学生独立自主地思考问题、解决问题；结合课文阅读，向学生推荐有关的作品，让学生有选择地进行课外阅读；写作教学的作业形式多样化，注重学生随笔写作及摘抄；注重触类旁通、举一反三，控制每天的作业量；重视作业的批改和讲评。

四、教学评价

1. 课堂教学评价

◎新课程理念下的课堂教学评价，应基于促进学生素质发展为根本目标。一堂好课，应该是对单位时间内学生的学习过程与学习结果综合考虑以后所作出的判断。2006 年，在制定《上海市中小学"探索实践"课堂教学语言文学学习领域评价标准》时，特别关注教学目标的制定与落实，即注意"三维"的有机整合；评价教学内容的处理要符合学生认知规律；重在关注正确处理感悟与语言训练之间的关系；关注学生对文章情感和主旨的感悟应建立在阅读过程中对语言文字理解的基础之上。

◎2006 年 9 月，成立"上海市小学语文新课程实证研究"课题组，着手进行学业评价的研究。目前，一、二年级学业评价研究初见成效，逐步建立起"课前明确学习目标—课堂落实学习目标—评价紧扣学习目标"的研究体系。首先，根据《课程标准》明确了一、二年级学习的"内容目标"，并根据目标确立评价的内容。其次，根据低年级学习内容特点和评价内容，确定了阶段性评价以"口试与笔试相结合"的形式进行。同时，制定明确、详细的标准，如"低年级学生朗读能力评分标准"，评价标准的稳定性和可操作性对教和学起到导向作用。

◎2004 年底，成立"上海市二期课改中学语文课堂教学现状与评价标准研究"课题组，从学生问卷调查、教师问卷调查、二期课改以来语文课堂教学现状分析以及语文课堂教学评价体系探索四个方面开展了研究，确立了"二期课改中学语文课堂教学评价标准"。该标准分课堂教学价值描述、课堂形态描述、教师表现描述及其他要求描述四部分。

2. 综合素质评价

◎2004 年开始,编制《上海市学生成长记录册》。语文课程学习评价的根本目的在于促进学生的发展,因此,评价的最根本性方法是将学习评价贯穿于学习的始终,成为激励学生成长的动力和发展的基石。同时,将形成性评价和终结性评价结合起来,以综合考察学生的学习成绩。

第三部分　学科课程与教学改革展望

一、课程建设日臻完善

1.《课程标准》内容目标的表述将更明确、具体、清晰

《课程标准》将作进一步修订,针对课程内容表述相对比较泛,教材编写、教师教学难以把握的问题,重点对课程内容作深入的研究,将根据学科特点、学生需求,重新认识课程内容和要求,对各学段内容表述更明确、具体、清晰。

2. 拓宽语文学习的渠道,使课程真正适应学生的发展

语文课程将进一步关注学生的言语实践,使三类课程的建设更趋完善。已经完成的基础型课程的教材,在以内容主题构成单元的基础上,将在基础知识的学习、基本技能的形成和语言、思维的训练、思想认识水平的提高、情感态度价值观的培养等方面提出相对明确的要求,有利于教学过程中的操作;完成拓展型课程的教材编写,以使符合《课程标准》的要求,适应不同层次、不同个性特点学生的需要;要给学生创造综合学习的条件,在落实研究型课程的基础上,加强学生的言语实践,培养学生研究性学习的能力。

语文课程将充分发挥现代信息技术的作用,在进一步开发信息

资源的基础上,利用信息资源和网络平台,加强师生之间、生生之间的交流,促使学生既独立自主又合作交流地进行学习、探究。

语文课程不仅关注学生的学得,同时也关注学生的习得,促使学生运用语文知识和已有能力思考、解决学习中的有关问题。

3. 细化课程内容,给教师的课堂教学以有效的指导

在课程内容相对确定的基础上,市教研室将与部分区县教研室、语文名师基地的导师和学员一起深入研究《课程标准》、教材和学生的特点,细化课程内容,确定各学段、各年段的教学内容和要求,促进教师对教材原生价值的认识和对学生需求的发现,给教师的课堂教学以有效的指导。

4. 充分发挥语文学科的德育功能,落实"两纲"教育的内容和要求

语文课程将在《上海市中小学语文教学实施"两纲"指导意见》、《中学语文实施"两纲"培训者培训课程讲义》[①]的基础上,进一步研究语文学科的德育功能,激发学生热爱祖国语言文字的感情,引导学生认识、认同、感悟民族文化,体验、感悟生命的意义,使德育目标显性化、序列化、教学过程无痕化。

语文课程将加强学科德育的案例研究,以使教师把握操作方法和途径。

5. 关注学生语言表达能力的培养,促进写作教学效益的提高

语文课程将进一步发挥阅读的基础作用,促使学生在阅读的过程中学习、吸收、内化优秀、典范的语言,在提高口语表达能力的同时,培养、提高书面语的表达能力。

语文课程将重点研究写作教学的效益问题,建构学生语言知识、言语能力、思维品质、情感体验、思想认识水平于一体的写作序列,将

---

① 步根海、谭轶斌主编:《上海市中小学语文教学实施"两纲"指导意见》、《中学语文实施"两纲"培训者培训课程讲义》,上海教育出版社 2009 年版。

阅读、写作指导、写作实践有机地结合起来。

6. 训练体系将进一步完善

语文课程将使教师认识到语文训练的个性特点,提出明确的训练要求,有针对性地确定训练的内容和形式,促进学生语言素养的提高和文化眼光的培养。

二、课堂教学的有效性逐步显现

1. 充分认识教材的原生价值,确定明确、得当的教学内容

教师将依据课程内容要求和相关的课程教学指导意见,充分认识教材的原生价值,深入研读文本,把握文本内容、作者思想感情、文化内容和文本的个性特点、语言特点,根据学生的需求,确定明确、得当的教学内容,并使每堂课的教学内容既有个性特点,又注意前后联系,有序地、循环往复地培养学生的语文素养和文化眼光。

2. 关注课堂教学中的生成,不断激发学生的学习兴趣

教师能正确认识并把握课堂教学过程中预设和生成的关系,引导学生沉入文本,通过已知来体验未知,在共鸣、质疑中有所感悟,并逐步地形成思辨能力;教师在学生沉浸、体验、感悟的过程中,发现或引发学生的期待心理,让学生品尝逾越障碍的欢乐;教师能依据学生的需求和随机产生的问题,及时调整自己的教学思路,使每堂课都能让学生有所收获。

3. 针对学生特点设计训练内容和形式,有利于学生语感、思维能力的培养和思想水平的提高

教师能充分认识到训练的意义和作用,设计好课前、课中和课后的训练内容与形式,训练的设计能关注三个维度的有机结合,提供学生进行言语实践的条件和机会。

训练内容要与学生的语感培养、语言表达能力培养、思维品质和思维能力培养以及文化眼光培养相结合,训练形式有利于激发学生的学习兴趣和学习习惯培养、学习方法的探索。

教师将特别关注学生书面表达能力的培养与提高,切实提高写

作教学的效益与质量。

4. 结合语文学科的特点，落实"两纲"教育的内容和要求

教师将依据《课程标准》《"两纲"教育》的相关内容和要求，在课堂教学的过程中，实施"两纲"教育。语文教学实施"两纲"教育要充分体现学科特点，把培养学生热爱祖国语言文字的感情作为主线，引导学生通过言语形式的感受认识、认同、感悟民族文化和生命的意义。

5. 关注学生的差异性，促使每个学生有所提高、有所发展

教师将关心每一位学生，能针对不同学生的特点设计不同的学习要求，并随时进行个别辅导，及时解决不同学生的不同问题。

要通过作业和作业批改来了解、掌握学生的学习状况、心理表现和思想认识水平，及时地给学生以必要的鼓励和指导。

6. 研究教学方法，促进学生独立自主地进行研究性学习

教师将从理论、技术和操作层面正确理解教学方法，用人格和智慧魅力感染、影响学生，并适时地给学生以指导和点拨。教师将充分认识接受性学习、体验性学习和研究性学习的作用，改善学生的学习方式，促进学生独立自主地进行研究性学习。

三、教学评价将有效地促进学生的发展

1. 充分发挥教学评价的激励机制，让学生体验成功的快乐

教学评价要将过程评价与结果评价、横向评价与纵向评价有机地结合起来。平时的评价以过程评价、纵向评价为主，以让学生不断地发现自己的进步，体验成功的欢乐。

评价内容的设计能注意到学生的问题和兴趣，让每一位学生表现他们的个性特点，有利于树立学生的学习自信心。

2. 教学评价将全面关注学生的认知水平、学习习性、学习方法和情感态度价值观

教学评价要充分体现语文学科的特点，重在评价学生对知识的掌握与运用，评价学生学习习惯的养成和学习方法的掌握，评价学生

的思维品质、思维能力,评价学生的情感态度价值观。

3. 对学生进行多元评价,充分展现学生的个性特点

教学评价将不会仅用一张试卷、一次作业、一篇作文来进行,而是会综合考虑学生听、说、读、写的能力,既有对综合能力的评价,又有单项能力的评价,力求充分展现学生的个性特长,尤其是对在某一方面有突出表现的学生,要给他们创造展现才能的平台和机会。

4. 学业评价充分考虑到"双基"因素和学生的实际水平,体现学生的现有能力

多层次的学业水平考试,将全面评价学生的基础知识的掌握和基本技能的形成,充分考虑到学生的实际水平,将全面评价学生听、说、读、写的能力的情感态度价值观的体现,有利于学生全面的发展。

【就什么说点什么】

课程与教学改革永远是正在进行时。

课程与教学需要改革,也需要回归本原。

在变与不变中,找到语文课程与教学最值得珍视的精神与价值何其重要。

文本解读的立场与方法

文本理论对阅读教学的启示

"文本"浮出水面

其实,"文本"并不是一个新词,它通常用来指书写或印刷的文件,在文献学中,文本指的是原文。1973年,法国文论家罗兰·巴特在为《大百科全书》撰写的"文本理论"词条中,对文本的旧词新用的语境作了说明。罗兰·巴特认为,传统语言观念的危机直接使文本获得了全新的意义。

在传统语言观念中,语言是一个封闭的整体,它的意义是单一的、确定的。20世纪中叶,这一饱受质疑的观念终于爆发危机。卡尔纳普、罗素和维特根斯坦等人首先发难,他们把逻辑看作是一种语言,用可靠性来代替真理。接着,雅各布森等人以诗学的名义,使文学与语言学结合起来,在很大程度上摆脱了文学史传统的束缚,使文本结构凸显为问题的核心。此外,瑞士现代语言学家索绪尔认为,语言符号所涉及的不是客观现实的事物和语言名称,而是概念和音响形象,他提出了"所指"与"能指",概念是"所指",音响形象是"能指"。这一研究成果被广泛地应用于文论研究。

就文论而言,从20世纪初期的俄国形式主义到英美新批评,变革的基本方向是强调形式的自主性和语言的功能。新批评理论家韦勒克与沃伦把文学研究分为"外部"和"内部","外部"包括传统的批评内容,如思想、社会、心理等;"内部"是指传统作品中的形式部分,如文体、叙述模式、语言特征等。他们认为要重视"内部的研究",这是文学研究"合情合理的出发点"。①

这些研究成果,最终令"文本"浮出水面,成为"作品"这一概念的替代品。

文本异于作品

罗兰·巴特在《从作品到文本》中指出了文本与作品之间更替的意义。在他看来,作者是作品之父,作品是由作者创作出来的,作者是作品的源头所在。作品意义的获取具有终极指向性,作品中的"所指"左右着对作品的解读。因此,阅读作品,就要力图弄懂作者写作的意图,尊重作者的看法。而文本则不同,它不关注作者与作品之间的关系,也不赞同从作者那里去获取文本的意义。巴特认为文本具有无法缩减的意义多重性,随着一元论和终极指向的消解,文本完全可能具有多种阐释,意义无法达诂,最终停留在"能指"上。②

因此,作品阅读的快乐充其量只是一种消费的快乐,因为阅读作品时只在于弄懂作品的原义,无法赋予作品新的意义;而文本阅读的快乐则是一种狂喜式的快乐,因为文本强调的是语言自身的自主性,读者与"能指"之间没有距离,可以重构新的意义。

"一切尽在文本之内"

解构主义引领者德里达的文本思想,则是对后期巴特文本思想

---

① 汪民安主编:《文化研究关键词》,江苏人民出版社 2007 年版。
② 张祎星:《罗兰·巴特的文本理论》,载《浙江师范大学学报》2006 年第 1 期。

的进一步阐发。德里达认为,文本既不关涉现实,也不关涉作者的思想,文本是不及物的。他将克里斯蒂娃"互文性"概念所提出的文本不确定性提高到了哲学的高度。他提出可以用"延异"的概念来描述互文性,即用差异和延迟的关系来描述某一文本与该文本之外的因素之间的关系性特征。

在德里达看来,任何符号意义的确定过程都要依赖于其他符号,就如词典对词义的解释一样,要说明任何一个词的词义,总要借助于更多其他的词,而其中任何一个解释词本身的词义也只能通过另外许多词才能显现出来……就这样不断地交织延伸,最终形成符号链,使终极意义永远被推迟。①

"一切尽在文本之内"是德里达提出的极其重要的命题,它所包含的意义应从三个方面去理解。首先,任何文本都不是用以再现的工具,也不是对真理意义的表达,文本的意义产生于文本内部语言的符号表意活动。其次,文本并不是一个意义确定、清晰的统一有机体,而是多重意义的混合体,甚至有可能是对自身的颠覆。第三,任何文本都不是自足的封闭体系,而是与其他文本相互交织;文本之间没有本质性的类别疆界,因此任何文本性必然同时也是文本间性。它不仅将各种文学作品互文化,而且取消了文学与其他学科之间的界限。这种文本性或文本间性是真正无边的。

德里达指出,每一个文本中都写入了其他文本的词语,有着无数的引用、重复与参照;文本没有中心,甚至没有作者,控制作品的传统意义上的作者已经死亡。这与巴特提出的"作者之死"的命题完全一致。

---

① 　汪民安主编:《文化研究关键词》,江苏人民出版社 2007 年版。

透过形式的外衣挖掘文本内涵

先看一则教例——《笑》。

教师在导入新课,介绍完作者冰心的简要情况以后,请同学们默读文章后说出描写了哪三幅笑的画面,学生答出有安琪儿的笑、孩子的笑、老妇人的笑。紧接着,教师请学生分析这三幅笑的画面的相似之处,学生再读课文并思考后谈自己的看法,他们认为这三种笑都是对我这个陌生人而发的,他们都把温暖和善意传递给了我;让我体会到了人世间的美好,以至于令我怀念至今;这三种笑体现了广大民众乐观纯朴的感情,他们虽然深处困境,却没有放弃希望,也不忘给人以关怀。然后,教师又抛出一个问题:作者写这三种笑的目的是什么? 学生第三次读文章,并从最后一段中找到了答案,那就是这笑容让我如归故乡,他们代表着爱,一种朴素的无需回报的爱,这令我找到了美好的精神家园和归属。此时,教师不失时机地介绍了冰心"爱的哲学"。最后,教师布置作业:写一段文字说说对"笑"的内涵的理解。

从中可以看到,教师反复要求学生读文本,这是值得肯定的,但教师引领学生关注的仅仅是文本的内容与作者的思想,而对文本的语言及形式根本不予理睬。文本理论所强调的,诸如"文本的意义产生于文本内部语言的符号表意活动","文本结构凸显为问题的核心","要重视内部的研究"等理念,在这一节课上毫无体现。而这样的课恰恰不在少数。

其实,与其让学生分析三幅画面的相似之处,不如引导学生去思考,作者为什么要描绘这样三幅画面? 这三幅画面之间有什么关联? 这样的问题才是关注了为什么写和怎样写。本文不仅景物美、人情美,而且结构也很美,从孩子的笑到老人的笑,涵盖了整个人生的历程;从天界的笑,返回人间,到现实中的笑;从眼前的笑到十年前的笑,作者以"笑"为线索串联起全篇。天使的笑与人的笑是有区别的,但是在本文中取得了统一,因为它们都表达了爱。本来孩子和老妇人的笑的意思不甚明确,但因为有了安琪儿的笑,后两次笑的意义也就明确了。

文中"清光""凉云""残滴""荧光千点""孤灯苦雨""光明澄静,如登仙界,如归故乡"等词句,带着鲜明的个性特色,营造出意境的美感。看似作者只用了最平常的字眼,但是洗练、优美、蕴藉,还不时化用文言词句,如"苦雨孤灯"四个字极好地化用了文言词汇,也化用了古诗词中的意境。此外,冰心喜欢用短句,如第二幅场景中就是一句接一句的短句,如同一个个电影镜头,又如同诗歌语言,美好而纯净。

如果在日常教学中,教师能带领学生在语言文字间穿行,透过形式的外衣去挖掘文本内涵,关注到文本的"内部",即文体、结构、叙述模式、语言特征等,语文课才会更像语文课,且能通过阅读教学潜移默化地提高学生的写作能力。

从文本中重构新的意义

再看一则教例——《从百草园到三味书屋》。

教师请学生散读课文后,说出作者对百草园、三味书屋各抱有怎样的感情,一名学生说,少年鲁迅对百草园充满了依恋与不舍,对三味书屋则是畏惧与茫然。大部分学生点头附和。这时,有一名学生举手说,百草园里只有一些野草,有什么好玩,作者怎么会恋恋不舍呢?而三味书屋的先生是城里最博学的人,少年鲁迅上课时还能溜出去玩,怎么会是畏惧与茫然呢?这时,教室里有些骚动,教师也愣了一下,很显然,这个问题是他事先所没有料到的。但他毕竟是一个有经验的教师,要求学生细读文本,强调无论赞同哪个观点,都要找到支持自己观点的理由。

于是,学生认真地沉浸到文本之中,几分钟后开始发表自己的看法:这个乐园从物质上来说是构不成乐园的,但从另外一个角度来说,却是孩子心灵上的乐园。菜畦、石井栏、皂荚树、桑葚、鸣蝉、黄蜂、叫天子,还有油蛉、蟋蟀、蜈蚣、斑蝥,还有那何首乌藤、木莲、覆盆子……这些在大人看来毫不起眼的东西,在孩子看来,却有着说不尽的乐趣。比如,"倘若用手指按住它(斑蝥)的脊梁,便会啪的一声,从后窍喷出一阵烟雾",这情形,孩子们一定会觉得好玩。而三味书屋的生活确实是枯燥的,尽管老师是"本城中极方正,质朴,博学的人",但他的教学方法很单调、很刻板,所以孩子们才会溜出去玩。当然,这位老师确实也很有意思,他教课时,"总是微笑起来,而且将头仰起,摇着,向后面拗过去,拗过去",特别地忘我投入。

在这位教师的意识中,文本是一个"多重意义的混合体",因而他没有生硬地武断地否定那名学生的看法,而是让学生从文本中重构新的意义。

立足于此,生发于彼

还是从一则教例谈起——《听泉》。

对日本当代著名散文家、风景画家东山魁夷的这一散文,教师在课始以幻灯片显示其《白桦》、《绿》、《湖》、《森》等风景画,请学生用一句话来描绘最喜欢的一幅。接着才引向了《听泉》的学习:首先请大家有感情地散读课文,思考文章为什么以"听泉"为标题? 这个问题解决完毕,教师抛出的下一个问题是:文章前半部分用了三分之一多的篇幅写飞鸟,强调了"小憩"的重要,而泰戈尔说,"天空未留痕迹,鸟儿却已飞过"。两位大家为什么对飞鸟的态度会截然不同呢? 此问意在引导学生体会不同的生命价值与人生追求,尤其是领悟日本民族的文化观、审美观、道德观。随后,在体会了遣词造句的优美后,教师又引导学生回到几幅风景画上,请学生根据文本所揭示的内涵来思考作者为何会选择自然作为画的主体。

有专家对这节课的评价不是很高,主要原因在于"拓展过度"。确实,从表面看来,这节课大约有三分之一的内容是超越于文本的。但是,拓展是否过度不能仅从时间上去把握,而是要看生发的内容是否与文本有着内在的关系。

反观这节课,从导入部分到过程的展开、结尾部分,教师都没有为教材所局限,而是从课文出发,链接了许多资料。无论是东山和泰戈尔不同生命体验和人生价值的比较,还是东山的画与文的比较,这些拓展的内容都为学习文本打开了一扇窗,让同学们和鸟儿一样在天空中自由地翱翔。诸如讨论东山画风的问题,看似超出了文本,其实和文本所表现的主题一脉相承,都源自东山内心对灵魂安宁的祈求。他以近乎圣洁的宗教感情,与大自然进行交流,把对自然、人生、生命的认识渗入散文与风景画中,达到忘我、无我之境。

这正应了"任何文本都不是自足的封闭体系,而是与其他文本相互交织"这一说。如果文本是一个圆,那么这个圆是不封口的,不能因为要紧扣文本而锁住文本。文本外的内容为文本而服务,如果它是有效的,不必拘泥于数量、篇幅和时间。

当然,语文课堂不是杂货筐,万不可"拉到篮里都是菜"。

【就什么说点什么】

前一阵子,在语文教师中流行一句话:如果现在谁还把"理念"说成是"观念",把"文本"说成是"作品",把"范式"说成是"案例",那么谁就落伍了。此话看似玩笑,实则是对当前课程改革背景下,不少人好用新名词来取代原有说法的一种讽刺。但若细细推究,此话不无道理。别的且不说,仅从"文本"与"作品"看,两者便有很大差异。

常看到一些教学设计,把"文本"、"课文"、"作品"等概念混用。

如:本节课的教学目标有三:一是正确认读课文的词句,二是深刻理解作品的含义,三是准确把握文本的结构。出现此种情形,许是随意所致,许是不辨所致。

文本解读须有文体意识

松鼠与云雀是一类吗?

上海二期课改《语文》六年级教材"动物世界"单元中,有一文是法国博物学家布丰的《松鼠》,另一文是法国历史学家儒勒·米什莱的《云雀》。两篇文章应分别把什么作为教学的核心呢? 有的老师在教学《松鼠》一文时,引导学生在掌握说明顺序的基础上,思考作者如何用准确、生动的语言来说明松鼠的外形、习性与性格特征,这完全正确,但是他教学《云雀》一文时,也是引导学生在掌握全文总分结构的基础上,思考作者用了哪些生动优美的语言来介绍云雀的外形、习性与性格特征。两文的教法如出一辙,这就存在问题了。《松鼠》是文艺性说明文,属于科学文本;《云雀》是散文,属于文学文本,两个文本的性质完全不同,因此教法也应有异。

瑞士现代语言学家索绪尔认为,任何语言符号都是由音响形象和概念组成的结合体①,前者叫"能指",后者叫"所指"。对科学文本而言,它的"能指"与"所指"应是紧密结合的,"松鼠"这一"能指"与其"所指"是一对一的关系,不可能是其他的对象,如果"松鼠"变成了"米老鼠",那是极其不严肃的。

而文学文本则不同,它的"能指"与"所指"之间不一定紧密结合,

---

① 索绪尔著,高名凯译:《普通语言学教程》,商务印书馆 1980 年版。

完全可能若即若离。《云雀》一文中的"云雀"这一能指,与其"所指"之间的关系不是唯一的,它一方面是明确的,所以能充分起调动学生的想象;另一方面又是模糊的,所以能使学生借想象的翅膀自由翱翔。由此,学生会去思考:为什么古老的法国高卢人会把貌不惊人的云雀尊为"国鸟"? 有的学生会一下子读出云雀的天性勇敢,也有人会读出云雀的乐天精神,还有人会读出云雀的浪漫,但它们有一个共同的指向,那就是法兰西民族的精神品质。因此,"所指"指出的只是一个方向,顺着这个方向,有人看到的是鲜花,有人看到的是溪流,有人看到的是树林……

显而易见,在科学文本中,语言词汇的对应物是概念;而在文学文本中,语言词汇的对应物不只是概念,通常在意味。简单地说,意味是意象背后作者的人生体验与对世界的态度。儒勒·米什莱作为一名历史学家来写动物,着手点在动物,着意点却在人、在社会,所以,云雀已经不是单纯地作为一种动物而存在,它是法兰西民族乐观、坚韧、阳光、浪漫的象征。因此,课堂上教师决不能仅让学生去概括云雀的外形、习性与性格特征,而是要重在让学生体会国鸟是一个国家的名片,是一个民族的象征,这才是真正把握了文本的核心教学价值。

如果这是一篇散文,你会作何处理?

有位教师在教学当代诗歌《西部畅想》时,先请学生说说自己所了解的西部,学生一一说了自己印象中的西部。接着,教师出示地图,介绍西部概况,用 PPT 投影出这样一段文字:"中国西部地区包括四川等十二个省、市和自治区。西部地区疆域辽阔,人口稀少,是我国经济欠发达、需要特别加强开发的地区,它也是我国少数民族聚集的地区。西部地区的资源特别丰富。全国已探明的 140 多种矿产资源中,西部地区就有 120 多种。"然后,教师介绍这首诗的写作背景,最后满怀深情地说:"今年是西部开发十周年,在这值得纪念的日子里,让我们一起来了解西部,融入西部,感受西部。"

从这部分导入中,我们可以清晰地感受到,教师是把这节课的重点放在了解西部的地域特征、自然景观、历史文化和人文遗产上。显然,接下来的环节,无论是在课的展开部分还是结束部分,教师都是带领同学们一起去解决诸如此类的问题:"作者写出了西部的哪些特征?""这首诗表达了作者怎样的感情?""让我们畅想西部的明天,看看谁畅想得最好?"这样的教学内容何来文体意识,甚至连语文的本体意识都荡然无存。课后,我和教师交流,抛出的第一个问题便是:"如果这是一篇散文,你会作何处理?"

诗歌有着独特的审美特征,一般说来,具有强烈的情感和丰富的想象,"在诗歌中,日月星辰、风雨雷电,任由诗人驾驭,江河湖海、崇山峻岭可以飞腾起舞,草木花卉、虫兽禽鱼可以言情达意"。此外,诗歌呈现出跳跃性结构,从外在形式上看,是分行分节的,这是表层结构形态,跳跃性更主要地体现于内在形式上。第三,诗歌的语言非常凝练,更讲究陌生化,节奏感和韵律感都很强。当然,诗歌还有特殊的表现手法和技巧,如起兴、象征、隐喻、意象等。

《西部畅想》一诗重在"畅想"——畅想了西部的昨日、今日和明日。教师可以引导学生去体会诗人是如何畅想的,比如第一诗节,"长河落日/大漠孤烟/一幅画留在西部山川",教师要引导学生去体会诗人是如何化用了前人的诗句,然后用一个"留"字把这些独属于西部的壮丽风光锁住。"黄土高坡/雪域高原/兰花花雪莲花开成/千古梦幻","黄河,长江/雅鲁藏布江/每一条都流淌着你/重振雄风的呐喊",这些句子中,"花"如何开成"梦幻"? 河流如何"流淌"、"呐喊"? 这些句子在平常看来,在表述上都是有问题的,但是它在诗中,却显得如此抒情,旋律优美。这些,恐怕不是可以用通常的眼光去评判的,但这恰是全诗极富诗味的地方,如果教师能带领学生去深入品读,细细琢磨,那么,语文的本体和诗歌的艺术特征才会彰显。

散文就是"形散而神不散"吗？

一提到散文教学,不少教师脑海中跳出的就是"形散而神不散",这几个字有时连小学生也都能脱口而出。其实,散文有许多其他特点,况且形散神聚的观点今日已遭到部分学者质疑。

朱光潜说,散文可分为三等,"最好的散文是自言自语,其次是向一个人说话,再其次是向许多人说话"[①]。好散文,多是作家写给自己的,特别真实而有感染力。张爱玲说,"散文是读者的邻居"。读好的散文,就像和邻居拉家常。谢有顺说:"散文是一种反对装饰、漠视修辞的文体,它最高的境界,往往是走向平实和淡定,它传递给读者的,永远不会是华丽的辞藻或迷途般的结构,而只会是那颗真实、淳朴的心。散文的后面站着一个人,一个成熟、健旺的人,他在思想、在行动,并通过一种朴素的话语来见证这个思想着、行动着的人,这便是散文写作之所以感人的真实原因。"[②]

散文通常"辞意双美",既然辞美、意美,文本解读时就要去细细品味、涵咏与审美。

以朱自清的经典文本《春》为例。

文章"不着一字,尽得风流",作者没有说过一句"春天,我爱你",但是对春天对生活的热爱之情却从开头的"春天的脚步近了"开始,一直缠绵延续到结尾的"他领着我们上前去"。文章以拟人始,又以拟人终。作者不仅用眼睛观察春天,用耳朵聆听春天,用鼻子嗅闻春

---

①　李宁编:《论小品文——一封给〈天地人〉编辑者徐先生的公开信》,《小品文艺术谈》,中国广播电视出版社 1990 年版。

②　谢有顺:《从俗世中来,到灵魂里去》,郑州大学出版社 2007 年版。

天,更是用整个的心灵去感受春天。他的感情脉搏跳动得何其强烈,却把这份热烈处理得尽量舒缓有致。

他找到了合适的对象来代替自己抒发爱春之情,于是便着手勾画大地回春、万物复苏的背景,描摹春日、春山、春水的远景,然后再对春草、春花、春风、春雨、迎春的人们一一进行了细描。这些图景看似随意安排,却是独具匠心。从全文看,顺序为由低到高,由景及人,但几幅图景各自的写作顺序则是由高到低。有人说,该文框架犹如一株垂柳,主干向上,枝条下垂,美不胜收。

细细体味,几幅图景的色彩也有变化,而色彩的变化又传递出心情的起落。描绘春草、春花、春风时,色彩艳丽,气氛热烈,心情兴奋;描绘春雨时,色彩略显暗淡,从白天景物转为夜景,气氛沉静,心情平和;描写春天里的人们时,色彩亮丽,气氛又归于热烈,情绪高昂,以致最终忍不住对春天唱起了热烈的赞歌。

再看具体语句的处理。"盼望着,盼望着",两词叠用,把读者的心都给提起来了,也把作者对春天的向往与渴望之情表达得淋漓尽致,正如我们在等待久未见面的亲人朋友一样。

"山朗润起来了,水涨起来了,太阳的脸红起来了。"如果把三个动词后的"起来"都删去的话,句子也通顺,似乎更简洁,但是蕴含在"起来"中的那股向上伸展的味儿就消失了,春天蓬勃的感觉就荡然无存了。

"嫩嫩的,绿绿的小草偷偷地从土里钻出来"这样的语句,到了作者笔下,却变成了"小草偷偷地从土里钻出来,嫩嫩的,绿绿的",尽管只是词序的变动,意境却大不相同。用钱理群先生的话来说是,"先看见(发现)小草偷偷地'钻出来'的神态,再注意(感受)到小草'嫩嫩的'质感(甚至产生了'拧得出水来'的感觉),最后才注目(倾心)于'绿绿的'色彩(连声音、心都变绿了);不论眼的观察,还是心的感受,都是一个过程,形成一种动态"。

写小草的还有一句也可谓神妙——"小草儿也青得逼你的眼"。

这一句中的"逼"字,把树木、小草沐浴春雨后的鲜艳色彩描绘得极为逼真,让人想起王安石在《书湖阴先生壁》中所写到的"两山排闼送青来",就是两座山好像把门推开,把"青"送到你的眼前。

"'吹面不寒杨柳风',不错的,像母亲的手抚摸着你",为什么不把春风比喻成父亲的手呢?父亲的手掌更宽大啊,春风不是迎面吹来,无处不在吗?但是此刻,作者要突出的是春风的温暖柔情,是"吹面不寒"的特点,而母亲的手温顺柔和,父亲的手则是粗糙刚毅,因此把春风比成"母亲的手"再巧妙不过。

"风轻悄悄的,草软绵绵的。"一般来说,我们会写成"风轻轻的,草软软的",但作者一用 ABB 的形式,就把风的轻柔、草的绵软表现得特有韵味。

"闭了眼,树上仿佛已经满是桃儿、杏儿、梨儿",不用"眼睛"只用单个"眼"字;"可别恼",不用"烦恼",只用单个"恼"字;"地里还有工作的农民,披着蓑戴着笠",不用"蓑衣"、"斗笠",只分别地用单个的"蓑"、"笠"。而有些地方又反过来,如"像母亲的手抚摸着你",不用单个的"摸",而用双音词"抚摸";"他们的房屋,稀稀疏疏的,在雨里静默着",不用"稀疏",而用 AABB 的叠词形式。

即使是叠词,重叠的方式又不尽相同,"舒活舒活筋骨,抖擞抖擞精神,各做各的一份事儿去"中,又变成了 ABAB 式的重叠。

中国语言文字的丰富与变化,语言的细柔感、亲切感、韵律感、动感就在这或减或增中体现出来。

西方有句谚语:"上帝也大不过一个细节。"因为只有细节才能证明上帝。正是这些"细节",见出作者独到的语言功力。也正是凭借这样的语言,才形成了朱自清散文特有的风格。

散文的解读,既要立足整体,读出作者的"精神发现和心灵看法",又要关注细部,去体悟细节、感知语言、体会文脉。

【就什么说点什么】

有人说,阅读与写作都是文体思维,阅读与写作一旦离开了文体,必定是不得要领的。但目前,有些教师片面理解了"淡化文体"一说,在文本解读及教学时缺少基本的文体意识,以致于教朱自清先生的散文《春》,竟然采用填写表格的方式来完成,这无异于焚琴煮鹤。

上文只提及说明文、诗歌、散文等文体的解读,小说的解读同样也要体现文体意识。小说有各种各样的类型,或现实主义,或浪漫主义,或荒诞派,或意识流,各种类型的小说各有各的不同,但也有共性,那就是都在表现"人"的生活。因此,大部分小说在解读时要关注人物的性格特点,由此去把握人物的心灵世界。

此外,小说的结尾也应成为重要的关注点。因为从结构上来说,小说的结尾属于"开放结尾"的形式。无论是短篇小说还是长篇小说,它所提供的都只是一个不完全的事件,只能呈现事件的片段,故事发展到某一阶段,就必须停下来,于是就留下一个无法完成的开放结尾。

当然,小说的语言也是重要的关注点,要分清语言是指小说的叙述语言,还是指小说中人物的语言,因为就小说而言,它的话语系统有两套。

叙述角度也是小说创作中十分关注的问题,也理应成为文本解读的关注点,如鲁迅的《祝福》用的是第一人称,而大部分小说用的是第三人称。有的小说才有用全知叙述,有的采用限知叙述。

不能一遇到小说,脑海中只有"情节、人物、环境"三要素。

其他类型文本的解读也要体现文体特点,此处不再展开。

读出"这一篇"的个性

北京奥运会上的中国元素

在举世瞩目的北京奥运会开幕式上,一贯擅长表现中国味的张艺谋导演运用了无数的中国元素。有朋之乐、夸父追日是中国元素;民乐、京剧、昆曲是中国元素;水墨画卷、敦煌飞天是中国元素;笔墨纸砚、四大发明,还有太极拳……哪个元素不典型、不独特、不"中国"、不具个性呢?

文本解读也应彰显文本个性。只有共性的解读,很难彰显文本的核心价值,有时甚至会消解文本。

不一样的风筝

比如,关于风筝的文章不少,有诗歌,有说明文,鲁迅还写过以《风筝》为题的散文。那么,教材中周岩壁先生的《系在风筝线上的……》一文,有什么独到之处呢? 有的老师在解读该文时,把重点放在了男孩子们如何制作风筝上。文本果真是要强调做风筝的过程吗? 我们且来看看作者是怎么写的。

"我们偷偷找来竹篾","这些线来得可不易呢,是我们这些"男子汉"低三下四,求爷告奶,甚至向小姑娘一连串喊上十声"好姐姐"才弄到手的。"风筝终于做完了,终于可以放飞了。白天放不过瘾,男孩子们还想尝尝晚上放风筝的味道。"更叫绝的要数晚上。皓月高悬中天,大地一片静谧。夜色朦胧。我们几个小伙伴溜出来一叽咕,便带了心爱的风筝到村头田边","那风筝放起来就别有情趣,信号灯明灭闪烁,随风筝飘飘洒洒,也把一颗颗童心送上神秘的高空,如醉如痴。"文章末尾,作者感叹道:"韶光如流。虽说童年已悄然离去,可风筝这根若有若无的线,却每每牵着我的童年。我常想捡回那逝去的童年。"

可见,作者不是重在写男孩子们是怎么做风筝的,而是要写出他们是怎样偷偷地瞒着大人做风筝。是啊,童年的他们把自己的憧憬、希望全都系在了这根风筝线上。要注意,不是风筝,是风筝线啊!这样的解读才是读出了"这一篇"的个性。

我们再来看看鲁迅的回忆性散文《风筝》。它由回忆引起,由风筝引发了内心深处的往事。由于自己不爱风筝、"厌恶"风筝,"以为这是没出息的孩子所做的玩艺",所以当看见小兄弟因风筝而"惊呼"、"高兴得跳跃"时,认为这是"笑柄,可鄙的",于是就有了后来对小兄弟的"精神虐杀"——"愤怒地折断了蝴蝶的一支翅骨,又将风轮掷在地下,踏扁了"。"多病,瘦得不堪"的小兄弟"很惊惶","失了色的瑟缩着","绝望地"留在小屋里。随着时间的逝去,进入中年以后的"我"再见风筝时,不由生出了这样的感慨:"既给我久经逝去的儿时的回忆,而一并也带着无可把握的悲哀。"作者意识到自己年少时犯下了不可饶恕的错误,认识到"游戏是儿童最正当的行为,玩具是儿童的天使",但自己却把它抹杀了。所以,"我的心已仿佛变了铅块,很重很重的堕下去了"。这是鲁迅"这一篇"的个性所在啊!

丰富多彩的春天

朱自清的《春》尽人皆知。

"春天像刚落地的娃娃,从头到脚,都是新的,它生长着。

"春天像小姑娘,花枝招展的,笑着,走着。

"春天像健壮的青年,有铁一般的胳膊和腰脚,他领着我们上前去。"

朱自清捕捉住了主体和喻体的"质"的相似点,把春天的生意盎然赋予"刚落地的娃娃",把春天的千姿百态赋予"小姑娘",把春天的青春活力赋予"健壮的青年"。他就这样以质实之物来比"空灵"之物,从而衬托出"空灵"之物的形象,使原本抽象的春天富有了诗意的光泽与人性的美丽。这是"少年气盛"的春天。

丰子恺也以《春》为题写过散文。

他在文章的开头这样写道:"春是多么可爱的一个名词!自古以来的人都赞美它,希望它长在人间。诗人,特别是词客,对春爱慕尤深。试翻词选,差不多每一页上都可以找到一个春字。后人听惯了这种话,自然地随喜附和,即使实际上没有理解春的可爱的人,一说起春也会觉得欢喜。这一半是春这个字的音容所暗示的。'春!'你听,这个音读起来何等铿锵而惺忪可爱!这个字的形状何等整齐妥帖而具足对称的美!这么美的名字所隶属的时节,想起来一定很可爱。"

古往今来,多少诗人墨客歌咏过春天。

汉乐府古辞《长歌行》中就有对春天的歌颂:"阳春布德泽,万物生光辉。"

"春眠不觉晓,处处闻啼鸟,夜来风雨声,花落知多少。"这是李白在《春晓》中所点出的春雨的细密、春风的温柔、春鸟的鸣叫、春花的娇羞。

"黄四娘家花满蹊,千朵万朵压枝低。留连戏蝶时时舞,自在娇莺恰恰啼。"这是杜甫对鸟语花香的刻画;"好雨知时节,当春乃发生。随风潜入夜,润物细无声。野径云俱黑,江船火独明。晓看红湿处,花重锦官城。"这又是他对春雨的描绘。

杜牧在《江南春》中也不忘写春雨:"千里莺啼绿映红,水村山郭酒旗风,南朝四百八十寺,多少楼台烟雨中。"而韩愈在《早春呈水部张十八员外》中则写道:"天街小雨润如酥,草色遥看近却无。最是一年春好处,绝胜烟柳满皇都。"

白居易的《钱塘湖春行》中有"乱花渐欲迷人眼,浅草才能没马蹄"的名句;苏轼在《惠崇春江晚景二首》中的"竹外桃花三两枝,春江水暖鸭先知"足可媲美;朱熹的《春日》也广为传诵:"胜日寻芳泗水滨,无边光景一时新,等闲识得东风面,万紫千红总是春。"

世界上各个国家的作家都喜欢以春天为题材写作。

海涅笔下的春天是青春男女的春天:"森林里的草木萌芽发青/闪闪地怀着少女般的欢情/可是太阳在空中大笑/年轻的春天欢迎欢迎。"

乌兰德笔下的春天是成熟中年的春天:"世界会一天天变得更加美丽/不知道还会变成什么样子/好花将开得毫无止境/最远的最深的谷中百花烂漫。"

托尔金笔下的春天是暮色老年的春天:"春的残景已经弥漫在这个人间的每一个角落,但大家毫不珍惜,满眼的碧绿变得灰暗,直到枪声惊耳的夏天。"

川端康成笔下的春天则是梦中的故乡的春天:"山间,原野。各种草木都在萌生,各种花卉都在竞放。树群的萌芽,井然有序。嫩叶的色彩和形状,因树而异。"

每一个春天都是与众不同的。

不同感觉的乡愁

我们再来看看关于乡愁的文本。乡愁是人类普遍的感觉，乡愁诗也是古已有之。两千多年前的《诗经》中就有写归乡的诗："我徂东山，慆慆不归。我来自东，零雨其濛。我东曰归，我心西悲……"后来的许多古代诗词中都有关于"乡愁"的诗句，如"举头望明月，低头思故乡""日暮乡关何处是，烟波江上使人愁""夕阳西下，断肠人在天涯""乡书何处达，归雁洛阳边"等，即使现当代也不乏乡愁诗，但余光中的《乡愁四韵》却是别具一格。

乡愁是一种看不见、摸不着的情绪与意念，诗人不可能直接表现，于是就将这种抽象的情绪化成具体可感的意象。正如余光中自己所说："诗不能没有意象，也不能没有声调，两者融为诗的感性，主题或内容正赖此以传。缺乏意象则诗盲，不成音调则诗哑；诗盲诗哑，就不成其为诗了。"这里且不讨论"声调"问题，且把眼光对准诗人笔下的四个意象——长江水、海棠红、雪花白和腊梅香。

"长江水"这个意象极具中国特色，因为长江是中华文明的母亲河，正如《长江之歌》所写的那样，"我们赞美长江，你是无穷的源泉；我们依恋长江，你有母亲的情怀"。这个意象极恰当地表现了祖国抚慰游子的绵长柔情。"海棠红"这一意象并非凭空而来，因为中国原来的版图就像一张漂亮的海棠叶，是在抗战胜利之年，海棠叶失去了一大片，才成了今天的"雄鸡"。这是我们民族的伤痛！"腊梅香"这个意象，不禁让人想起毛泽东的诗词《卜算子·咏梅》，想起陆游的诗句"零落成泥碾作尘，只有香如故"，想起王安石的"墙角数枝梅，凌寒独自开。遥知不是雪，为有暗香来"……从生物学的角度而言，腊梅与梅花不完全是一回事，但是在文学作品中，梅代表的就是不畏严寒、不畏权贵、冰肌铁骨、冰清玉洁。可见，"腊梅香"这个意象也是很中国化的。相比较而言，"雪花白"这个意象似乎显得"世界化"一些。但这个意象很美，诗人用雪花的洁白无瑕来喻游子对祖国母亲的赤子之心。诗人不说是"一片白雪花"，而是说"一片雪花白"，既强调了"白"，又与后面的"信"紧密相连。

　　余光中素有"乡愁诗人"之称，他的乡愁诗一方面沿用了中国传统的乡愁母题，另一方面又赋予传统母题以时代的、个体的精神内涵。《乡愁四韵》这首诗以细腻而柔绵的风格，表现了由于历史原因造成的两岸分离在华夏儿女心中留下的永久的痛与依恋。传统表现乡愁的意象有南飞的大雁、荒凉的小径等，但余光中无论是写本诗，还是那首影响更大的《乡愁》，在诗歌意象的经营上都是独具匠心，选择了一系列新颖、独到的意象来寄寓情感，在乡愁这种人们普遍体验的感受中开掘出独具特色的感受。台湾作家席慕蓉也写过题为《乡愁》的诗歌："故乡的歌是一支清远的笛/总在有月亮的晚上响起/故乡的面貌却是一种模糊的怅惘/仿佛雾里的挥手别离/离别后/乡愁是一棵没有年轮的树/永不老去。"但和本诗相比，似乎略为逊色，恐怕其中的一个重要原因就在于"清远的笛"和"没有年轮的树"这些意象尚缺少个性。

透着雾气的《边城》

　　听两位教师执教沈从文的《边城》。张老师确立的知识与技能目标是：概括小说的故事情节；提炼人物的性格特征。彭老师确立的目标是：体会小说所描绘的湘西的生活场景；感受人物的形象特征。

　　很显然，张老师只读出了小说的共性，而彭老师则抓住了这篇小说的个性。彭老师通过请学生对语句作批注，逐步达成教学目标。

　　"翠翠坐在溪边，望着溪面为暮色所笼罩的一切，且望到那只渡船上一群过渡人，其中有个吸旱烟的打着火镰吸烟，且把烟杆在船边剥剥的敲着烟灰,就忽然哭起来了。"针对这样的语句,学生作了如此批注:"翠翠满腹心事,却无人理解。船上人悠闲安逸的神态,更使翠翠感到孤独寂寞,因此哭了起来。可见,景物描写表现了人物的内心世界。"彭老师适时地加上一句自己的批注:"此时此刻,即使是丝毫不相干的事情,只要摩擦到她的感觉,都会在她心上蹭开一道缝隙,伤感和痛苦也就会涌出来。所以在别人看来是莫名其妙的哭,在翠翠本人却有着充足理由。"

《边城》是一部蒙着雾气、透着诗意的作品。青山绿水构成诗意的环境,美好的人性体现诗情,即使是人们孤独、寂寞和单调的生存形式也形成一种诗意,可谓是一幅湘西风土人情画。它绝不是重在故事的波澜起伏,因此,概括小说的故事情节,显然是没有意义的。

【就什么说点什么】

一堂课能否上成功,首先取决于对文本的解读。相对而言,文本的共性是容易把握的,而要读出文本的个性,则需下深功夫。教师也是读者,但是先行的读者、成熟的读者,在对文本个性特点的把握上,理应比学生高出一等。

文章不厌百回读,当我们不断地触摸文本,就能逐渐地与之接通、耦合,然后就能对其进行一步步地开掘,从而发现文本独有的宝藏。

语文教师要练就文本解读的慧心与慧眼。当然,要练就文本解读的真本领,仅靠卖油翁似的"惟手熟尔"是远不够的,还需有庖丁般的"以神遇而不以目视,官知目而神欲行"。

如果我们既能把握"这一类"的共性,又能抓住"这一类"中"这一篇"的个性,阅读教学通常就能体现其核心教学价值,我们也就成了文本的知音。

文本解读须关注什么

文本解读有立场

文本这一概念由来已久,各种文学流派都有着自己的理解。简而言之,以作者为中心的文论,把作品看作是被创造物,强调它是作家赋予生命的产品,研究者十分重视作者的原意,如西方施莱尔马赫、狄泰尔的方法论解释学,包括中国古代孟子的"以意逆志"等,都执此种观点。以文本为中心的文论,如俄国形式主义、英美新批评等则割断了作品的外部联系,强调文本自身的意义和独特价值,对作者赋予作品的意义和读者的理解基本不与理睬,研究者重视的是文本的言语形式。以读者为中心的文论,如加达默尔的哲学解释学、姚斯的接受美学,包括我们常说的"诗无达诂"等,则重视阅读者的构建。

新课程改革以来,我们对文本的解读从知识论转向主体论。因此,文本解读应基于这样的立场:文本(文学文本)具有相对独立性与可被再创造性,文本的构成中留有许多空白,它包含着阐释的多样性。具体来说,文本(文学文本)以其特有的结构具有自己的独立性,作品本身所给与读者的,并不一定是作者希望给与的,不同的读者可从一部作品中读出不同的意义来。因为文本不是一个封闭体,而是一个开放的、有待于读者去填补和再创造的符号体,正如我们日常所认同的"一千个读者,就有一千个哈姆雷特",但哈姆雷特毕竟还是哈姆雷特,不能变成哈利波特。

文本解读首先须关注整体

"若皋之所观，天机也。得其精而忘其粗，在其内而忘其外。见其所见，不见其所不见；视其所视，而遗其所不视。若皋之相者，乃有贵乎马者也。"九方皋有时连马的毛色也没有弄清楚，却能够从一群马中发现千里马，这是其他人所办不到的。他相马时关注的是马的品性，着眼点在"内"而不在"外"，在整体而不在局部。

同样如此，文本之美重要的在于整体美，体现为各部分之间关系的匀称、均衡与和谐。如果我们阅读时见树不见林，得到的印象必定支离破碎，很容易违背文本原意。

如苏童的《三棵树》。作者先是想象三棵树，接着写自己想要培育一棵属于自己的树，再写意外得到了两棵树，最终又失去了这两棵树——随着城市化进程的推进，两棵树葬身于推土机下。于是乎，就有教师认为，该文意在强调保护自然、爱护环境的重要性。其实，文本传递的是个人与树的情感与生活。教师只是抓住了文本的局部，乃至于片言只语理解文本，根本未顾及文本的深层寓意。因此，要把文本真正地看作一个"格式塔"，一个完形，一个不可分割的统一体。

当然，或许有人会问：在把握文本时，到底是先关注整体还是先关注局部？因为整体是从局部而来的。其实，从阐释学来说，这是一种循环，就像有人问"这个世界上，到底是先有鸡，还是先有蛋"一样。

文本解读须把握语言特征

无论是诗歌、散文，还是小说、戏剧，文学作品的感情都极其真挚，但真情不是空中楼阁，它必须有依托，而这个依托就是语言文字。

很多时候，我们大谈作家的人文精神和文本的深刻内涵，却忽略了具体字词句背后所隐含的意蕴。其实，文本的思想、作者的情感无不寓于语言文字之中。如何把握语言特征？

◎关注特殊字词的深层含义

如《向中国人脱帽致敬》中有这样的语句："我突然一下子感慨万千，竟恨得牙根儿发痒，狠狠用眼戳着这个刁钻古怪的教授。"这个"戳"字用得很特殊。一般说来，"戳"是用尖的东西去刺某个物体，那么此处，作者为什么要用眼睛去"戳"这个教授呢？

再如《祝福》中有一句："但是，谈话总是不投机，于是不多久，我便一个人剩在书房里。"这里的"剩"字也用得很特殊。如何理解这个字的含义？汪曾祺先生在《关于小说语言》一文中这样解释道："剩是余下的意思。有一种说不出的孤寂无聊之感，仿佛被世界所遗弃，孑然存在着了。而且连四叔何时离去，也都未觉察，可见四叔既不以鲁迅为意，鲁迅也对四叔并不挽留，确实不投机。四叔似乎已经走了一会了，鲁迅方发现只有自己一个人剩在那里。这不是鲁迅的世界，鲁迅只有走。"

暂且抛开文中的"我"可否与鲁迅划上等号这一问题，我们看到，在解释文字时，不仅要注意字词的表层意思，而且要立足全篇，根据文章前后之间的联系，对字词所包含的情感、意蕴作深入的理解。从审美学的角度而言，这样的解释既包含了普遍意义，又超越了普遍意义，具有了言语的特殊性，体现了在语境中的具体性。

◎关注反常态的表述

比如萧红的《祖父和我》。文章开头写道："呼兰河这小城里边住着我的祖父。我生的时候，祖父已经六十多岁了，我长到四五岁，祖父就快七十了。"后一句话很值得思考，它的表述是违反常理的。这样的加法是小学一年级孩子都会做的，可萧红为什么要写得这么啰嗦呢？知人论世，我们知道萧红的童年是不幸的，她没有从父母和祖母那里享受到爱抚，唯一在祖父那里享受到亲人的关怀和人世的温暖。细细品读，我们发现萧红之所以反复强调自己和爷爷之间的年龄差距，是为了说明巨大的年龄差异使祖父不可能陪伴自己走过更长的人生之路，所以她愈发珍惜和祖父在一起的那段时日。

反常态的表述，最经典的例子恐怕是鲁迅《秋夜》的第一句："我家后园有两棵树，一棵是枣树，另一棵还是枣树。"这种表述是很累赘的，但正是这种累赘，构建出特定的语境，让人感觉到鲁迅的孤寂——后园里什么也没有，除了枣树还是枣树，可鲁迅多么希望能有其他的东西出现，一如他对当时社会的愿望。

◎关注看似矛盾的表述

如张抗抗的《故乡在远方》中有这么一句："我和早年离家的父亲，犹如被放逐的弃儿，在陌生的乡音里，茫然寻找辨别着这块土地残留给自己的根性。"既然是"乡音"就不该"陌生"，那么此处为什么要这么写？

◎关注反复出现的语句

仍以《故乡在远方》为例。作者在第5自然段写道："19岁那年我离开了杭州城。"第17自然段又写："我19岁便离开了我的出生地杭州城。"在一篇千字文中，作者反复强调的语句，总是有用意的，不可忽略。

总之，作者真挚的情感、独到的体悟就隐含在看似平淡直白的文字之下，好比一座冰山，露出水面的只是八分之一，教师有责任带领学生把水面下的八分之七读出来。很多时候，从几个词语入手，就能带动起对全篇的理解，这样的解读会使教学变得丰满，远离今天某些课堂的"假厚重"。

如《胡同文化》一文。汪曾祺的开篇第一句是："北京城像一块大豆腐，四方四正。"有位教师在学生指出喻体是"大豆腐"以后，就强调喻体和本体之间相似的关系，而此处是形状的相似，两者都是"四方四正"。此时，教师请学生再换一个"四方四正"的喻体，有的说是"方糖"，有的说是"砖块"，有的说是"魔方"。教师追问：这些喻体中哪一个更合适？为什么？学生思考后回答：豆腐是北京人的一种主食，和老百姓的生活有很密切的关系，因此用"大豆腐"最贴近生活；若用"方糖"太小资，"砖块"太严肃，"魔方"让人联想到玩具，太幼稚。此时，教师加以小结：大家所举的物体与北京城，与胡同那种古老、朴实、温煦的氛围不够吻合，而作者是选择了具有胡同特色、百姓生活气息浓厚的事物来作比的，"大豆腐"这一比喻与全文的语言风格、情感基调完全一致。

"看似寻常最奇崛"，一些平常之处，恰恰集中体现着作者的智慧与心血。从这个教学片段中我们可以感受到，有时候，教师仅从一个字、一个词、一个句子入手，含英咀华，就能直达文本的"核"。这位老师对文本的解读不是走马观花、浮光掠影的，而是从细微处把握了文章的精髓。

金圣叹在《遇第五才子书》中曾写过："吾最恨人家子弟，凡遇读书，都不理会文字。只记得若干事迹，便算读过一部书了。"教师要舍得花时间对文本中描写的"紧要处"细细把玩，品出个中滋味来。

语言作为一种交际工具，始终与思想紧密联系，如果离开了思想与精神，语言只是空壳。听、说、读、写的能力中也体现着思想水平和精神品位，如果离开了情感的熏陶，孤立地学习语言，那是得不偿失的。抓住词语细细咀嚼与品味，语文教师的文本解读需要这样的"咬文嚼字"。

文本解读须注重各种关系

◎注重句与句之间的关系

如《石缝间的生命》中有这样一段文字："它们耸立在悬崖断壁上，耸立在高山峻岭的峰巅，只有那盘结在石崖上的树根在无声地向你述说，它们的生长是一次多么艰苦的拼搏。那粗如巨蟒、细如草蛇的树根，盘根错节，从一个石缝间扎进去，又从另一个石缝间钻出来，于是沿着无情的青石，它们延伸过去，像犀牛的鹰爪抓住了它栖身的岩石。有时，一株松柏，它的根须竟要爬满半壁山崖，似把累累的山石用一根粗粗的缆绳紧紧地缚住，由此，它们才能迎击狂风暴雨的侵袭，它们才终于在不属于自己的生存空间为自己占有了一片土地。"

不少老师会抓住"扎"、"钻"等动词让学生品析，还经常采用替换词语的方式进行教学，如把"扎进去"换成"深进去"好不好之类。其实，我们更多地要关注词句前后之间的联系。如"一个石缝间"和"另一个石缝间"就很能说明问题。再如，有的老师会拼命让学生去体会"竟"字的作用，学生抓耳挠腮也回答不上来。如果教师让学生去体会"一株松柏"和"半壁山崖"间的关系，这个问题就会迎刃而解。试想，若是"十株松柏"或"一大片松柏"，它们的根须爬满了半壁山崖，那是不能体现出松柏顽强的生命力的。另外，像末句写到的松柏"迎击狂风暴雨的侵袭"，不是在宽广的平地上，而是在段首就明示的"悬崖断臂"和"高山峻岭的峰巅"，都能体现出松柏的特质。

◎注重段与段之间的关系

还是以《石缝间的生命》为例。不少教师在教学本文时，只带着学生去感受"野草图""山花图""松柏图"这些图景是如何展示了生命的奇迹，只关注石缝间的野草、蒲公英、松柏这三种生命，都体现出生命的倔强，但是很少有教师引导学生去思考，既然都写生命的倔强，那是不是可以删去其中的一个或两个呢？其实，从文本所展现的内容来看，野草重在展现它的"生机不可遏制"，蒲公英重在展现"生命就是拼搏"，而松柏重在展现"毅力和意志"，三种生命展现的侧重点不一样，"倔强"的内涵是丰富的。

如果我们关注文本整体的话，会看到第六段开头有一句承上启下的话："如果石缝间只有这些小花小草，也许还只能引起人们的哀怜；而最为令人赞叹的，就在那石岩的缝隙间，还生长着参天的松柏，雄伟苍劲，巍峨挺拔。"可见，作者表现石缝间三种不同生命的倔强，情感上是有区别的,正如第七段末尾所写,"试想,那石缝间的野草,一旦将它们的草籽撒落到肥沃的大地上,它们一定会比未经过风雨考验的娇嫩的种籽具有更为旺盛的生机,长得更显繁茂;试想,那石缝间的蒲公英,一旦它们的种籽,撑着团团的絮伞,随风飘向湿润的乡野,它们一定会比其他的花卉生长得苗壮,更能经暑耐寒;至于那顽强的松柏,它本来就是生命的崇高体现,是毅力和意志最完美的象征,它给一切的生命以鼓舞,以榜样"。这里,作者对野草和蒲公英用了"试想"这样的语句,而对松柏则是用了"至于"、"本来"这样的词句,感情上是有差异的。

可见,三幅图景之间是层层递进的关系。这三段各有重点,又紧密相关。一个人面对生活,不可能总是一帆风顺的,当我们面对逆境时,要像石缝间的野草般看重"生"的权力,才能如蒲公英般"改变自己,适应环境",只有因"战胜环境"成为强者,才能像松柏一样"开辟新天地",显露自己的价值。

当然,这三幅图景在"异"的基础上有很多"同"的地方,否则,也无法全面理解文本的主旨。

◎注重末段与前文之间的关系

不少教师在执教《安塞腰鼓》一文时,只关注到黄土高原上那群后生击打腰鼓的磅礴气势,而忽略了最后三个自然段的内容:"当它戛然而止的时候,世界出奇的寂静,以至使人感到对她十分陌生了。/简直像来到另一个星球。/耳畔是一声渺远的鸡啼。"作者以此作结,一定是有用意的。

◎注重首段与后文之间的关系

《麦琪的礼物》首段是这么两句:"一块八毛七分钱。全在这儿了。"有多少教师在教学该文时忽略了这两句看似简单的话语,拼命地让学生去体会男女主人公之间的爱情有多么纯真,而那样的体会多半是空洞的,贴标签式的。

【就什么说点什么】

文本解读的关注点有许多,比如文本的结构、叙述角度、表现视角等,本文未一一列举。

语文教师的文本解读不同于日常阅读。日常阅读可以只关注文本的内容和作者的思想情感,但是语文教师的文本解读要考虑语文的本体。用文章学专家程福宁先生的话来说:"日常阅读是'文章阅读',以汲取思想为目的,而'语文阅读'是旨在凭借文章获得关于语文的感性经验和语文知识。"因此,语文教师的本文解读除了要弄明白文本的思想内容外,还要搞清楚作者为什么用这样的语文形式表达这样的内容。

语文教师的文本解读要突出原汁原味。要在反复阅读的基础上,读出属于自己的见解和发现。当然,这种见解和发现一定要建立在对文本整体把握的基础之上,千万不能抓住片言只语随意生发。

语文教师的文本解读要分两步走。第一步是进行"本我阅读",即教师以自己的认知结构、思维方式、生活阅历,从结构、主旨到语言,仔仔细细地研读文本,读出文章的"好",也指出其不足;第二步是进行"换位阅读",即教师站在学生的角度,以学生的认知结构、思维方式、生活阅历去读,洞见学生在阅读过程中可能遇到的各种问题,以此来确定教学内容、教学重点与难点。

要注意的是,文本解读不是冷漠的纯技术分析,要读出文本的真正价值,教师还必须带着欣赏中的审美感动来评价文本内容和文本形式,要把自己摆进去体验,把自己的心灵融进去,不能冷漠地旁观,不能站在外面端详,也就是阅读主体把自己的全副心思投射到对象上,这样才能把握文本的真谛。

阅读教学的理念与落地

当前课堂流行教学行为之审视

流行之一：文本拓展

新课程理念强调："在加大思维容量的同时，扩大有效信息量的传递，课文阅读与课外阅读要紧密结合。要指导学生到更广阔的阅读天地中获取信息，丰富知识，陶冶情操。"在这样的背景下，文本拓展应运而生：

学习杨国民《江南的古镇》，教师请同学们作关于本区应加以保护的人文资源的调查；

学习洛夫的诗歌《与李贺共饮》，教师给学生印发洛夫的《边界望乡》《蟋蟀之歌》以及《寻李白》，作为后半课时的学习内容；

学习艾芙·居里《伟大的发现》，教师在课始介绍居里夫人生平、爱因斯坦对居里夫人的评价、获得诺贝尔奖的各位大师，课尾又请学生说说中国科学家的伟大发现和发明，以及他们的事迹；

学习王宗仁的《藏羚羊跪拜》，教师或在学课文之前作一个关于藏羚羊介绍的多媒体演示，或在学完课文之后介绍几篇诸如《我的野生动物朋友》之类的文章；

学习儒勒·米什莱的《云雀》，谈到云雀是快乐的，教师就请同学们说说"你的身边有没有快乐的例子？"于是，有的学生说他学会了骑自行车很快乐，有的学生说爸爸每天给他讲笑话，因此他很高兴……

课堂从单一走向了热闹，同学们似乎学得很快活。难道这就是所提倡的文本拓展吗？

让我们回放二三十年前的一个教学镜头：

于漪老师教北朝民歌《木兰诗》时提出这么一个问题："东市买骏马，西市买鞍鞯，南市买辔头，北市买长鞭"中"东""西""南""北"有怎样的含义？它们与汉乐府《江南》中"鱼戏莲叶东，鱼戏莲叶西，鱼戏莲叶南，鱼戏莲叶北"中的"东""西""南""北"有什么不同？与徐渭题写在青藤书屋的对联"两间东倒西歪屋，一个南腔北调人"中的"东""西""南""北"有什么差异？与王实甫写在阳关的对联"悲欢聚散一杯酒，东西南北万里程"中的"东""西""南""北"又有什么差别？

那个年代并没有什么"文本拓展"的概念，但于漪老师的这一提问不正是今天所倡导的吗？

确实，教材不是孤本，教学需要拓展。关键是如何拓展？是不是先从内容上来拓，再从形式上来拓？是不是既要"广积粮"，又要"深挖洞"？今天，有了网络与搜索引擎，占有资料并不是一件难事，难就难在有了资料以后该如何筛选？哪些资料可以拿来为我所用？这些资料该在什么环节去用？

这就涉及语文阅读的目的。语文阅读是不是仅仅为了弄清楚文本内容、文中出现的概念与所揭示的道理？课程标准中有很明确的表述："语文课程要有利于学生语言潜能的开发和语文素养的全面提高。要充分考虑到学生已有能力和发展可能，关心学生的内心需求，引导学生依据个体的生活状况和学习状态，探索适应于自身发展的学习方法，不断地通过已知认识、探求未知；要注重学生的语言积累，让学生在动态的语言实践过程中，掌握语言运用的规范，感受、体验优秀作品的语言魅力。"因此，文本拓展要注意几点：

拓展的目的在于全面提高语文素养。教师要考虑拓展能否开发学生的语言潜能，从而全面提高学生的语文素养。对那些看似拓展，实则与语文无关或只是想当然地从某处随意生发开去的内容，要忍痛割爱，弃之不顾。

拓展的立足点是文本中的语言。拓展得有依据,拓展的内容与所要达成的目标之间得有紧密的联系,与文本之间应存在着"互文性"的关系。比如《藏羚羊跪拜》一文可以设置这样的拓展:当老猎人举枪之时,那头母藏羚羊"前行两步,扑通一声跪了下来",这时,教师可不失时机地介绍藏羚羊的生活习性:这种动物一般是不轻易下跪的,而此时此刻,它为什么下跪了呢?那是为了腹中的小生命,它才放弃了自己的尊严啊!这样的拓展是自然而不是虚矫的,是不露痕迹而不是强行安插的,它可以有效地帮助学生理解文本。

拓展的方式应融合在教学的每一个环节中。比如上述提到的《与李贺共饮》,教师可在讲到"酒"这一意象时,作酒神精神的相关拓展:在人类文化的历史长河中,酒不仅仅是一种客观的物质存在,而是一种文化象征。追求自由、忘却生死利禄及荣辱,是中国酒神精神的精髓所在,因醉酒而获得艺术的自由状态,这是古老中国的艺术家解脱束缚,获得艺术创造力的重要途径。魏晋名士刘伶被称为第一"醉鬼";李白酒醉而成传世诗作;陶渊明则写下千古流传的《饮酒》诗,可见酒与诗是孪生兄弟。这样的拓展是与课文有机联系而不是任意衍生的,是融合在教学环节中的,而不是在上完课后再来贴标签。

流行之二:多元解读

传统阅读的目的主要在于理解作者的创作意图,而现代阅读的目的则更多地在于建构新的意义,这个意义来源于文本、作者与读者。从接受理论来看也是如此,阅读是读者接受意义的过程,读者在阅读前存在一个期待视野,而作者在文章中也寄寓了一个召唤结构,读者阅读后产生与作者的视界融合,也即他自身的理解。目前,很多教师已接受了这些理论,努力让学生以自己已有的知识积累和生活经验去感悟、体验、理解文本。基于这样的立场，多元解读频频见诸课堂。

对先锋派作家苏童的《三棵树》，有的学生认为三棵树是"我"少年时代对于别处生活的想象和渴望；有的则认为是"我"成年后生活的影像和见证；还有的认为树在"我"的生命中是向往，是朋友，是精神家园。

学习《雷雨》这一经典名作，有些教师和学生认为《雷雨》的主题并不一定就如教材上所标明的那样，"这个剧本通过一个封建资产阶级的家庭内部错综复杂的矛盾，深刻地揭示了封建大家庭的罪恶和工人与资本家之间的矛盾，反映了正在酝酿的一场大变动的 20 年代中国社会现实"。其实，曹禺在揭露、批判大家庭罪恶的同时，也是怀着深深的悲悯之心的。因为曹禺在少年时期就随继母出入教堂，后来在清华大学又一直受着西洋文学的熏陶，之后又由于教学的需要而熟读《圣经》。种种情况表明，他把基督教的宗教取向转化为了艺术精神取向，运用到反封建和争取个性解放的新文学之中，所以从字里行间，从序幕与尾声中，都可看出曹禺把"悲悯"给了剧中的每一个人物。在讨论谁是主人公时，也有教师和学生认为《雷雨》中的主人公并不是曹禺笔下有名有姓的几个人物之一，而是"命运"。

确实，《三棵树》是苏童从小说创作转到散文创作后的早期作品，他专注于自我内心的探究，三棵树的含义极为丰富，文本意义呈现出多样性，因此，不同的学生会对文章有不同的解读。而《雷雨》则是一座蕴藏丰富的矿，从各个不同的角度，在各个不同的历史时期，由不同的人去解读肯定会有不同的答案，教师能结合当前思想界最新的研究成果和同学们一起探讨，是可喜可贺的。

那么，是不是所有的文本都可以进行多元解读呢？答案显然是否定的。多元解读应关注几个方面：

多元解读的对象是文学作品。对大部分文学作品可以进行多元解读，"作者未必然，读者未必不然"；但对于非文学作品，就不能众说纷纭，莫衷一是了。

多元解读的重要原则首先是整体性。它须以文本的主体内容为依托，着眼于整体，既不能抓住局部或片言只语，也不能架空文本，脱离时代背景来作一些想当然的理解。

对多元解读的评价，不可一味采取鼓励。当学生把儒家传统思想"舍生取义"解读成"生命意识的缺失"，把白骨精的"狡猾"解读成"不达目的誓不罢休的坚韧"时，教师是把这些理解当作异向思维大加赞赏，表扬其不落俗套，富有新意，还是要及时帮助学生拨开迷雾见天日？课程改革提倡对学生的鼓励，但要把握度，如果教师对学生错误的理解也一味予以鼓励，那么势必会使更多的学生无所适从，长此以往，学生们就会失去正确的价值判断和审美取向。

流行之三：小组讨论

两千年前孔子曾说过："君子和而不同，小人同而不和。"如今，教师尊重了学生这一学习主体，把他们的合作学习放到了重要位置，小组讨论已成为"自主、合作、探究"理念下普遍的课堂活动形式。尤其是在各类公开课上，如果缺少了小组讨论，执教者和听课者或许会觉得这节课没能体现出新课改的理念。再者，教师对课文作生理解剖的、碎尸万段式的语文课早已深恶痛绝，很想在教学方式上有所变革。于是，小组讨论在课堂上大行其道。

我们时常可见这样的镜头：教师让学生们以前后左右四人为一组进行讨论，短则一分钟，长则一刻钟。同学们交头接耳，叽叽喳喳，教室里人声鼎沸，一如茶馆。"好，时间到，请前排的同学转过身来，我们进行全班交流。"当教师宣布讨论结束时，有的小组意犹未尽，有的小组则长长地嘘出一口气。之后，全班交流，起身交流的同学张口闭口"我认为怎样怎样"，"我觉得如何如何"，根本不见小组讨论的成果。何以会造成如此局面？

不妨先来审视一下讨论的内容：

学习莫里斯·吉布森《哦，冬夜的灯光》一文，教师提出的问题是"故事发生在什么季节？请大家讨论。"同学们不假思索，异口同声："冬季！"这样显而易见的问题，有讨论的必要吗？

学习林莉的《小巷深处》，教师说："请大家讨论一下，'我'的身世是否不幸？"殊不知文章的第一段中明明白白地写着："我是在村那头的坡顶上被拣来的。"既然是被拣来的，又谈什么幸福不幸福？这样的问题有讨论的价值吗？

学习冯骥才的《花脸》，教师说："请以'花脸面具'作为宾语，前面加上动词，说说本文一共讲了哪几个故事？好，开始讨论。"问题有如此多的限定，又怎么期待学生能尽情地放飞自己的思想呢？

再来观察一下同学们在小组讨论中的两种表现：一种是当老师提出讨论问题后，课堂上几近鸦雀无声，小组中伙伴们面面相觑，成为"沉默的大多数"。另一种是大家你一言我一语，大有唇枪舌战之势，只可惜你讲你的，我讲我的，谁一旦讲完了便无所事事，根本不去在意、揣摩伙伴在讲些什么，而伙伴所讲的也只是他自己的想法，似乎并不愿意"针锋相对"。这样"井水不犯河水"似的界限分明、互不牵扯的讨论缺乏实质的交流，只是"假讨论""伪讨论"，表面上看起来热闹非凡，实际上对教学毫无用处。

当小组讨论成为一种形式，它就失去了合作学习的全部意义。那么，小组讨论要关注哪些方面呢？

小组讨论要确定合适的讨论内容。课堂教学时间是有限的，因此节外生枝的问题无须讨论，缺乏启发性和思维张力的问题无须讨论，学生没有共同兴趣的问题无须讨论。

小组讨论时要指导而非"放羊"。教师要指导学生围绕中心问题进行有效的讨论，并让学生懂得讨论时要注意倾听他人的意见，要善于在吸取他人意见的基础上谈出自己的看法，全班交流时要概括小组讨论的内容,而不是只谈个人的观点。讨论时,教师应巡视引导,关注学生的情感是否投入,态度是否端正,思维是否深刻,以避免小组讨论变成借机闲谈,或停留在浅层面、无节制的状态。

小组讨论要保证充裕的时间。该讨论时则讨论,千万不要为讨论而讨论。教师一旦决定了让学生讨论,就应该给予充足的时间,不要让讨论"走过场",有时可让同学们先独立思考,再进行小组讨论。

流行之四:动态生成

曾几何时,"动态生成"成了挂在教师口头的一个时髦词语。确实,"生成"反映了教学理念的嬗变,强调的是建构。教学与生产流水线不同,更多时候,打破预设会使按部就班的课堂更显魅力。教案是静态的,而课堂则应该是动态的,教学的魅力之一就在于不确定性与动态性。今天,很多教师关注了动态生成,原本沉闷、无趣、封闭的课堂变得活泼、有趣、开放了。

一位教师上蒙田的《热爱生命》。课正上到一半,校医推门而进,抱歉地提出要占用上课时间给同学们抽血,这位教师只好停下讲课。采血结束了,可教室里却炸开了锅,很难再回到刚才讨论的话题。教师临机一动,与其花九牛二虎之力把学生的思维硬纳入原先的轨道,不如就此来一个即兴说话。一转身,他在黑板上写下:"当针扎进我指头,当殷红的鲜血流进滴管……"然后请每位学生就此话题,结合对课文的理解,说一两句意蕴深刻的话。教师话音刚落,就见学生的一只只手臂高高举起。

生1:所有的紧张瞬间消失,只留下平静,因为真实地面对才是人生的最佳选择。

生2:这是生命的暖流,没有理由不去珍惜。这一刻,我懂得了生命的可贵。

生 3：这一针，刺破了我的胆小与懦弱。每一个生命都是弱小的，却也是强大的。

生 4：神经中枢有了强烈的感觉——痛，但大脑立即下达命令——坚强些，再坚强些，终于，那痛楚不复存在。生活中也会遇到许多痛苦，但是只要学会忍耐与坚强，就一定能渡过难关。

在备课时，教师也曾担心这篇文本太抽象太理性，怕同学们理解不了，事先查阅了许多资料，几乎对每一句话的含义都作了深入分析，没想到偶然事件打乱了他的计划，但学生们即兴的说话，却成了对文本理解的注脚。

预设固然重要，生成更为可贵啊！

在一节作文指导课上，教师请学生上台表演"放焰火"的小品，意在创设生活情境，让同学们感受放焰火时的激动兴奋，体会焰火的美丽绚烂（这从教学目标中可得知）。前两组同学都按老师的要求完成了小品表演。第三组同学上台了，其中一人点燃了焰火，可焰火迟迟没有动静，这时，另两人就在一旁大声地说："这是假冒伪劣产品！"然后，三人就社会上的许多假冒商品展开了热烈的舌战。台下的同学鼓起掌来，上课教师似乎也被感染了，加入了同学们的"讨伐大军"……整个课堂热闹非凡，下课的铃声响起了，教学还没有进入正题。这样的生成只能令人啼笑皆非了。

面对生成，教师应注意以下几点：

生成的前提是预设。生成与预设间存在着对立统一的辩证关系。缺少预设的课堂，教学随心所欲，效果必定不佳；缺少生成的课堂，则是没有生命力的课堂。因此，教师要在教学目标、内容、策略、评价等各方面进行预设，预设要体现出包容度、开放度与自由度。

生成的关键是互动。真正的课堂教学，应是师生共同的生命投入，是一种良性的互动，而绝不是单向的给予。教师不要单方面按教材逻辑和自己的思路设计教学过程，要善于捕捉课堂上动态生成的契机，洞见学生在学习过程中可能遇到的困难、跌入的陷阱，由此去创设更广阔、更轻松的思维碰撞空间。

　　生成的难点在于对学情的把握。生成的资源具有不确定性，教师要尊重学生主体，准确把握学情，根据学生的心理需要、情感需要、知识需要等及时作出调整，在课堂上进行"二度备课"，从生成中因势利导，随时调整教学内容与策略。

【就什么说点什么】

　　课程改革拉开帷幕至今已有相当时日，教师们已从最初的观望走向了今日的实践，语文课堂不再死水一潭，变得热闹、丰富、多元、活泼起来，一些做法风起云涌，广泛流行。

　　记得赫尔岑面对年轻人热衷的流行文化，曾不屑一顾地说："流行都是好的。怎么，流行感冒也是好的吗?"此话值得深思。课程改革中某些做法能流行起来，必定有其道理，也有其价值，但如果盲目地跟随流行，有时只会适得其反。

　　今日，文本拓展存在着"无度"，多元解读存在着"无界"，小组讨论存在着"无补"，动态生成存在着"无视"，教学目标存在着"无定"，内容构建存在着"无端"，课堂形态存在着"无着"，教学环节存在着"无关"的种种现象，我们应审视之，研究之，改变之。

　　在课改面前，我们需要的不是赶时髦，不是盲目跟风，而是勇气与探索，睿智与思考。

刍议阅读教学中"语文"元素的缺失

镜 头 扫 描

学习《跨越百年的美丽》，教师在课始用大量图片资料介绍居里夫人生平、课中播放居里夫人提炼"镭"的录像、课尾又引用爱因斯坦对居里夫人的评论。

学习《邂逅霍金》，教师就霍金的《时间简史》娓娓道来，还给学生印发《袁隆平的辞职风波》等一大堆的剪报资料。

学习《我们是怎样过母亲节的》，教师用20分钟讲完课文，留下20分钟让学生们交流自己是怎样过母亲节的，教室里像炸开了锅……

学习《乡愁》，学生一节课上所读的材料不止五种，有余光中的生平介绍资料和他的诗歌《乡愁四韵》、席慕蓉的《乡愁》诗及与此有关的各种文学批评文章。

学习《两小儿辩日》，教师在课始就提出"两小儿为什么问题而争论？"学生齐刷刷地回答："为地、日间的距离。"教师紧接着问："那么，地、日间的距离到底是怎样的？你是同意第一个小孩还是第二个小孩的意见？你是否还有第三种意见？这节课我们就来讨论这个问题。"于是，学生们面红耳赤地讨论了一节课。

总而言之，这样的镜头在当前的语文阅读课上经常可以捕捉到——"泛语文"、"非语文"现象比比皆是。

任何事物的现象背后总是藏有各种原因,"泛语文"、"非语文"问题的背后到底是什么?

对课程性质的理解存在偏差

语文学科的课程性质,从新中国成立至今,一直是语文教育研究中关注和争论的焦点问题。叶圣陶先生于 20 世纪中叶提出,"语"就是口头语言,"文"就是书面语言,把二者合在一起就是"语文",同时还主张听、说、读、写并重,提倡要培养形式感、文体感、语感。20 世纪 50 年代中期,语文教学领域出现的又一次重大改革引发了对语言训练和文学教育的空前重视,之后,全国又开展了关于文道关系及怎样教好语文课的大讨论,指出"语文课总是语文课,不能教成政治课","也不要把语文课教成文学课"。60 年代,随着新中国第二部小学语文教学大纲的出台,语文学科的工具性被提到重要位置,该大纲强调了语文教学要加强语文基础知识教学和基本技能训练。改革开放初期,新颁布的第三部教学大纲则强调语文学科的性质"不但具有工具性,而且有很强的思想性"。直到 1997 年,全国开展了新一轮语文教育的大讨论,肯定了语文学科具有人文性。

50 年多来,就语文学科的性质而言,时而过于强调语言的系统性,时而过于强调政治性,时而过于强调工具性,时而又过于强调人文性。直至今日,论争依然没有结束,但是新的课程标准已经给语文课程定性:"工具性与人文性的统一,是语文课程的基本特点。"

但是,仍有不少教师片面地理解了语文学科的性质,随意曲解工具性和人文性统一的观点,更有人振臂呼吁"语文教育就是文学教育",工具性被完全弃之不顾。离开了人文性,简单地、机械地理解工具性,语文最终只剩下躯壳;反之,离开了工具性大谈人文性,最终只能使语文不像语文。

语文教育的任务主要有两方面,一方面是培养学生理解和运用祖国语言文字的能力,与此同时,通过文学作品的教学对学生进行人文教育。语文离不开听、说、读、写,离不开与此相关的识记、理解、判断、综合、分析、鉴赏、评价等能力,离不开想象活动与情感活动,这些才是语文的本体。曾有人打过比方,在强调人文性的同时不要"将孩子和洗澡水一起泼掉",否则势必又会陷入到以前片面强调某一点的老路上去,最终造成工具性和人文性的两败俱伤。

这是语文教师教学的基本立场,如果缺少对此的正确认识与基本理解,就会影响日常的教学行为。事实上,有的教师只注重对内容的整体把握而忽略了对语言的含英咀华,有的教师只注重旁征博引而忽略了对文本的深入剖析,因此,出现了种种"泛语文"乃至"非语文"的现象。殊不知,人文性一旦离开了基本的语言训练,必是虚的;工具性一旦离开了思想与情感的挖掘,必是死的。

受教材专题组元方式的影响

新课程改革以前的大部分教材,要么以文体组元,要么以能力体系编排。前者根据文体的分类来编排单元,如记叙文单元、议论文单元、说明文单元、散文单元、小说单元、诗歌单元等等,好处是文体知识比较系统,教师比较关注不同文体的读写方法,但也经常走入文体知识教学的死胡同,不同年段始终在重复同一个内容,造成语文教学的高耗低效。后者则是以语文阅读的各种能力来编排单元,如主旨的提炼、语言的品味、思路的把握等等,其好处在于不同单元都有明确的能力点,对偏重知识的教学具有矫正作用,但如果一个单元几篇不同的文本在教学时只围绕某个能力训练点展开,会使教学不断地在同一个平面上循环,还可能让文本的人文性资源白白流失。更何况,到目前为止,理论界还没有建立起一套科学、明确又具操作性的语文能力体系。

因此，新课程改革背景下的教材，几乎90％以上都采用了主题/专题组元的方式。以上海二期课改初中《语文》教材来看，四个年级八册教材共64个单元中，生活主题单元共有50个，其余14个为专题单元。总之，各地不少新教材的编写均贴近生活，贴近青少年身心发展规律，但有时难免因较多地关注了教材选文的人文性，而对言语形式有所忽略。

在使用这些新教材的过程中，不少教师过多地关注了单元主题，忽视了文本本身，忽视了言语形式，淡化了最核心的因素——语言。他们往往从单元主题出发，要求学生把握文本内容、作者情感以及其中所蕴含的文化内涵，而情感或文化内涵的把握又是与文本相脱离的，文本有时候仅成为例子，于是导致了"主题教学"。其实，主题原本只是单元篇目的聚焦点，但如今却成了部分教师教学的立足点。

片面地理解"用教材教"

新的课程理念与新的教材，必然带来教学层面的变革。课程标准提倡教学既要立足教材，又要超越教材，要变"教教材"为"用教材教"，教学内容不应局限于教材，教师应带领学生加工教材。这一理念的提出，更多地是为了改变过去"以本为本"的教学，提倡"以生为本"的教学。但有些教师片面地理解了这一理念，走上了所谓"回归生活"的道路，把教学时间花在了千奇百怪、无休无止的拓展延伸上。他们不是引导学生花时间去细读文本，而是对文本走马观花，轻描淡写，随意处置，甚至仅把文本作为一个引子，完全忽视了学生对文本的浸润与体验。教师过多、过早地补充课外内容，海阔天空，信马由缰，有时甚至使文本解读走向庸俗化。

当今网络十分发达，几乎每一篇文本都可以找到一大堆的相关资料,但是"用教材教"所强调的与学生实际生活相结合,不是让课堂成为资料馆、展示厅,而是期望教师引导学生用自己的现有知识和相关材料来感受文本内容,调动生活积累来学习语文。凭着文本走向生活,这决不是阅读教学的"专务"。

对"用教材教"这一理念的片面理解,使阅读教学从原来的偏重落实字词句篇语修逻文,虚化成了思想与文化的教学,导致语文课缺失了"语文味",甚至异化成了其他的课。在这样的阅读教学中,"语文"要么面目全非,要么无影无踪。

【就什么说点什么】

阅读教学要体现"语文"元素,这一看法为历来的许多大家所提倡。

被称为是"中国语文教育史无法绕过的精神存在"的叶圣陶先生曾说过:"在讲解的时候,一定要靠讲明语言的运用和作者的思路——思维的发展来讲内容。要知道为什么要这么说而不那么说,为什么用这一个词而不用那一个词,为什么用这种口气而不用那种口气,所有这些都跟文章表达的内容密切相关。不能把两者分开来讲,这一堂讲思想内容,另一堂专门讲语言;只有把两者结合起来,这堂课才算成功。"[1]被尊为"三老"之一的张志公先生则认为,语文学习就是"带领学生从文章里走一个来回"[2],即通过弄清语文形式来理解文章内容,再在理解文章内容的基础上进一步弄清为什么用这种语文形式表达这个内容,即语文形式—文章内容—语文形式。

近年来一直关注中学语文教育的王尚文教授则提出要紧紧抓住"语文"的缰绳,"语文教学就是要从一个个标点、一个个词语、一个个句子开始构建或更新学生的言语世界,与此同时构建或更新学生的

---

① 叶圣陶著,刘国正编:《叶圣陶教育文集》,人民教育出版社1994年版。
② 张志公著,庄文中编:《张志公语文教育论集》,人民教育出版社1994年版。

人文世界",①"语文之外的其他课程诚然不能越过形式而把握内容，但它们往往把形式当作掌握内容的跳板，可以得鱼而忘筌，即便关注它的形式，目的也仅仅在于更好地理解它的内容；语文就不同了，虽然在品味形式的同时也在理解内容，但它的目的主要不在把握内容，而是学习特定的形式如何表达特定的内容。"②

阅读教学要体现语文元素，应以工具性与人文性的统一为前提，以下几句要特别强调：

◎发现语言的"宝盒子"并打开它，关注文本的用词造句、语言风格、句型结构等。

◎改变公式化的阅读习惯。坚信，只要能从语言层面沉下去，便自会从情感层面浮上来。

◎阅读文本不仅要知其然，还要知其所以然，即了解作者怎么写和为什么这样写。

◎不同的文学体裁具有不同的文体特征，文体意识具备与否也是阅读教学能否体现语文元素的关键之一。

◎"情采""文质""理辞"是构成文学作品的基本要素，阅读教学主要不在于区分"情"与"采"、"文"与"质"、"理"与"辞"，而是要把几者统一起来，即关注内容与形式的统一。

---

① 王尚文：《"语文意识"：语文教学的阶梯》，载《语文学习》2003 年第 5 期。
② 王尚文：《紧紧抓住"语文"的缰绳》，载《中国教育报》2004 年 7 月 8 日。

勾画课堂教学的"蓝图"

——新课程背景下的阅读教学设计

从《山中访友》教案说起

[教学目标]

1. 帮助学生懂得关爱万物、与自然和谐共处的重要意义。

2. 体会作者丰富的想象和生动的语言。

3. 有感情地朗读课文,积累优美句段。

[教学过程]

一、理解内容

文章篇幅短小叙事简练,写"我"独自一人在山中访问山水林木飞禽走兽的游历。但这绝非一次普通的旅游,而是一次回归自然的远足,更是一次心灵的回归之旅,表明了关爱万物是人类生存的需要,也是精神境界的追求。人对自然万物要有一种出自生命的关怀,人与自然应和谐共处,而不是去控制、占有和主宰,这样人生会有无穷的乐趣。

二、把握结构

课文可以分为三大部分。

第一部分(第1、2节)早晨怀着好心情去山中访友。

第二部分(第3—7节)山中访友的经过。

第三部分(第8节)晚上带着好心情回家。

三、重点理解

1."我"是带着满怀的好心情去访问这些"朋友"的,这种喜悦之情是通过对山水林木飞禽走兽的自由的联想与神奇的想象来实现的。最为奇特的想象体现在文章的第4节"访问树知己"时。"我"想象自己变成了一株树,脚长出根须,头发长成树冠,手变成树枝,思想变成树汁,最后长出树籽。

2."庄周梦蝶"

·············

四、语言积累

·············

上述教案实在不是一个理想的教案。它是一个"知识教案",只备知识,不备学生,不备教法;是一个"搬家教案",具体的内容照抄照搬教学参考资料;也是一个"花架子教案",或许只为应付检查而写。

凡事预则立,不预则废

在提倡课堂生成的今天,仍要进行精心的教学设计,勾画课堂教学的"蓝图"。预设越充分,生成越精彩。

要弄清楚教学设计是怎么一回事,首先要弄明白教学是怎么一回事。教学是一种涉及教师与学生双方的活动过程。它是一种交往实践的行为,是一个动态变化的过程;它是一种学习活动,本质是学而不是教,因此活动的主体必须是学生;它也是一种特殊的学习活动,由教师组织的有目的、有计划、指向性很强的学习活动,因此教师的指导作用要显现。

基于对教学的上述理解，就可以给"教学设计"下定义了。教学设计是指教师以课程标准为依据，根据学生实际和学习内容，确定恰当的学习目标，合理、有序地安排学习过程，最终形成教与学的方案的过程。教案则是教学设计的物化体现。

教学设计需进行前期分析

新课程实现了从知识本位、能力本位向关注每一个学生发展的转变，这就需要教师在进行教学设计时考虑学生的实际需求，他们的学习态度如何，有没有兴趣学这篇文章，他们的知识背景是怎样的。即使是同一篇文章，比如《西游记》，男女生对它的喜好程度肯定有差异，教师就要考虑到全体学生的需求，着眼于学生的发展，从学生已有的认知水平、心理体验、思维方式出发去设计教学，这就是教学设计的前期分析，当然，在分析学习者的同时，也要分析学习内容。有了前期分析之后，再来设计教学目标、教学内容、教学策略、教学过程以及教学评价。

胡绳梁的散文《马来的雨》曾是上海二期课改《语文》试用版教材八年级第二学期的一篇文本。有的老师在设计教学时没有从八年级学生的实际出发，引导学生去体会马来雨的"风情"，而是仅仅让学生去了解马来雨作为一种"风景"的特点。课文中第三、四、五自然段的开头明明白白地写着："在高脚屋，那雨是给你听的"；"在街道上，那雨是给你淋的"；"在海上，那雨是给你观的。"这些内容八年级学生一目了然，如果再纠缠于此，必然会使课堂教学索然无味，降低课堂教学效率，挫伤学生的学习热情，说得严重些，那是在耗费学生的生命。

教学设计要考虑三维目标

新课程提出"三维目标",就语文学科而言,知识与能力的目标包含有:正确理解和运用祖国的语言文字,积累语言,培养语感,发展思维,识字写字能力、阅读能力、写作能力、口语交际能力、综合学习能力。情感态度价值观包含有:语文学习的兴趣、态度、习惯,热爱祖国语言文字的感情,提高道德修养和审美情趣,培养良好个性,塑造健全人格。过程与方法包含有:语文学习的策略与方法,感悟、体验的过程。

这"三维"实乃"一体",一如"三足之鼎"。知识的掌握与能力的形成离不开感受、体验的过程和正确方法的运用;情感态度与价值观有别于我们过去所理解的"思想目标"、"德育目标",它不仅仅是对文章主题的把握,还强调了学生的学习兴趣、愿望、态度这些方面的情感;过程与方法既是学习知识、提升能力的过程,也是情感培养、审美品质形成的过程,三个维度相辅相成、不可分割、高度整合。因此,在确定教学目标时,应清楚考虑到三个维度。当然,在某一节课中,三个维度的分量不一定相等;而在用文字呈现时,也大可不必作茧自缚、分条阐述。

教学设计要有单元意识

新教材不同于以往的教材按文体或能力体系编排,它主要是以主题来组元的,即围绕一个主题从不同角度选文。在制订教学目标时,除了设定课时教学目标外,务必要有单元意识,考虑到单元教学目标。在单元教学目标之下,再来考虑单篇的教学目标,这样也能更好地落实知识,体现知识"随文学习"的原则。甚而至于,教师要在单元教学目标之前,先要考虑学期教学目标、学年教学目标,千万不能像吃萝卜似的,洗一节吃一节,只有这样才能避免只见树木不见森林的状况。

设定教学目标时要考虑这节课的起跑线(即学生的现有知识与能力)在哪里? 终点(即最终要达成的目标)在哪里? 从起点到终点(即目标差)有多远? 这样才能心中有数,明白通过教哪些内容,来让学生比较顺利地从起点跑到终点。

如上海二期课改《语文》试用版教材七年级第二学期第一单元的主题为"亲近自然"。有位教师设定了如下单元目标:

① 理解本单元七篇课文的内容,感受人类与自然和谐共处的情感。

②反复朗读课文,体会散文的语言特点,根据已有的知识和语言能力,理解文章关键句子,提高语言表达能力。

③掌握比喻、拟人等修辞手法,了解细节的特点,体会想象的作用。

④ 学生自主学习和探究,并主动与老师和同学交流自己的想法。

有了上述单元目标之后,教师再来确立单篇的目标,这样就能有的放矢了。从教学目标应该体现"科学、集中、具体、可测"的要求来看,这样的目标设定基本符合要求。从总体上来说,它比较具体,如果能在"理解""掌握""体会"这些描述学生内部心理过程的术语的基础上,能再多一些如"朗读""交流"这样的外显行为动词,那么目标就更加具体、可测。况且,上述目标描述了学生的学习结果,而不是教师的教学行为,这也体现了新课程的理念。

教学设计要确立合宜的教堂内容

　　理想的课堂绝不能只追求抽象的学法指导、热闹的讨论、花哨的板书、眼花缭乱的多媒体，还有所谓的联系生活、廉价的表扬鼓掌……换言之，形形色色的花拳绣腿，是不能解决问题的，确立合宜的教学内容极其重要。那么，该如何确立教学内容？

　　首先，教学内容与教学目标之间要有相关性。如果教学内容与所要达成的教学目标无关的话，就要忍痛割爱，以避免盲目性与随意性。如在教学赞颂居里夫人的《伟大的发现》一文时，有教师把"镭是一种怎样的化学元素"作为教学内容，这就完全没有必要了，一是因为这本身不是语文学习的内容，二是它与教学目标无关。

　　其次，要考虑学生的可接受性。如果所学内容过易或过难，学生都会失去学习兴趣，因此教学内容应是能让学生"跳一跳能摘到果子"的。

　　第三，要考虑学生的发展性。朱光潜先生主张"少上课，多读书"，这与中国画中的"留白"是一个道理，教师在课堂上要尽可能多把空间留给学生。很多优秀教师，往往不是只关心教会了学生什么，而是在教学中不断突破预期目标，为学生创设"海阔凭鱼跃，天高任鸟飞"的发展空间。

教学设计要精心设计核心问题

　　从学习方式来说，新课程提倡体验式学习和探究式学习，而不仅仅是接受式学习。这从教师的角度来说，就不能只关注自己讲授的好坏，而是要注重启发引导，这就涉及核心问题的设计。正如西方学者德加默所强调的,"发问得好即教得好"。

问题从哪儿来? 一方面,问题可从学生的质疑而来;另一方面,问题还是需要教师在教学设计时做好充分的准备。

首先,问题不能大而无当,如"这篇文章有什么现实意义",这样的问题往往会使学生感到不知所措。反之,问题也不能太过琐碎。如:为了把握某一段内容,教师提问:"这一段是什么描写? 怎么写外貌的? 怎么写动作的? 用了哪几个动词? 怎么写语言的? 这两句话表达了怎样的思想感情?"

其次,问题要明确,要有指向性、针对性。如:"你有什么启示?"与"作者有什么启示?",这是两个截然不同的问题,前者强调的是读者意义,后者强调的是文本意义,不能说这两问孰优孰劣,关键是要结合具体的教学内容,设计合适的问题。

第三,问题要有张力,给学生留有一定的空间。如上海电视台"可凡倾听"节目,因为节目定位在"倾听"上,所以主持人提的问题就显得空间较大,被访者容易回答。但中央电视台的"面对面"节目,主持人往往是步步紧逼,层层追问,做这样节目的嘉宾,如果没有深厚的底蕴、机智的应变往往是会冒冷汗的。同理,教师给学生的问题也应有一定空间。待学生回答时,教师还要能抓住其发言中的信息加以追问,才能使教学步步推进,而不是总在同一层面徘徊。

【就什么说点什么】

教学设计要实事求是。所谓"实事",即是基于学生实际与教材内容;"求是",即是以课程标准为依据,遵循语文学习的规律。

教学设计有两大基本的价值取向,一是基于目标主义,强调目标导向、实施的程序化和结果的可预测性;二是基于建构主义,强调真实问题或情境的创设、实施过程的循环往复和结果的不可预测性。任何事物走向极端总是可怕的,求得确定性与不确定性的整合才是出路。

教学设计是一项创造性的劳动,要力求创新,千万不能亦步亦趋,照搬他人,要融入自我,体现个性。

以《秋天的怀念》为例谈散文教学

随意化、点状化、两极化

《秋天的怀念》这一课文，网上有上百种不同的教学设计。对史铁生的这一名篇，不同的教师有不同的定位，不同的定位就有不同的教学。归纳起来，有如下较为典型的几种：

这是一篇写人的文章。于是，教学主要通过人物的语言、动作、神态等描写分析人物特点，进一步揣摩人物的内在心理，感受母亲的良苦用心，体会"我"对母亲的愧疚和怀念之情。

这是一篇回忆性文章。因此，设计的核心问题是：作者回忆了生活中的哪几件事？哪些细节特别感人？

这是一篇非常"个人"的文章，即写给自己、"从心出发"的文章。因此，教学中特别关注作者的真实心态。

这是一篇以"花"为中心意象的文章。所以教师抓住"北海的花儿都开了，我推着你去走走"、"母亲喜欢花，可自从我瘫痪以后，她侍弄的那些花都死了"、"北海的菊花开了，我推着你去看看吧"、"又是秋天，妹妹推我去北海看了菊花。那黄色的花淡雅，白色的花高洁，紫红色的花热烈而深沉，泼泼洒洒，在秋风中正开得烂漫"等语句组织教学。

这是一篇以细节和事实见出人物精神的文章。基于这样的理解，教师不断抓住具体事实和细节，让学生感受以小见大的特色，体会散文"大事化小"的功能。

这是一篇情感脉络清晰的文章。在这样的理念关照下,教学中凸显了"抱怨—无奈—悔恨"这一条感情线索。

这是一篇语言坦诚而深切、慧达而细腻、平易而精辟、亲切而凝重的文章。于是,教师引导学生不断体会这些语言特点。

这是一篇赞颂母爱的文章。于是,教师把思想情感的聚焦点放在一个"爱"字上。其实,这样的教学是有失偏颇的。因为这篇文本所属单元的主题是"两代人的心灵沟通"。散文又是重在表明作者的思想感情,而非文中某一人物的精神特性。可见,《秋天的怀念》表明的不仅仅是一种单向的情感,而是双向的情感,更多地强调了"我"在母爱精神感召下的成长,以及对母亲的愧疚与怀念。

也有教师认为,这是一篇充满了哲学意味的文章。当然,这样的理解同样有失偏颇。像《我与地坛》等文章,是"生与死的冥想曲",确实富有哲学意味,但若要把哲学意味套用到《秋天的怀念》上,恐怕是没有道理的。

好文章总是"横看成岭侧成峰",但教学内容的构建不能太随意,兴之所至,心随意动,不是确立教学内容的基本态度。教师千万不能像无头苍蝇,到处寻找突破口。

教学内容的构建除了要避免上述"随意化"的倾向外,还要避免"点状化"和"两极化"的倾向。所谓点状化,即教学内容只关注抓住文本的一部分展开,教学出现只见树木不见森林的状况。所谓两极化,即有的课堂只偏重于工具性,有的课堂只偏重于人文性,未能体现工具性与人文性的统一。

以高频句为抓手

基于这样的理念,笔者在执教《秋天的怀念》一文时,确立了两条教学目标。一是抓住反复出现的句子,理清文章脉络,学会前后联系地阅读课文;二是从作者对母亲的深切怀念中,理解母爱是收获生存的勇气和信念的源泉,体悟作者对己少不更事的追悔。

在确立教学目标后,要找到教学的抓手。笔者仔细地阅读文本,发现这篇仅有 800 多字的文本中有很多词句反复出现,如"去北海看花"出现三次;"好好儿活"出现两次;"不知母亲的病"出现两次。所以,教学就以"高频句"为抓手展开。

老子讲"少则得,多则惑",一节课四十分钟的时间非常有限,若每一句都要精雕细琢肯定来不及,只能做取舍。因此,笔者引导学生找到这些高频率句后,通过串读,去体会文本的脉络,同时把有些段落带过去。在学习过程中,引导学生学会前后联系地来理解课文,这是学习高频句"这一类"文章的一把钥匙。

课始,笔者以《合欢树》中的语句引出作者史铁生并加以简介,强调其双腿瘫痪的不幸。此环节意在创设情感氛围,走近作者,为走进文本作准备,所出示的语句既暗含对母亲的介绍,又体现文本脉络。

课的核心环节分三部分。第一部分为"朗读与发现",主要是让学生说出读完全文的感受,并圈画反复出现的句子,意在体现整体把握与局部品析的结合。第二部分为"体验与感受",重在让学生掌握阅读该类文章的方法——找反复出现的句子(高频句),理清文本脉络,并通过关键词把握这些句子及其文本的思想内涵,意在体现由"篇"到"类"的教学意识,也体现对文本结构和内容的双重关注。第三部分为"揣摩与深化",意在从对标题的探讨中感受选材的特点,由此深入理解文本内涵。

课的小结部分意在强调从思想情感和写作角度带给学生的启迪。作业布置则强调积累与对本课教学内容的巩固。

【就什么说点什么】

以史铁生为例。史铁生在年少时遭遇了身体的残疾,当然是不幸的，但他又是幸运的。假如他早生二三十年，又遭遇了如此变故，他那些抒发自身真性情，写出自己内心最真实感受的文章，是不可能引起关注的——如今各种不同版本的教材中，选入了他的《秋天的怀念》《合欢树》《我与地坛》等文章。早二三十年，无论是长篇小说，还是千字散文，背后都要有时代的主旋律。如今，大家都更认同，写作是心灵的自由表达。按照复旦大学陈思和教授的说法，如今的写作已不再处于"共名状态"，进入了"无名状态"，即写作不必顾及时代的主旋律，而是抒写自己内心最真实的情怀。

像《秋天的怀念》一文中，作者笔下出现的"双腿瘫痪后，我的脾气变得暴怒无常：望着望着天上北归的雁阵，我会突然把面前的玻璃砸碎；听着录音机里甜美的歌声，我会猛地把手边的东西摔向四周的墙壁"这样的语句，因真实地吐露了自己的情感，引起了无数读者的共鸣。

当然，散文教学不能只关注文本内容与作者的情感，更要从语言入手，去感受作者的思想、情感与表达之间的关系，把握"这一篇"文本的学习价值，并获得阅读"这一类"文本的方法，在过程中加强学习策略，培养思维能力，从而提高语言的感受能力与鉴赏能力。

附：笔者执教《秋天的怀念》课堂实录：

师：我们先合作，一起把黑板上这三段话念一念。我念前面的，你们接着念后面的。"十岁那年……"

生（齐）："我承认她聪明，承认她是世界上最好看的女的。"

师："二十岁……"

生（齐）："我的两条腿残疾了，她头上开始有了白发。"

师："三十岁时……"

生（齐）："我的第一篇小说发表了，母亲却已经不在人世。"

师：这是我从《合欢树》这篇文章中摘出来的三句话。有没有同学知道，这个"我"是谁？

生(部分):史铁生。

师:谁知道关于史铁生的情况？哦,有的同学已经查了资料,非常好的学习习惯。先不说太多,我只想问,史铁生什么时候到农村去插队的?

生:1969年到陕北延安地区去插队。

师:好。计算一下当时他几岁?

生(齐):18岁。

师:三年后因为一次淋雨,他发烧,造成了双腿瘫痪,那时候他几岁?

生(齐):21岁。

师:想一想,这时他处在怎样的年龄?是和同学们一样,喜欢奔跑、喜欢跳跃,充满着玫瑰色梦想的年龄啊！但是那个时候他梦想的天空一下子变得灰暗了,一辈子只能和轮椅相伴。同学们,不是一天两天,不是一年两年,而是——

生(齐):一辈子。

师:大家说得对。所以那个时候他陷入了巨大的痛苦中,乃至于绝望当中,幸亏有他的母亲在他身边。我们今天就要来学习史铁生的《秋天的怀念》。大家已经预习过了,告诉我读了这篇文章你有什么感觉?像喝了一瓶可乐?还是像喝了一杯茶?还是有其他的感受?大胆地说,把你最直接的感受说出来。

生:我读了这篇文章,就想到了我自己的母亲,我的母亲也是日夜操劳,为家里面做了很多。我觉得史铁生在这篇文章中表现出了一种子欲养而亲不在的悔恨,所以我想从现在开始就要一直孝顺我的母亲。

师:受到了很多启迪。你们的感觉能不能通过一个比喻句说出来?

生:有点像喝了一杯咖啡。

师:为什么?

生:因为咖啡是苦的。史铁生人生是先苦后甜,他的精神世界是甜的。

师:有苦又有甜。同学们已经有感受,有的从中得到了启发。接下来我们进一步领略这篇文章。请同学们花两分钟时间快速地读一读这篇文章,读的时候做一件事情,把文章中反复出现的句子圈画下来。反复出现的句子,我给它一个名称——高频率句。(师板书:高频率句)它在文中不断出现,可能在表述上前后略有不同。

(学生阅读2分钟)

师:好,时间到,我们来交流一下。请靠窗的这位男生先来。

生:我找的句子是第一节母亲说的话:"咱娘儿俩在一块儿,好好儿活,好好儿活。"文章最后还有:"我俩在一块要好好活。"(师板书:好好儿活)

师:很好。还有吗?

生:第一段第三行,"母亲就悄悄的出去",后面还有"悄悄的出去"。

生:我找到的是第一节,母亲说的话:"听说北海的花儿都开了,我推着你去走走。"在第二段,母亲又说:"北海的菊花儿开了,我推着你去看看吧。"在最后一段:"又是秋天,妹妹推我去北海看菊花。"

师:看菊花一共出现了三次。(师板书:看菊花)刚才找的"好好儿活"出现了几次?

生(齐):两次。

师:其他还有吗?

生:在第一节倒数第三行,"可我却一直都不知道,她的病已经到了那步田地"。还有第四节,"我没想到她已经病成那样了"。

师:尽管在语言表述上不一样,但在内容上差不多吧?(师板书:不知母亲病情),也出现了两次。我们看到,这些高频率句出现在不同的段落当中,把整篇文章给带起来了。通过寻找高频率句,我们把文章的脉络给梳理清楚了。同时,高频率句又能起到强调的作用。

强调了什么？我们一起把第一段读一读。

生：(齐读第一段)

师：我们从第一段当中先看看这样一些高频率句都强调些什么呢？"带我去看花""好好儿活""不知母亲病情"，这些在第一段中都出现了。先来看看这一句："'听说北海的花儿都开了，我推着你去走走。'她总是这么说。"听清楚了么，刚才我读的时候强调了哪个词？

生(齐)："总是"。

师："总是"强调了什么呢？说明母亲这话对我只说过一次吗？

生(齐)：不是，是很多次。

师：很多次，那又该怎么理解呢？

生：说明他很多次都暴怒无常了。

师：这是你的理解，很好。还有吗？

生：因为母亲喜欢花，但在"我"病了之后那些花都死了。

师：怎么会呀？

生：因为她要用心照顾我，所以没空再去侍弄那些花了。

师：回答得真好。

生：她养的花都死了之后，她就总想带着"我"去公园看看那些美丽的花。

师：母亲可以带我去做很多事情，为什么偏偏要带我去公园看花呢？刚才这位同学说，"看看那些美丽的花"。

生：因为作者双腿瘫痪后，他的心灵好像是朵枯萎的花，母亲想让作者的心灵变成一朵盛开的花。

师：你说得太精彩了。还有吗？

生：花代表美好的事物，母亲希望他看到花以后，能转移身体上的痛苦，希望花能给他带来勇气。

师：你真是一个善解人意的女孩子。哦，你又想说了？

生：您前面说，"他的美丽的天空灰暗了"，而花是五颜六色的，母亲想用这个花的颜色去渲染他已经灰暗的天空。

师：非常好的习惯，很注意倾听。我就那么一说，你就深深地记在了心里。太棒了！其实母亲要说的话多不多？

生(齐)：多。

师：很多很多，但是她把千言万语都汇成了这样一句话，不断地说要带"我"去看花，是想要唤起"我"对生活的热情啊。刚才同学们说得都比我好。母亲要带我去看花，可我不想去，而且还发脾气，这时候"母亲扑过来抓住我的手，忍住哭声说：'咱娘儿俩在一块儿，好好儿活，好好儿活……'"这句中，同学们来抓几个关键词，看看整句句子强调什么？有同学举手了，我先请没有举手的同学来回答，我知道你心里也有想法的，对吧？

生：我找的关键词是"扑过来""忍住哭声""好好儿活"。

师："关键词都抓到了。"扑过来"，母亲前面都是什么样的动作？

生："悄悄的。"

师：刚才同学们找的，"悄悄"反复出现几次，可这里为什么是"扑过来"？

生：因为她很紧张"我"，"我"都是狠命地捶打自己的腿，她担心。

师：嗯，非常担心，怕"我"想不通。

生：我认为"扑过来"是因为儿子要捶打自己的腿，母亲都是很爱自己孩子的，她不希望看到他有这样自残的举动，才会"扑过来"阻止。

师：当时他确实是特别绝望。那么这个"忍"字呢？她忍住了哭声，还忍住了什么？又有什么是忍不住的？我们一起把这一句有感情地读一读。

(生齐读两遍："母亲扑过来抓住我的手，忍住哭声说：'咱娘儿俩在一块儿，好好儿活，好好儿活……'"**)**

生：忍住了她内心的悲伤。

生：她忍住了哭声，忍住了她的病痛。

师：好。还有吗？

生：母亲忍住了哭声，但她却忍不住面对她孩子双腿瘫痪的痛楚。

师：忍不住痛楚，很好。还有吗？他双腿瘫痪以后怎么样？对什么绝望了？

生（齐）：对生命。

师：对生命的绝望，对生活的绝望，这是母亲无法忍住的。她可以忍住自己的病痛，可以承受儿子所遭受双腿瘫痪的命运，但无法忍受儿子对生命的绝望。

生：母亲还忍住了儿子暴怒无常的脾气。

师：暴怒无常的脾气。"暴怒无常"和哪两个词相呼应？（师带读："望着天上北归的雁阵，我会突然把面前的玻璃砸碎；听着李谷一甜美的歌声，我会猛地把手边的东西摔向四周的墙壁。母亲也可以忍住我这种暴怒无常的坏脾气。"）

生（陆续）：和"突然"、"猛的"相呼应。

师：我们再来看另一句："母亲进来了，挡住窗前：'北海的菊花开了，我推你去看看吧。'她憔悴的脸上现出央求般的神色。"这句句子当中，我们可以抓哪几个关键词，它又强调了什么？刚才我好像关照后半部分同学比较多，我们前面的同学来说说。好，你先来说。

生：我觉得"憔悴"和"祈求"比较关键。

师：作者没用"祈求"，用了一个"央求"。

生：还有"挡"。

师：母亲挡在窗前的动作是故意的还是无意的？

生（齐）：故意的。

师：为什么？

生：因为母亲怕"我"看到窗外的落叶而触景伤怀。

师："触景伤怀"，这个词用得好。还有吗？

生：她央求带"我"去看菊花，表现了母亲是为帮助儿子摆脱烦恼而憔悴。

师：不用"央求"，还能用什么词语吗？

生：恳求。

生：祈求。

师："祈求"，程度更深了。什么叫"央求"？"哀求"好不好？

生（齐）：不好。

师："央求"是怎么样的哀求啊！说"期待"好不好？"母亲憔悴的脸上现出期待的神色"，好吗？

生（齐）：不好。

师：为什么不好？她为什么是"憔悴的脸上"？"我"当年21岁，母亲的年龄也不会太大，我查过资料，这时候母亲49岁。想一想，对这句话怎么理解？

生："憔悴"，是因为那时候她已经病得很厉害了；"央求般的神色"，是因为她很多次和"我"提出这个要求，但是"我"也很多次拒绝了她，所以她特别希望"我"答应这个要求，所以是"央求"。

师：这位同学说"憔悴"是因为母亲生命已经到了垂危阶段，已经病入膏肓，这当然是一个原因。还有其他原因吗？

生：还有就是史铁生双腿瘫痪后带来的生活压力。

师：带来的生活压力，仅仅是生活压力？史铁生瘫痪后给母亲带来了——

生（陆续）：精神上的压力。

师：对，更多是精神上的压力。他瘫痪了，不仅仅是瘫痪啊，同学们，如果仅仅是双腿的瘫痪，母亲还是可以忍受的，她不能够忍受的——

生（齐）：是对生命的绝望。

师：对，前面我们讨论过，"是对生命的绝望"，他不想活了。我们看他的《合欢树》——刚才我们读的——母亲"头上开始有了白发"。这个二十岁是个大概的年龄段，三十岁也是一个大概的年龄段。母亲是怕"我"不能够走出这个阴影，她希望"我"能早点够笑对人生。

所以她是央求啊,苦苦的哀求。为什么要央求,慢慢等一段时间好了,母亲还能等吗?

生(陆续):不能。她已经病入膏肓了。

师:所以当"我"很勉强答应的时候,母亲说了一句——"你要是愿意,就明天。"明天我们就去吧,她已经迫不及待了。所以她后面喜出望外,坐下呀,站起呀,然后又絮絮叨叨地跟我说了许多话。这个"絮"字会不会写?(师板书:絮)这里不是关系的"系",没有一撇,和紧张的"紧"的下面一样的。"絮"最初的意思是很粗的丝绵。有一个词叫"柳絮"。再引申开来,表示说话很啰嗦。"叨"也是说话很啰嗦。"絮絮叨叨"当然表明说话很啰嗦。母亲这时候就说了许多的话,乃至于把话都说错了,说了一些很敏感的字眼。说完她就悄悄地出去了。"我"那时候都已经答应了要去看花,但是命运有时候真作弄人,当"我"答应了,母亲却再也没有回来。母亲还没有来得及跟我说点什么,还没有来得及带我去看菊花,她就永远地离去了。所以我最后一次看菊花是——

生(齐):妹妹推着我去的。

师:请大家推荐一位同学把文章的最后一段来读一读。毛遂自荐也可以。很好,给她一点掌声。(掌声响起,一生读:"又是秋天,妹妹推我去北海看菊花。黄色的花淡雅,白色的花高洁,紫红色的花热烈而深沉,泼泼洒洒,秋风中花开得正烂漫。我懂得母亲没有说完的话,妹妹也懂,我们在一块儿,要好好活……")

师:读得很有感情。我们一起来好吗?

(生齐读)

师:读得非常好。我刚才在看大家的神情,大家的脸上都是带着一脸的凝重。这回是妹妹推着我去北海看了菊花,仅仅是去看花吗?(有部分学生摇头)不是,那又是什么呢?

生:不仅仅是看花,是对母亲死之前希望……

师:这话怎么说来着,我理解你的意思了,是对母亲死之前希望的完成。换句话说,是为了完成母亲的遗愿,对吗? 还有吗?

生:不仅仅是看花,而且表达了我对母亲的深切怀念。

生:看花是为了让自己的人生变得更加灿烂,花是五颜六色的。

师:为什么看花就能使自己的精神世界得灿烂了呢? 他看到的菊花是什么样的? 我们一起把写菊花的再来读一读,作者用的词比"五颜六色"更丰富。

(生齐读这几句)

师:写这么多的菊花干什么? 不是要写对母亲的怀念么?

生:因为这个时候已经是秋天了,其他花都枯萎了,但是这些菊花还是开得很艳丽。生命也就是这样,虽然说"我"已经残废了,但是就像秋天的菊花一样,也能开得非常艳丽。

师:虽然身体残疾了,但是心灵、思想还是能像菊花一样开得艳丽,生命之花——用作者用的一个词叫"烂漫",生命之花也要烂漫地开放。还有吗? 母亲是"我"这一生亏欠最多的人,但是"我"的这种感觉是到什么时候才有的?

生(陆续):是在母亲去世以后。

师:是在母亲去世以后,才知道自己亏欠母亲的太多太多。(面向学生)你前面说一句什么话来着?

生:子欲养而亲不待。

师:(师板书:子欲养而亲不待)树欲静而风不止,子欲养而亲不待。这个时候,"我"想为母亲付出一点什么的时候,终于读懂母亲对"我"的这份情感的时候,母亲却永远地离开了"我","我"再也没有办法回报母亲了。这时候作者写,"我懂得了母亲没有说完的话,妹妹也懂,我俩在一块要好好儿活……",刚才同学们找到第一次出现"要好好儿活"是在文章的第一段,现在这里又出现了,从结构上来看,有什么作用?

生(齐):首尾呼应。

师:不是第一句,说"前后呼应"更确切一些。那么,两次"好好活儿"，含义是一样的吗？（部分学生摇头）区别在哪里？

生：区别在于，前面是母亲说让"我"继续好好地活下去，而最后我们懂得的是，要像菊花一样，让自己的生命变得更加绚丽。

师：哦，前面仅仅是说要"我"活下去，是"活着"；而后面就是"生活"了，要好好地生活，好好地面对人生。是母亲用她包容的、敏感的心，用她的行动教会了"我"怎样来面对有缺憾的人生。算一算，史铁生今年多少岁了？

生(陆续)：将近六十了。

师：书上有注解的，他1951年出生。今天我们看到他真的是支撑起了轮椅上的天空，写了很多很多的作品，获了很多的奖，他精神完全是健全的，甚至超越了我们普通人。所以他和妹妹要相扶相持地一路走下去，这是对母亲最好的告慰。他现在看到花就像看到人一样，见花如见人啊，作者是以看菊花来寄托对母亲的哀思。我想问，题目叫《秋天的怀念》，刚才这位同学也说最后去看花还是为了表达对母亲的怀念，那为什么不直截了当，写成《母亲的怀念》？

生：因为还写了母亲生前的事，在她死后"我"才去看菊花来表达对她的思念，而那时候又是秋天。

生：见花如见人，见到菊花就如同见到他母亲，而菊花是在秋天开放的。如果直接写母亲的怀念就不能特别突出这种见花如见人的怀念。

师：你特别能抓住老师的话语来思考，非常好。大家的意思是，文章写景也好，叙事也好，这些都发生在秋天，所以要叫"秋天的怀念"。那如果发生在夏天，那标题就是《夏天的怀念》，发生在春天就叫《春天的怀念》，是这样吗？

生：秋天是带着一种悲哀的，母亲死的时候也正是秋天，所以用这个题目很确切。如果是夏天就不适合，因为夏天代表了欢快，春天也不行，春天是活泼的，秋天就是一种悲哀的，有点思顾念亲的这种感情。

师："思顾念亲"用的词很妥帖。这是你的理解。

生：用《母亲的怀念》这个题目的话，不能很好地显示出这篇文章的用意；而"秋天的怀念"正合适，大家都知道秋天是树叶飘落的季节，是个悲伤的季节，正好可以衬托出对母亲的思念。

师：很好。这篇文章它也不仅仅是在怀念母亲，对不对？更多的是要表明"我"在母亲的影响和感召下，收获了对生命的信念和勇气，还包括，在对母亲的怀念当中，对自己年少时候不懂事的一种——

生(个别)：忏悔。

师：忏悔？程度再降低一点。

生：悔恨。

生：后悔莫及。

师：一种追悔吧。好，刚才我们说史铁生已经彻底摆脱了病痛带给他的打击。他写了很多作品，除了《合欢树》《秋天的怀念》，还有什么作品？

生：小说《务虚笔记》《命若琴弦》，散文《我与地坛》。

师：世界短跑健将叫卡尔·刘易斯，曾经对史铁生讲过一句话："你是真正的强者，你比我更强大。"他确实很强大，因为精神上的强大才是真正的强大。今天，我们学习《秋天的怀念》这篇文章，写得很真啊。正因为写得真，所以我们读得特别感人，我们再回过头来读读课文开头的三句。

（生齐读"双腿瘫痪后⋯⋯"几句）

师：那个时候"我"是这样的，但是现在这些只是像放电影一样，不管是看到天上北归的雁阵还是听到美好的歌声，"我"只能重温和母亲共同走过的难忘的生活道路，母亲讲的刻骨铭心的一句话——"好好儿活"——会随着秋风永远飘荡在"我"的记忆中。这节课，我们通过"高频率"句，把文章的脉络给理清楚了，又仔细揣摩、感受了文章的情感。以后像这一类的文章，我们就可以找到这样一把钥匙。刚才同学们还找到"不知母亲的病情"这个高频率句，因为时间关系，这一处没有来得及展开讨论,请同学们回去作为作业再来思考。

【附原文】

秋天的怀念

史铁生

双腿瘫痪后,我的脾气变得暴怒无常。望着望着天上北归的雁阵,我会突然把面前的玻璃砸碎;听着听着李谷一甜美的歌声,我会猛地把手边的东西摔向四周的墙壁。母亲就悄悄地躲出去,在我看不见的地方偷偷地听着我的动静。当一切恢复沉寂,她又悄悄地进来,眼边红红的,看着我。"听说北海的花儿都开了,我推着你去走走。"她总是这么说。母亲喜欢花,可自从我的腿瘫痪后,她侍弄的那些花都死了。"不,我不去!"我狠命地捶打这两条可恨的腿,喊着:"我活着什么劲!"母亲扑过来抓住我的手,忍住哭声说:"咱娘儿俩在一块儿,好好儿活,好好儿活……"可我却一直都不知道,她的病已经到了那步田地。后来妹妹告诉我,她常常肝疼得整宿整宿翻来覆去地睡不了觉。

那天我又独自坐在屋里,看着窗外的树叶"唰唰啦啦"地飘落。母亲进来了,挡在窗前:"北海的菊花开了,我推着你去看看吧。"她憔悴的脸上现出央求般的神色。"什么时候?""你要是愿意,就明天?"她说。我的回答已经让她喜出望外了。"好吧,就明天。"我说。她高兴得一会坐下,一会站起:"那就赶紧准备准备。""唉呀,烦不烦?几步路,有什么好准备的!"她也笑了,坐在我身边,絮絮叨叨地说着:"看完菊花,咱们就去'仿膳',你小时候最爱吃那儿的豌豆黄儿。还记得那回我带你去北海吗?你偏说那杨树花是毛毛虫,跑着,一脚踩扁一个……"她忽然不说了。对于"跑"和"踩"一类的字眼儿。她比我还敏感。她又悄悄地出去了。

她出去了。就再也没回来。

邻居们把她抬上车时，她还在大口大口地吐着鲜血。我没想到她已经病成那样。看着三轮车远去，也绝没有想到那竟是永远的诀别。

　　邻居的小伙子背着我去看她的时候，她正艰难地呼吸着，像她那一生艰难的生活。别人告诉我，她昏迷前的最后一句话是："我那个有病的儿子和我那个还未成年的女儿……"

　　又是秋天，妹妹推我去北海看了菊花。黄色的花淡雅、白色的花高洁、紫红色的花热烈而深沉，泼泼洒洒，秋风中正开得烂漫。我懂得母亲没有说完的话。妹妹也懂。我俩在一块儿，要好好儿活……

以《美容新术》为例
谈语言实践活动的创设

教学初设计

《美容新术》一文选自上海二期课改六年级第一学期《语文》试验教材,是一篇以议论为主的文章。我从学生实际需求出发,立足于三个维度,制定了两条教学目标:掌握用事实和道理来议论的方法;理解读书美容的道理,培养对读书的兴趣。

围绕着教学目标,根据以往教学该类文章的经验,教学设计第一稿很快就出炉了。我大致安排了这样五个学习环节:

① 散读全文,说说文本的主要观点是什么?

② 在一般人眼里,读书与美容风马牛不相及,看看作者是怎么说清这个道理的? 你赞同这个观点吗? 为什么说读书可以美容?

③ "读书,读好书,乃是最简易可行的美容术",其中的"读好书"三字是否可以去掉?

④ 你理解第 9 段的深刻内涵吗?

⑤ 本文的结构有什么特点?

应该说,上述教学设计,从对观点的整体把握到对文本内涵的理解,从对议论文语言严密性的把握到对文本结构的关注,教学内容与教学思路均是明确、清晰的。但我知道,如此按部就班地学习文本,定会彻底扼杀六年级学生的学习热情,从而使学习效果大打折扣。

那一刻，我豁然开朗

很偶然的机会，我参观了一次美术展览。展览会上有一件作品，各种西药药片装在一个个透明的佛像中，这两样看似毫无关联的两样东西融合在一起，竟然产生了神奇的效果。细细思考，其实药与宗教有着内在联系，前者挽救人的性命，后者拯救人的灵魂。

那一刻，我豁然开朗。

我们平时不是一直在强调语文学习和现实生活的关联吗？语文学习不就要是引导学生进行语言实践吗？为什么不能以文本内容为基点，给学生搭建一个语言实践的平台呢，从而让他们从一个个具体的语言实践活动中来学得知识、提升能力、培养情感呢？于是，我彻底推翻了第一次的教学设计，尝试以语言实践为主线，串起对文本的教学，使整堂课既不局限于文本，又不脱离文本。

【就什么说点什么】

第一个语言实践——匾额设计，意在整体把握文章观点；赠言设计是第二个语言实践，意在把握文中议论的语句；送书及扉页题写赠言是第三个语言实践，意在体会文本语言的严密性，理解语句内涵；开张仪式上的发言设计是第四个语言实践，意在掌握用事实讲道理的方法，把握文本写作思路。四个语言实践是一个整体，都围绕着读书美容院而展开。

由于考虑了学生的实际需求，突出了语言实践活动，处理好了文本内与外的关系，关注了文本的内容与形式，隐含了口语交际的训练，注重了学生已有生活体验的唤醒，因此课堂较为丰富、活泼、扎实、有效。

但是，这堂课也留下了不少遗憾。比如，因为顾及了时间，所以有些实践活动的展开不够从容,像第二个实践活动,如果能让学生在找到相关的议论语句后,再换用自己的语言来表述,语言训练会更扎实有效。还有的地方因为过于突出了语言实践活动的本身,相对削弱了对文本的把握。再如,课堂上没有留出时间请学生读出自己的发现,并进行质疑,因为文本有些地方并不十分严谨,尚值得推敲。

《美容新术》教学实录呈现

师: 和同学们第一次见面,我发现你们个个眉清目秀,气宇轩昂,你们希望自己长得更好看吗?(生频频点头)老师也是爱美的,俗话说,"爱美之心——"(生纷纷补充"人皆有之")你们说说有什么美容的方法吗?[板书:美容 术]

生: 我看到妈妈常在脸上贴黄瓜。

生: 可以去美容院开双眼皮。

师: 那有没有什么新的办法呢?[在"美容 术"中板书:新]

师: 请同学散读课文,看看这新的方法是什么?

(生散读课文后异口同声回答:读书)

师: 我觉得张秀亚这位台湾女作家真是很聪明的,能发明这样一种美容术。

生: 老师,这种方法不是她最早发明的。

师: 哦,那么发明专利权应该属于谁?

生: 黄山谷。

师: 黄山谷是谁?你了解他的情况吗?

生: 黄山谷就是黄庭坚,号山谷,是宋代文学家。

师: 你是怎么知道这些的?

生: 书本注释上有。

师: 很好,你能利用注释来学习。黄山谷[板书:黄山谷]是北宋文学家、书法家,是苏轼,即苏东坡[板书:苏东坡]的弟子,后来与苏轼齐名,并称"苏黄"。他的毛笔字瘦劲圆通,他的诗词为后人称道,以后你们会学到的。对读书,他到底提出了怎样的见解呢?

生:士大夫三日不读书则面目可憎。[板书此话]

师:这句话什么意思?

生:读书人三天不读书,面目就变得不好看了。

师:是啊,有地位有声望的读书人几天不读书,面貌就变得令人厌恶。请注意,三天是(有部分学生应答:几天)几天的意思。这句话反过来怎么说?

生:士大夫读书三日则面目可爱。

师:很好。其实,他的老师苏轼早提出过类似的看法。[板书:腹有诗书气自华]。什么意思呢?

生:当一个人读了很多书以后,他的气质自然就会变得有华彩,变得高雅,变得与众不同。

师:被这么一说,我突然产生了一个想法。现在有很多美容院,我们班级是不是也可以来开一个呢,开一个读书美容院。(学生瞪大了眼睛,充满了好奇)我们准备在大厅正对着门的墙上挂一匾额[板书:匾额],上面写什么好呢?(学生陷入沉思)比如说,医院里的匾额上通常写的是什么?(有生答"救死扶伤",也有答"妙手回春")老师办公室的匾额上写着什么?(生答"桃李满园",也有答"桃李芬芳")你书房里呢?(生答"壮志凌云"等)我们根据课文内容,也来用四个字写一写。

生:读书养颜。

生:美容良方。

生:读书则美。

生:读书养气。

师:真不错,这些都可以写在读书美容院的匾额上。其实,这也就是本文的主要观点。同学们回去继续思考还可以写哪些话语。

师:如果你来参加读书美容院的开张仪式,你会送什么赠言呢? [板书:赠言]我准备了赠言簿呢。我们先到文章里找一找,看看有哪些现成的话可用?请同学们浏览课文,把可以用的话语画出来。

(生默读课文、画句子后在全班交流)

生:我找的句子在第 8 段中,"平时所谓的风度高雅,所谓的气质高贵,所谓的眉目清朗,所谓的有书卷气,都是勤于读书的结果"。

生:我找的是第 7 段中的,"读书乃是使美者更美,丑者亦化为美的良方"。

生:我找了第 5 段中的,"利用读书之法来美化容颜,获致的才是真正的美,那是发于中而形于外的一种真的美,那是内心充实然后流露于外的一种美"。

师:什么叫"发于中而形于外"? [板书:发于中而形于外]

生:发自于内心而在外表上显露出来。

生:我找的是第 9 段中,"读好书乃是第一流的天才以其最精粹的语言来和你讲话"。

师:我们把刚才几位同学找到的句子一起来读一读。(生齐读上述句子)这些句子是本文中直接进行议论的语句。同学们回去再想一想,是不是可以不用文中现成的语句,自己来写一句赠言。到时候,我们会把大家的赠言装订到赠言簿中。

师:为了庆贺读书美容院开张,你们是不是愿意带一本书来作为礼物呢? [板书:赠书](生齐答"愿意")我们要把每个同学送的书放到一个个书架上。你们会带什么书来?(有同学举手)别急,先告诉我,你们会不会随随便便到地摊上买一本书来作为礼物?

生:不会。因为地摊上大都是盗版书。

师:你有很强的打击盗版的意识。那不盗版的书都是好的吗?

生:有些书不好,如黄色书籍等。

生:读好的书可以美容,读坏的书会"毁容"的。

师:"毁容",说得多好啊!读好书能滋养人,读坏书也能伤人。

有的人在读了很多书之后，脸上写满了精明，眼神中流露出妒忌，这样就失去了读书原本的意义，这就变成"毁容"了。可见，并不是读所有的书都能美容。这层意思文章是在第几段中写到的？

生：第9段。

师：文章原话是怎么说的？

生：作者说，"读书，读好书，乃是最简易可行的美容术"。

师：我们一起来读读这一段。（生齐读第9段）同学们刚才说得很好，确实，长期地看某类书，会使人的面容定向地发生变化。从"秦文君阅览室"出来的人，脸上写着天真烂漫，从"金庸阅览室"出来的人脸上则是写满了？——（部分学生答"侠气"），从"鲁迅阅览室"出来的人，眼神会变得？——（生或答"坚定"，或答"锐利"）。所以，"读好书"三个字是不可以随意去掉的，以后我们写文章也要注意语言的严密性。好，相信同学们都会送一本好书来。

师：我还有个要求，请你们在所送书的扉页，也就是书刊封面之内印着书名或作者的一页（也有的书刊扉页上是空白的）上写上一句话[板书：(扉页)题词]，这句话确实是像第9段中所写的，是"第一流的天才以其最精粹的语言来和你讲话"，"向你展示其灵魂深处最美的言语，这些言语，美化了你的心灵，也同时美化了你的容颜"。作者在文中提到了李白、王维、莎士比亚等第一流的天才，其实第一流的天才除作者提到的以外，还有很多，大家都可以举例。

师：比如，我送的书是海伦·凯勒的《假如给我三天光明》[拿出此书，给学生读扉页上的题词]，我写的是："读了此书，你能从中咀嚼出战胜自我的力量，脸上会写满坚定与果敢。"再比如，我送的是《李白诗歌选集》[拿出此书，给学生读扉页上的题词]，我写的是："相信读着李白的'长风破浪会有时，直挂云帆济沧海'，你的脸上会写满豪情。"

（生小声议论后全班交流）

生：我想送《钢铁是怎样炼成的》，准备写"读了这本书，你的眉宇间一定会充满不屈服命运的倔强之气"。

生：我准备送文天祥的集子，在扉页上写"相信读着文天祥的'人生自古谁无死，留取丹心照汗青'，你的脸上会流露出浩然正气"。

生：我要送海明威的《老人与海》，我在扉页上写"相信读着海明威的'人不是生来就要被打败的，你可以被消灭，但你不能被打败'，你的眉宇间会增添果敢"。

师：同学们的阅读面真宽，题词也体现了本文所要阐明的意思。暂时没思考完的同学回去再思考。

师：读书美容院的开张仪式上还要有代表来发言。我们先群策群力，一起来讨论应该怎么发言。首先请大家看看作者张秀亚在那次文艺座谈会上是怎么发言的？

（生自觉地看课文）

生：先引用了名言，还讲了一则西方的小故事，还说了一些道理。

师：不错，这是文章的思路，我们发言时可以借鉴这样的思路。谁能用一两句话概括这个西方小故事？

生：有一个画家找一个美少年做模特儿，若干年后，又找来一人做魔鬼，没想到，这个魔鬼正是当年的美少年。

师：概括抓住了中心。是啊，同一个人，竟然从天使的模特儿变成了有着魔鬼面孔的人。那不仅是"面目可憎"，简直是——（生纷纷答道："可怕"）。作者讲这个故事是想说明什么道理呢？

生：不读书，就会变得丑陋。

师：我们看看故事后面紧跟着的第7自然段是怎么写的？

生："林肯说，40岁以后，每个人应为自己的面目负责。其实，不必等到40岁，人随时为他的面目负责。"

师：可见，容貌并不是一成不变的，每个人都应该为自己的面目负责，而读书是最好的方法。

师：当然这个小故事不一定要西方的，古今中外都可以。发言时肯定还要讲一些道理，这些道理要讲到听众的心坎里去，被人所接受。张秀亚发言的对象是谁?

生:一些少女和青年们。

师:你发言的对象是同学们,所以语言也要简洁、明白如话。我给大家准备了几个小故事和一些名言,不过有些故事和名言并不适合在读书美容院的开张仪式上讲,你们应从中挑选可以用的材料来讲。我们会另安排一个时间请大家讲,今天回去作准备。[板书:发言稿]

师:现在我要问,读书这种美容术到底新不新?

生:不新。

师:那作者为什么说是"美容新术"呢?

生:只是很久没人提到了,所以冠之以"新"。

师:是的,这种方法苏东坡、黄山谷早在一千年前就提到了,所以并不新,是旧方法,但也恰恰是我们的优良传统。通过读书来获得美,那是以内养外,那是"发于中而形于外"的真正的美,所以与其说是"美容新术",不如说是"美容真术"。[在课题旁板书:真]

师:其实,今天的作业我已经在刚才上课时一一布置了,哪位同学再来理一理?

生:一是思考读书美容院的匾额怎么写,二是自己写一句赠言,三是选择一本书,在扉页上题词,四是口头准备在开张仪式上的发言稿。

师:好,今天的课就上到这里。我期待着看到同学们高质量的作业,听到同学们精彩的讲话。

【附原文】

美 容 新 术

张秀亚

在一次文艺座谈会中,我曾向一些少女和青年们介绍了一种新的美容术。

我对他们先引用了黄山谷的一句话:

"士大夫三日不读书则面目可憎。"

我请他们把上面这句话的反语告诉我,他们立即很迅速地回答我说:

"读书三日则面目可爱。"说完,他们彼此相顾,欣然而笑了,原来我向他们推销的新美容术,乃是请他们勤于阅读。读书的确能够美容,男女都可一试。利用读书之法来美化容颜,获致的才是真正的美,那是发于中而形于外的一种真的美,那是内心充实然后流露于外的一种美。非寻常割眼、隆鼻后所得到的"纯外表"上的美可比。

那天,我给他们讲了一则西洋的小故事:一位画家,有一天找来一位美少年,做他书面上天师的模特儿。又过了一些年,他想在这幅画面上增添一个魔鬼来做对比,寻找了好多时日,才在一个下流场所的门外,看到一个面目丑恶可怕的人,他便雇了他来,作为他画魔鬼面目的依据。在他的画室中,二人在谈话间,这位画家惊异地发现,原来这一位有着魔鬼的面孔的人,竟是多年以前他找来画天使面貌的那位美少年,他的放荡行经,将他天生的美好破坏无疑了。

林肯说,四十岁以后,每个人应为自己的面目负责。意谓其美丑与先天遗传无关了。其实,不必等到四十岁,人随时为他的面目负责。而读书乃是使美者更美,丑者亦化为美的良方。

平时所谓的风度高雅,所谓的气质高贵,所谓的眉目清朗,所谓的有书卷气,都是勤于读书的结果。

读书,读好书,乃是最简易可行的美容术,因为读好书乃是第一流的天才以其最精粹的语言来和你讲话。李白、王维、李清照、莎士比亚、丹尼生、爱默森……都住在你的书架上,随请随到,他们会向你展示其灵魂深处最美的言语,这些言语,美化了你的心灵,也同时美化了你的容颜。

以读书为美容术,黄山谷早已发明了。我不过将这古老的良方,再加以重述而已,姑名之为美容新法,因为这种美容术好久以来无人提到了。

音律，有意味的形式

自我满意的《古诗二首》教学

很多年前，我在外省市执教《古诗二首》一课，教材选取的是曹操的《观沧海》和陶渊明的《饮酒》两首诗。针对八年级学生的特点，我的教学主要是以诵读与想象为抓手，从内容到形式对两首古诗进行品味、欣赏，体会景与情之间的关系。

在简洁又富有趣味的导入之后，我先请同学们听李白作品的朗读录音，一首是《宣州谢朓楼饯别校书叔云》，另一首是《山中问答》。大家闭着眼睛，静静地体验之后，分辨出前首诗的风格是自然豪放，后一首则是悠然舒缓。在此基础上，同学们反复地自由朗读所要学习的两首诗，读出了《观沧海》的雄浑气势，也读出了《饮酒》的闲适宁静。

接着，我指导同学们展开想象来理解诗歌内容。因为诗歌的语言高度凝练，学习古诗就要充分发挥学生的想象力，想象越丰富，感受就可能越生动，理解也就越深刻。我请大家用"换位嫁接"的方法来作合乎情理的想象：如果你是诗人，面对此情此景，你会想些什么？诗人当时是怎样的表情和举止？……同学们设身处地的想象加深了对诗歌内容的把握。

然后，我请大家深入思考：为什么我们读这两首诗会有不同的感觉？大家沉浸于诗歌之中，静心思索，陆续谈出了自己的理解：两首诗所描写的景物不一样,所以传达的感情也有异。曹操北征乌桓,胜利归来,他想统一中国的勃勃雄心正和大海气吞万里的磅礴气势相一致。如果写他打了胜仗回来,悠然地"采菊东篱下",那就显得英雄气短了;而《饮酒》则不同,它要抒写的是陶渊明告别了争名逐利的官场,在"飞鸟相与还"的夕阳的余晖中采菊于东篱之下,既表现出闲适宁静的心境,又表现出坚守节操的品格。他对菊花自有一番眷恋之情,在他的很多诗作中,他爱菊花、赏菊花、赞菊花、种菊花、采菊花,可以说,菊花是他精神品格的化身。若写他归隐之后,"东临碣石,以观沧海",那岂不可笑? 由此可见,景是为了表现情而服务的,而情是融于景之中的。

讨论到此,同学们很欣喜,我也很满意,两首古诗的学习没有拘泥于字句的穿凿附会,而重在诵读、想象,学生自然地体会到了景与情之间的关系。于是,课在同学们的再一次朗读声中画上句号。

醍醐灌顶之说

华东师范大学方智范教授在其讲座《中国古代诗词教学新视野》中强调:"当诗歌的节奏、韵律与诗人要表达的情感协调一致,诗中轻松、欢快、沉滞、急促、昂扬、舒缓等节奏的韵律变化,就反映了人的情绪的起伏波动的变化,表现的其实就是人的生命活动的节律。所以诗歌的音律美绝不是一个纯形式的因素,它是情感内容的有机组成,或是与情感内容不可分割的因素。"

这一看法如醍醐灌顶,令我重新审视自己当初的教学。在那堂课中,我虽然反复地要求学生朗读,留出足够的时间让学生吟哦,于声音唇吻之间去感受作品的音乐美,同时也体会作品的情感美,可那更多的是出于经验,而非理性,并不是很有意识地去关注诗歌的音律美这样一种"有意味的形式"。

方教授还指出，随着诗歌的发展，人们对节奏、韵律的运用更加自觉，在情感表现的功用方面更加突出，山水田园诗派追求冲淡隽永的情韵，多用五言体，表现出宁静状态的心境，显示优美的特色；边塞诗派诗风雄健奔放，多用七言歌行体，气势纵横激荡，句式长短灵活，节奏顿挫多变。联系所教的这两首诗，我豁然开朗：《饮酒》是五言体，它表现的正是一种悠然的心境；而《观沧海》虽不是七言歌行体，但它是一首四言古体诗，正如钟嵘在《诗品》里评论曹操时说："曹公古直。"所谓"古"，就是有古人之风，所谓"直"，就是立意刚劲，气魄雄豪。《观沧海》每句四字，节奏上体现出一种力度，这与表现曹操准备一统中国的豪情壮志非常契合。

假如有机会再上此文

如果下次再上这一课，我会安排这样一个环节：如果把五言的《饮酒》诗，每一句去掉一个不太重要的字，改成四言诗，将会是什么效果呢？

结庐人境，无车马喧。

问何能尔？心远地偏。

采菊东篱，遥见南山。

山气暮佳，飞鸟相还。

中有真意，欲辨忘言。

请同学们试着来读一读，相信大家一定会觉出它失去了原诗的韵味与意境。此外，大家也会发现四言诗的两字一顿和五言诗的二、三字交错，因节奏不一样，所表现的情感也不相同。如果能够这样处理教学，那么就能真正地从内容到形式对两首古诗进行欣赏、比较，从而更有效地达成教学目标。

【就什么说点什么】

　　曾看到这么一段话："谁能使一首五言绝句,具有《楚辞·天问》般的磅礴与翻腾? 谁能突发奇想,用元曲写出《商颂》、《大诰》的风格? 所以,形式不是工具,就文学作品来说,它是一切。文学,除了形式,还是形式。"

　　是的,文学脱离了形式便是死亡,一如围棋若无棋枰便不存在。形式,乃是文学美的根本要素。

　　语文教学中千万不能对形式或不屑一顾,或熟视无睹。

写作教学的反思与心得

让写作教学挺起腰板

喜欢这样的作文课

当老师在黑板上写下一个大大的"窗"字的时候，我们不知老师葫芦里卖的是什么药。老师说:看到这个字，你想到了什么? 思考一分钟，每人说一个，先小组交流，小组交流后，可以修正自己原先的想法，然后全班交流。

没有想到，几分钟后的全班交流，同学们竟然"打开"了各不相同的"窗":

我想到钱钟书的散文《窗》;

我想到澳大利亚作家泰格特的小说《窗》;

我想到日本作家黑柳彻子的《窗边的小豆豆》;

我想到开窗与关窗;

我想到了威尔逊的"破窗理论";

我想到了"何当共剪西窗烛"、"窗含西岭千秋雪"的诗句;

我想到爸爸经常看的《南风窗》杂志;

我想到了心灵之窗;

我和同桌想到的是文化之窗;

在刚才同学的启发下，我想到的是社会之窗;

还有历史之窗;

我想到的是国家之窗、世界之窗;

我想到了信息之窗
....

这时，老师说：大家的联想能力很丰富，有的想到了生活中有形的窗，有的想到了各种各样无形的窗。这就是今天的作文题——以"窗"为话题，写一篇不少 600 字的文章。这时，老师又在黑板上写下一句话："文题善，佳篇成一半。"写完这八个字后，老师又补充了一句：每位同学确定好题目后，先构思列好提纲，再落笔。

大家都很兴奋，等不及老师把话说完，就翻开了作文簿……

真喜欢这样的作文课。

常处于"弯腰"状态

但是今天，又有多少这样的作文指导课呢？很多时候，老师随意出一个题目，既无写前指导，又无写后讲评，作文教学处在自流状态。

对阅读教学而言，大部分教师会认真阅读文本、查阅相关资料、制定教学目标、精心设计教学，但面对作文教学，教师则更多凭着自身经验与个人好恶随意为之，今天想到审题重要，就进行审题训练；明天发现立意重要，就进行炼意训练；后天认为材料重要，又要求学生做好积累……就这样"朝秦暮楚"，很少去思考系统的训练要求与训练内容。还有些老师则根本就不重视作文教学，写作课可有可无，常被挪作他用。

总而言之，理应成为语文教学"半壁江山"的写作教学并未受到足够的重视，很长时间以来处于"弯腰"状态，要不是中高考语文试卷上作文分数所占的高比重，写作教学的地位可能还要岌岌可危，更谈不上教学的有效性。

处理好五大关系

要提高写作教学的有效性,需处理好五大方面的关系:

◎"异己性"和"主体性"的关系

写作是心灵的自由表达,但目前存在把写好作文当作升入高一级学校"敲门砖"的现象,作文中充斥着言不由衷的话语和随意编造的事实,这样的写作无疑是"异己性"的。今日的写作教学更应关注学生这一写作主体的写作素养的提高,培养学生良好的写作心理、写作习惯、写作能力,促进其写作心智的健康发展。

◎"读"与"写"的关系

综观当前全国各地的语文教材,均呈现以阅读为主体、写作为附庸的格局,这恐与近几十年来一直倡导的"阅读是写作的基础"这一观念大有干系。读多就能写好? 写好必靠多读? 其实,读与写之间存在着极其复杂的关系,如何让读与写的机会得到互生,让读与写的活动产生互动,让读与写的能力形成并进,需要我们不断地思考与实践。相信有一天,写作教学能真正立足于写作的本体特性而展开。

◎"知"与"行"的关系

正如在游泳中学会游泳一样,作文能力也是在不断的实践中得以提高的。即便某个学生掌握了所有的文章知识,如若不下水实践,这些知识对其而言就只是一堆无用之物。因此,作文教学要注重"操作规程"和"动作要领",以体现"作文法是一门行为科学"的特点。

◎"遵命"与"自由"的关系

语文教师大约都有这样的体会,很多学生写随笔时常常洋洋洒洒,下笔千言,但一到写"大作文"时就笔尖枯涩,最终硬挤出些干瘪文字来凑数。既然承认作文是个人创造性的精神产品,那何不遵从这一规律,多让学生写些他自己想写的"自由作文",而少一些"遵命作文"呢？如若非要布置"遵命作文"，也只可命题，不可命意。

◎"改"与"批"的关系

汉语多兼义型复合词，如大国小家为"国家"，活情死理为"情理"，公道私德为"道德"，那么"批改"一词呢？到底"多批少改"为好，还是"多改少批"为好？且看王森然《中学国文教学概要》中对"批法"的建议："善删不如善就，多改不如多批"；"总批不重要，当特注意于正误之眉批；当加力润饰其思想与词句，凡有佳思佳句，则分别加以黑色红色之双圈或密圈；学生错误之点，当随时批录，择其共同错误，于发文时提出，共指导之。"这些八十年前的话语，至今熠熠生辉。

借用鲁迅的话来说，当前的写作教学很多时候仍是在"暗胡同"中摸索，"并不怎么重视对写作规律的传授，而是靠模仿与试误去体会为文之奥旨。这恰恰是非教学的观念"（潘新和语）。写作教学不能再听之任之了，探寻规律是每位语文教育工作者的职责。

但愿在不久的将来，写作教学能挺起腰板，扬眉吐气。

【就什么说点什么】

其实，就连我们今天使用的语文教材，也很少有写作方面的指导。

看看《德语·思索》①主体课本中关于"从自己的故事中寻找素材"的一段文字吧：

我回忆……

对那个世纪的回忆：回忆遇见、场景、声音、气味和恐惧，回忆世纪的图像拼接在一起所带来的欢乐。

我回忆父亲工作室里松节油的香味。

---

① 江苏母语课程教材研究所编著：《当代外国语文课程教材评介》，江苏教育出版社 2004 年版。

我回忆我的第一台显微镜。小小的,相当旧了,是铜质的。还是亨利西叔叔送给我的礼物。我把它放在自己的床旁边。夜里经常把灯打开,看它还在不在那儿。

我回忆有轨电车售票员海音利西。回忆他右手食指上的橡皮套,套上还有扣结儿。每次她从票叠上撕下票子,然后打洞。

我回忆露天游泳池,回忆那位老是板着脸的泳池管家的管束。即使冬天到我家地下室抄煤气表,也不摆下那副权威架子,这是我亲眼看见的。

我回忆这个游泳池里的气味:一种由水味、海藻味、焦油防腐剂味和人味构成的混合性气体。

我回忆牧羊人和他的大羊群。每次羊群从我们家门前走过,父亲和我总要出去拣羊粪,以便给我们家院子施肥。

我回忆那个葡萄干小面包,这是学校为了庆祝元首的生日而发的。

我回忆当前对炸弹的恐惧。

我回忆在地上捡高射炮弹片。回忆被打下的轰炸机的有机玻璃碎片。这种普勒克希玻璃燃烧时发出一种黄色的火焰,还散发出一种香气呢。

这段文字把我们内心深处对童年的记忆慢慢地唤醒了。正如文中所写,这里有"遇见"、有"场景"、有"声音"、有"气味",有"恐惧",作者从八九个不同的角度寻找生活中属于自己的素材。这素材不是胡编乱造的,不是游离主题的,都紧扣童年生活。教材在呈现这个写作材料后,对学生提出的写作任务是:"采用该文的写作模式,勾勒您对童年的回忆。尽可能将当时历史事件反映出来。为此可参考有关历史书。"

不想再多说什么了。

追求有温度的写作

令我大跌眼镜的话语

那一年,女儿就读小学四年级。我带她去上海美术馆参观两年一度的世界艺术双年展。展会上有日本艺术家小野洋子的一件互动装置作品。那是一棵树,参观者可以在提供的小纸片上写下自己的心愿后把它挂到树上去。树上已经挂了不少写着祝福的纸片,我就叫女儿也写一张。她蹦蹦跳跳地跑过去看了一下,跑回来跟我说:"妈妈,他们都写得不怎么样。"这鬼丫头会有什么高招呢?我满心期待着。两分钟后,她踮着脚尖把自己写好的纸片挂了上去,得意地拉去我欣赏。我走近一看,纸片上竟然写着:"祝愿我们伟大的祖国欣欣向荣,繁荣昌盛。"我大跌眼镜,实在想不明白:怎么一个刚读四年级的孩子一写东西就是这样的作文腔呢,这是她此时此刻心中的真实想法吗?我再看看原先挂着的那些纸片,有写"愿我的朋友身体健康! 永远漂亮!"的,有写"远在海南岛的你,你还好吗?"的,有写"希望和你一起分享我寻找到工作的快乐"的,但这些充满真情的话语,在这个小小的人儿看来竟是"不怎么样"的。

几天后,她从学校回来喜滋滋地告诉我,她的一篇《秋姑娘,我想对你说》的作文在前两周全校的作文比赛中得了一等奖。我兴冲冲地读起她的文章,前面几段倒是挺富于孩子的想象,什么"秋天厚厚的草毯盖在地上"之类的,但最后一段,一下就把主题拔高了,所写的就是那天挂在树上的那句话。她不无自豪地说:"老师说我最后一段写得最好!"我什么都没说,因为我真的不知道,对这么一个脸上写满了稚气的孩子说什么好。

法国思想家福柯说过,现成的话语有一种力量,障蔽着我们创造性的思维,它有一种权力的性质,让你在无意识里受它的统治。而有些教师是舍得给这样的文章打上一个高分的。

"三有"与"三无"

一年一度的上海市中学生作文竞赛又拉开帷幕了,浏览同学们上传到网上的初赛作文,这里不乏优秀之作,但大部分可打上"三有"与"三无"的标记。

"三有":

有文采——语言精美、辞藻华丽、文采飞扬;

有学识——善用名言典故、善化古典诗词;

有哲理——小小年纪,却是一副哲人面孔。

"三无":

无生活——躲在书斋,随意编造,没有生活的质感和生命的厚重感;

无真情——虚情假意、无病呻吟,为赋新词强说愁;

无思想——虚无浅薄、空乏轻飘,只用华美去包装肤浅。

一言以蔽之,"看上去很美"的作文其实是冰冷的,缺少温度的。

曾经跟同事开玩笑说,如果有一千名学生写登长城,大概至少会有三分之一的学生写登上长城后的感受是"这是中国古代劳动人民勤劳和智慧的结晶",另至少有三分之一的学生的感受是"不到长城非好汉",若还有三分之一的学生能抒发自己内心真实的感受,已经是我们语文教师的万幸了。一味地用话语套子来写作,这样的作文怎么可能有温度？凌空蹈虚、宏大叙事、道德完美，都不是中学生作文所要追求的。

心灵苏醒的写作

前些年，上海语文中考作文题是"我们的名字叫＿＿＿＿＿"，对这样具有较大发挥空间的半命题作文，有些学生就没有行使好自身的一半命题权。有位学生写成的文章竟然是"我们的名字叫四害"，他完全站在和人类对立的立场上，去为苍蝇、蟑螂、蚊子、臭虫大唱赞歌。连立意都发生严重错误的文章，又谈何温度？

曾读到这样一篇博文："我明白，写作之于我，是一种步伐：迈向或隔离思想深处的箭镞，锁住或揭开时光流转的钥匙，启动或解构自我意识的密码，救赎或摧毁精神家园的内功。写作是向上的跋涉，向内的开掘，将我破碎在时针与秒针的滴答声中，沦陷于过去与未来的断层深处。"是啊，写作必须要有生命的投入，每一篇文章的后面都要有人，这是一定的，这是任何时候都不能动摇的。有温度的写作，一定是心灵苏醒的写作。

沈从文在湘西土地上成长，他的文章奇伟瑰丽，充满了乡土气息，有一股与两千年前的屈原气脉相承的东西。王小波在《一只特立独行的猪》中，借那头猪公然与规范作对，与领导唱对台戏。那是在文革那样一个特定的年代里，年轻人梦想突破生活压抑的一种寄托，那头猪称得上是作者和其他年轻人理想的化身。刘亮程写下《对一朵花微笑》，题目就显示了作家不俗的眼光与才情，体现出作家对生命的审视与思考，精神的挣扎与超越。虽然这些都是文学创作，但中学生作文何尝不要追求这样的温度？

亲近生活的写作

有温度的写作，一定是亲近生活的写作。离开了生活的"书斋写作"，是不可能有温度的，远离生活现场的"抽象写作""观念写作"，也只会把世界简单化、概念化。当我们亲近了生活，体验了生活，生活中的小人物、小事件、小场景乃至一个瞬间都可以让文章鲜活起来。比如，一个蹲在花下用小手接着叶片上一滴露珠的小女孩；一个在那晚去花市买回葡萄藤，是为了不让邻家小女孩的希望破灭的小小举动；一个弹着吉他唱着自己谱写的曲子为妈妈过生日的场景……都能让人感受到这样的学生是在拥抱生活。他们表现生活中的真善美，从而更好地认识世界，认识自我。反之，如果只是一味地编造生活，那样的文章只会像风干的语言碎片，是不可能有温度的。

教师要鼓励学生多角度地观察生活，发现生活中的丰富多彩，穷追物理，探幽显微，从表面看本质，由结果溯原因，在一草一木中寄寓人情和事理，要让学生不断地感受到写作不是生活的点缀，而是生活的必需，甚至是自己成长中不可缺少的一部分。

感情真实的写作

有温度的写作，一定是感情真实的写作。"修辞立其诚"是文学的要诀，好文章一定是内心的真实流露，存于中然后形于外。好文章不是挤出来，而是流出来的；好文章不讲究词藻的华丽，而是清新自然；好文章要的不是矫揉造作，而是至性深情。情感与思想，乃作文之"根"。

作文之情感，可含蓄蕴藉，可热烈磅礴，可荡气回肠，可伉爽真率,但不管如何,必须情深、情切、情真。淡笔可以写浓情,《背影》之所以成为经典,就在于它的真情实感、大味至淡。汪曾祺的散文,语言再朴白不过,感情却极其丰厚、浓挚。青年学者谢有顺说:"多少人写散文,事是真的,可情却抒发得太飘,太张扬,结果,人物也变得虚幻而摇晃起来。"此话不仅仅适用于散文。

自由、真实,应是中学生作文的核心价值。在写作过程中,学生应该是"存在"的、是自信的、有激情的、有灵性的、有想象力、有判断力,自信而真诚的。面对老师布置的题目,他会面带微笑作文,饶有兴致作文,敞开心扉作文。他用最具个性化的语言把想法表述出来,或许身在其中,或许置之度外,但一定是用自己的声音在讲话,这样写出的文章才可能有温度。

"题为心裁"与"文为心语"

笔者曾为某所高中的作文竞赛命一材料作文题,要求学生阅读材料,自选角度,写一篇不少于 700 字的议论文。最先选择材料如下:

近日,卢湾区长乐霍尔姆斯职业学校的 80 余位学生接受了一场特殊的考试——从位于鲁班路的学校步行至佘山地铁站,徒步跋涉 3 万米,全程历时 8—10 小时,挑战自我极限。有的学生脚上起了好几个水泡仍坚持走完全程,有的学生相互搀扶,实在走不动时就放声大唱《倔强》《歌唱祖国》等励志歌。一位女生历经近 9 小时走到终点,拿到纪念证书时,激动得流下了热泪。该校校长说,不少学生经历过中考的挫折,进校后就打算破罐子破摔,混个大专文凭,在意志力、自信心、责任感方面有所缺失,因此才会组织这样的活动。

但很快，这材料就被笔者给"毙"了。因为它有低幼化倾向，与高中生的心智发展水平不相称。相信学生只要一看材料，立马就会提炼出要"磨炼意志"，"重拾信心"，"按照目标坚定不移走下去"诸如此类的观点，这就无法激活他们写作的兴趣。对材料作文来说，立意是最具有创造性的，给材料虽是为了限制，但限制绝不是目的，目的是为了更好地激活。如果题目激活不了学生一吐为快的欲望，又怎么期待他们的文章有温度？

于是，笔者又选了第二则材料：

> 日前，发明光纤的高锟与美国两位科学家一起获得2009年诺贝尔物理学奖。一时间，这位年过七旬的华裔科学家成为全球关注的焦点。其实，高锟教授在数十年科研和教学生涯中，把获奖看得十分平淡。20世纪60年代，他发表了划时代的论文《光频率介质纤维表面波导》，开创性地提出利用带有包层材料的石英玻璃光学纤维（光纤）通信，对人类生活、文明贡献巨大。但40年间，诺奖并没有"眷顾"他。他曾表示，一个人有这样好的运气，能做一件前所未有的事情，而且影响非常大，感觉很满足，拿不拿奖没有什么意思。

但很快，这一材料也被自我否定了。因为这样的材料与热点问题挂钩太紧，容易使学生在写作时陷入主流话语的迷津，导致写出来的文章千人一面，众口一词。

之后，笔者又选择了如下材料：

> "栀子花、白兰花要伐？"渐起的秋风里，市中心一些商业街上缓缓走着卖花人，大多是衣着朴素、头发花白的老太太，手捧一只竹篮，竹篮里铺着湿毛巾，湿毛巾上摆着幽幽飘香的花朵。但最近几个月，卖花婆婆们总会遇到城管队员，劝她们快点离

开,因为在世博会筹备和举办期间,像南京路、淮海路这样的"严禁区",明确规定要坚决杜绝乱设摊、流浪乞讨等行为。城管执法人员说,"从性质上讲,沿街卖花属于乱设摊,应该整治"。但不少市民表示不满。社会学家顾晓鸣教授认为,城市是一个"活的有机体",这些卖花阿婆正是其中活跃的细胞。

这样的材料,既有对现实的关照,又和现实之间形成了"时差",大大地激发了学生的写作兴趣。有位学生这样写道:

在日渐增多的高楼大厦间,飞鸟似乎灭绝了踪迹,冷落了天空;大地上只是充满行色匆忙一脸麻木的人们,那些被人们称之为所谓的惊魂,却已不知在何处黯然神伤。我们的城市好似被钢筋水泥完全填满,总有人要将那些和它好似不相符的风景硬生生赶走。人是这个社会和谐的本源,一味地将问题隐藏,只是逃避的做法,他们把病态的现实拉在身后喜迎辉煌与瞩目,却不知已把城市和鲜活的生命分离。

只有"题为心裁",才可能有"文为心语"。命题的好坏从很大程度上决定了学生的作文是否会有温度,好的命题是可以"激情"的。

写作教学应回归到"人"

写作不是纯粹的技巧,它是生命的自由表达,依赖于对生命的沉思和自我个体的融入。写作教学应回归到"人",教师要充分关注学生这一写作主体。一方面,要鼓励学生内外兼修,既要提高自身综合素质,博览群书,去粗取精,去伪存真,钩沉致远,又要善于在生活中捕捉素材。另一方面,要在日常的阅读教学中注重读写结合。只有通过阅读，才能在头脑中建立范式，完成模仿写作的必要过程。同时，阅读还是一种接触和积累生活（文化形态的生活）的重要形式。阅读是吸收，写作是表达；阅读由外而内，写作由内而外；阅读是语言的"习得"过程，写作是语言的运用过程，两者互相结合，才能使作文教学更有成效。

更重要的是，教师还一定要通过各种方式把写作的时空还给学生，要尽力消除学生写作的心理障碍，想方设法激发学生写作的兴趣，这样，才会提升学生作文的温度。教师要尽可能让学生学会做"梦"，因为有了"梦"，就会有诗意，就会对生活现象变得敏锐，就会有言说的欲望、写作的内驱力，就会用属于自己的独有声音抒写内心。

【就什么说点什么】

由于研究的角度不同，人们对作文本质的理解与认识不尽相同，作文教学的方法当然也各异。

有人认为"写"是运用书面语言表达出自己内在的思想情感，因为"写"和"说"一样都是表达过程，所以"以说促写"是写作训练的好方法，作文就是要"我手写我口"。叶圣陶先生曾指出，作文就是拿着笔说话，写文章就是想心思，语体文的最高境界就是文章同说话一样。列宁也有类似的看法，"怎么想就怎么说，怎么说就怎么写"。但是，在实际操作过程中，人们却因为对口头语言与书面语言两者相互作用的理解不够正确深入，因此这种训练方法的背后隐藏着不少问题。

也有人认为写作是思维活动，是学生运用语言文字反映客观事物，表达思想情感的高级思维活动。因为思维活动是复杂的，受到诸多因素的影响，作文教学之所以困难，就在于有太多因素在制约着，于是他们把这些因素分解，然后从文体、写作知识、文章结构等各方面进行分项训练。但是这些基本能力之间相互交叉，很多时候分项训练也达不到预期效果。

从作文教学的基本立场出发，有人强调其精神价值，提出"作文即做人"，也有人持反对意见，强调作文的工具价值；从作文的命题出发，有人赞同命题作文、材料作文、命域作文，也有人赞同私人化写作、自由作文；从作文的课型出发，有人喜欢分步指导，层层落实，有人喜欢创设情境，激发灵感；从作文的批改出发，有人强调每一篇精批细改，有人强调让学生自行批改……每一种做法都各有利弊与短长，至少到目前为止，没有绝对优异的方法。

　　我们可把各种好的做法交互为用，当然要有侧重，前提是必须考虑学生这一写作主体的实际需求，激发学生展开有温度的写作，至于那些繁琐的文章学、文体学的静态知识，大可不必多花时间。

语言，文章的肌肤与表情

语言如牌中"百搭"

痛苦是无人理解的悲哀，我无助地面对人生的挫折；痛苦是心灵最深的折磨，我无法用语言来诉说；痛苦是黑暗中的摸索，我前进的途中满是坎坷。但我知道，心灵是一方广袤的天空，可以包容人世间的一切；是一片宁静的湖水，可以照映出思想与灵魂；是一片皑皑的雪原，可以折射出一个五彩缤纷的世界……

朋友是人生路上的伙伴，我们曾经一起向理想冲刺，一起为理想努力。就算什么也没有，在一片孤寂中，有理想，就有目标，就有世界。为着自己的理想冲刺，是最美好的事情了。理想是我生命的支点，我愿意为它忙碌，追求我生命的意义。

如此这般的语言，在学生的作文中俯拾皆是。学生甲的文中有类似的语言，学生乙的文中也有；学生丙的记叙性文章中有，学生丁的议论性文章中也有，总而言之，这样的语言一如扑克牌中的"百搭"。

当读到李敖"五百年来，中国白话文的前三名是李敖、李敖、李敖"的时候，其狂放不羁的性格就在我们面前展露无疑。当读到"星空，非常希腊"这样的语句时，即使我们不知道这是谁写的，也能感受到其作品的灵秀与空莹。语言之于文章，正如肌肤与表情之于人。

不同的人有不同的肌肤与表情，不同的文章也应有不同的语言，可事实不争，目前中学生作文的语言很多是像从一个模子里刻出来的。写作中不需要这样的"百事同调"。

想起王朔文章中的一段话来：

> 我一看这些词就晕，就麻蝇，就像碰到了腻友，就料到这本书是什么人写的，大概要讲什么：优雅、档次、格调、情结、关怀、巨大、精神、理想、信仰、终极、高贵、贵族、父亲、神圣、清澈、呼唤、难忘、纯粹、追寻、坚守、虚伪、沉默、价值、无比、光荣、自由、民主、民族、奴隶、体制、未来、历史、人文、个体、生命、存在、诞生、诗意、想象、家园、故乡、感谢、献出、爱、热爱、痛苦、幽默、智慧、博学、阅读、文本、尖锐、拒绝、强烈、震撼、穿透力……①

我并不喜欢王朔的"痞子气"，但对这段话语却极为认同。撇开中学生作文立意、选材、结构等方面的因素，单就语言来看，在句式、体式等方面均存在着问题。

句式的单调

上述所举第一段话语，比喻与排比的运用可谓驾轻就熟，但是句式的单调也显而易见。其实，好文章都是不怎么板正的，常常是繁简结合，浓淡相宜，疏密有致，快慢相间，整散统一。

> 泼墨人物画第一需要的是画家的主观心理状态，必须有跃马揽辔、奔逸天岸的豪纵之情；必须有万象毕呈、造化在手的移

---

①　王朔：《我讨厌的词》，《随笔集》，云南人民出版社2003年版。

山心力;必须有饥鹰渴骥、掣电奔雷的箭发之势。当此之时,解衣盘礴,目空今古,放笔即来笔底,状物如在目前。纵笔处如飞瀑之悬匡庐,收笔处如鸿声之断衡浦。闳肆至极,不失矩度;姿情欲狂,将归内敛。这还不是泼墨画最难处,泼墨人物更难在这瞬息间,画家还必须与所表现的人物心许而情侔,神遇而迹化,这是何等高妙的境界! 泼墨人物画与猥琐、迟疑、怯懦、审慎诸情状无缘。[①]

这是学者型画家范曾先生文中的一段话,它美妙而雄辩,发而为文,大开大阖,行云流水,充分体现了一个艺术家的底气、禀赋与识见。

范曾先生是极擅长写排比的,但他并不一味地使用整句,而是把握了语句的节奏,该快时决不慢,该慢时决不赶;把握了笔墨的分配,该着墨时决不俭省,该精当时决不奢侈文字。他极尽遣词造句之能事,把在常人写来极平常的句子调理得有声有色,变化多端。

句式的散整松紧和长短要灵活、得体,以简洁、明快为原则。整句形式整齐、声音和谐、气势贯通、意义鲜明,因此适于表达丰富的感情、深刻的感受。散句的结构则灵活多样,其表达虽不像整句那么集中,但散而有序,丰富多彩,故能避免单调、呆板,收到生动活泼的效果,所以,很多作家都是以散为主而整散搭配着运用语言。这对中学生作文语言的运用应是一种很好的启迪。

多余的修饰

文首所引第一段的每一句都有定语和状语,"无人理解的""最深

---

① 范曾:《范曾散文三十三篇》跋,河北教育出版社 2001 年版。

的""黑暗中的""前进的""无助地""无法"等等,这些修饰语似乎增强了情感,但却令人觉得累赘。

写作是把自己的思想转化成文字,因而文字就该对自己的思想负责。如果修饰能更好地表达思想,那么我们欢迎修饰,如果修饰仅仅是为了修饰,那么我们拒绝修饰。其实,好的语言不是通过修饰语来表现的,而恰恰是把思想隐藏在文字里面,用最简单的话语,道出这个世界最本质的东西,让读者自己去想象、去体悟,去品出弦外之音。

"举头望明月,低头思故乡""前不见古人,后不见来者""先天下之忧而忧,后天下之乐而乐",这些句子再简单不过,但是其中所蕴含的深意,不是一两句话就能说清的。当宇宙本体、存在之道、精神本源这些最本质的东西能通过简单、恒常的词语来表达时,会与更多人的内心相呼应。因为单纯的背后就是丰富,简明的背后就是本质。且看下面这一段话语:

> 去年冬天父亲也故去了。此前他在北京治了一年半的病,又吃到了家里自种的丝瓜。父亲是生意很重的人,前不久我收拾抽屉,发现一个包得严实的纸包,上面有他工工整整写的"丝瓜籽"三个字。这是去年秋天收集的,是他为今年留的种子。①

如果学生不清楚这是作家止庵所写,就来给这样的文章打分、写评语的话,他们对分数一定很吝啬,也多半会给出"语言平淡如白开水"之类的评语。其实,这样的文字正通过"淡"而把陶渊明式的旷达之感伤流溢出来,去网住"人世间那一点微末而深重的情分"。止庵的文字简约而纯粹,决不夸张与煽情。说来有意思,这原是他《如面谈》中《豆棚瓜架》一篇的结尾,但后来还是觉得"巧得紧",所以干脆

---

① 止庵:《豆棚瓜架》,《如面谈》,安徽教育出版社2007年版。

删掉了。浓酽的语言也能造就好文章，我们不反对中学生作文的语言丰富而华美，但我们也希望他们能做一些这样的减法。

缺失的关联

曾欣赏过艺术巨匠赵无极先生的一些画作，其画面色彩常是变幻无常，浮动于若隐若无的空间，最难表现的诸如风、梦境、虚无，都在他的画作上得到酣畅淋漓的表现，那令人心惊的红、晕眩的黑，还有那比西藏的天空更深更透明的蓝，都表现着他的艺术创作理念。原本以为是他对色彩的感觉特别精准，但是在他自己看来，真正表达内心情感的不是某一种颜色，而是颜色与颜色间的相互关系，它们交互、穿叉、拼叠和浸渍，才产生了令人惊心动魄的意外的奇妙。

这让我想起汪曾祺先生的文章：

> 金先生的样子有点怪。他常年戴着一顶呢帽，进教室也不脱下。每一学年开始，给新的一班学生上课，他的第一句话总是：“我的眼睛有毛病，不能摘帽子，并不是对你们不尊重，请原谅。”他的眼睛有什么病，我不知道，只知道怕阳光。因此他的呢帽的前檐压得比较低，脑袋总是微微地仰着。他后来配了一副眼镜，这副眼镜一只的镜片是白的，一只是黑的。这就更怪了。①

这段描写金岳霖先生的话语，拆分开来，每一句都是平常不过，但放在一起，味道就出来了，金先生这一人物已从纸面呼之欲出。这正应了汪老先生自己的话：“每句话都是警句，那是会叫人受不了的。

---

① 汪曾祺：《金岳霖先生》，载《读书》1987 年第 5 期。

语言不是一句一句写出来，'加'在一起的。语言不能像盖房子一样，一块砖一块砖，垒起来。那样就会成为'堆砌'。语言的美不在一句一句的话，而在话与话之间的关系。"

但看现在中学生作文的语言，如上述第二段关于"理想"的那段话，且不说四个句子间缺少内在的逻辑联系，就是其中某一句，前后也缺少关联，"有理想，就有目标，就有世界"，这"理想""目标""世界"之间到底是什么关系呢，反正读者是不清楚的，其实作者也未必清楚，这段话颠来倒去就是在说一个意思，即要为理想而努力，至于一会"朋友"，一会"我"的，恐怕作者自己都弄糊涂了。

虚无的体式

近几年，中高考作文题的要求中多有"文体不限"一句，这确实提供了自主选择文体的空间，给学生们带来了福音，大家可以根据自己所擅长的文体来写作，但很多学生却在"文体不限"与"不要文体"之间错误地画上了等号，以至出现了不少"四不像"的文章。其实，文章一旦脱离了文体，是无法得其要领的。

人们在阅读不同文体的文章时，会有不同的阅读期待。读记叙性文章，是希望从中了解事情的来龙去脉和人物的情感；读议论性文章，是想从中知晓作者的观点和看法；读说明性文章，则是期待从中获得某种信息或掌握某种知识。目前的 PISA（国际学生测试项目）阅读测评就把所有测评的文章分为四大类：为个人目的而使用，为公共目的而使用，为职业目的而使用，为教育目的而使用。其实，写作也未尝不是如此。即使同为文学类作品，小说、诗歌、散文相互之间的差异也很大，这种差异很大部分反映在语言的差异上。

比如，同样是关于"读书"这一题材，记叙类、议论类、描写类、说明类等文章，语言都应有自己的特点。

我的外祖父平时特别笨拙,还得我母亲给他戴手套,可他摆弄这些文物书籍时他的手却像主祭那样敏捷娴熟。我曾千百次地看到他漫不经心地起来,绕他的桌子转一圈儿,一两步就穿过了屋子,准确地抽出一本书,用不着选择,一边翻着书,一边回到他的坐椅上去,刚一坐下,就用拇指与食指联合动作一下子翻到需要的页码,并让纸张发出一种皮鞋般的响声。有时,我走近这些盒子,它们像牡蛎一样打开着,我发现里面裸露的肌体,灰白发霉的叶片,有些肿胀,覆盖着黑色的脉络,吸着墨汁,散发着菌味。①

这段的话语,虽是翻译之文,但我们仍可以读到作者对外祖父读书情状的入木三分的描写:"用拇指与食指联合动作",对翻书动作的刻画精确至极,"牡蛎"的比喻恐是前无古人,"裸露的肌体,灰白发霉的叶片,有些肿胀,覆盖着黑色的脉络,吸着墨汁,散发着菌味",这些描写则把"文物书籍"的特点体现得淋漓尽致。

而培根著名的《论读书》中的话语,"读史使人明智,读诗使人灵秀,数学使人周密,科学使人深刻,伦理学使人庄重,逻辑修辞之学使人善辩:凡有所学,皆成性格",就完全是议论的语句,说理严密,有着很强的逻辑性。若是记叙、说明,则又有其他的语言表述方式,莫提默·J.艾德勒的《如何阅读一本书》中百分之九十以上的文字全是纯粹的说明,准确而干净。

文体是一种形式,而内容和形式密不可分,某种形式期待着某种与之相适应的内容,某种内容也必然表现为某种特定的形式。然而,中学生作文的语言很多时候不"合体",文体意识的缺失使语言失去了文章应有的个性。

---

① 萨特:《读书》,《阅读的欣悦》,中国人民大学出版社 2004 年版。

低落的情绪

我们常常看到中学生的作文多小家子气,当然也不乏大气之作,像 2008 年上海高考作文《他们》,有一篇文章的结尾是这样的:

> 望着他们之前的我们,仿佛是《逍遥游》中的蜩与学鸠,盘桓在梧桐树那三丈的天地里,如井底之蛙般志得意满。在我们把视线转向他们之后,当我们深入到他们的世界之中,刹那间天地开阔。鹏鸟之逍遥,尚有待于六月之息的助推。我们好比那羽翼渐丰却停于陆上的大鹏,他们便是那六月之息。唯有那股思想之大风呼啸而来,我们才能扶摇直上九万里,直抵达他们那建筑于天际的精神圣殿,成为他们之中的一员。

从上述语言中,我们可以感受到这是一个具有文化底蕴,长于理性思考的学生。一个人的笔墨从何而来? 来自于他的胸襟和视野。人生决定态度,视界决定境界。胸襟小,笔墨里的气象就小;视界低俗,文字的境界也不可能高迈。一个人如果没有对人生的体悟,没有对世界的思索,他的语言必定是寡淡的。

而语言的寡淡与否与人写作时的精神状态有极大的关系。韩愈说:"气,水也;言,浮物也;水大而物之浮者大小毕浮。气之与言犹是也,气盛则言之短长与声之高下者皆宜。"后人把他的理论概括成"气盛言宜"四字。确实,一个人精神状态好的时候往往会才华横溢,妙语如珠;倦疲的时候往往词不达意。中学生常常为写作文而苦恼,那"分娩"的过程痛苦不堪。这样的写作状态,又何求能写出令人满意的文章? 这时的文章,不是自然流溢出来,而是硬着挤出来的,所以语言要么是生涩,要么是拼凑,甚至是惨不忍睹。

【就什么说点什么】

曾有青年教师和我聊起罗兰·巴特《写作的零度》,认为今天学生的写作也应该强调是语言在写作,而不是作者在写作。

不错,在巴特看来,语言的写作是随意的,作者仅仅是语言与文本之间的一个交叉点,在这个点上,语言任意地滑动、停留、衔接、消失,引语、模仿、重复构成文本的多维空间。[①] 巴特在后来的《作者之死》中,更是宣布了作者的死亡。由此,巴特彻底走向了"消解"的后结构主义。

作为一种影响深远的流派,我们承认巴特的意义。像普鲁斯特创作小说,就从来不让叙述者混同为作者。超现实主义的写作更是打破了传统的作者形象,写作被认为是语言的事情。

我们无意于否认这些,但我们不能抓住一点,盲目套用。笔者始终在强调语言之于文本的重要性,但要提醒的是,对绝大部分学生的写作而言,不是超现实主义的。巴特等人的观点,凸现了主体的不可参与性,与今天新课程提倡的主体参与是格格不入的。

总之,语言运用只是写好文章的一个环节,但是语言的好坏与否,却会影响到整篇文章的面目,因为语言是文章的肌肤与表情,是最直接让人看清楚的。所以,中学生首先要训练自己的"语感",要辨别得出什么语言是"好"的,什么是"不好"的;其次是积淀,只有量的积累,才会有质的蜕变。"语言不能像橘子皮一样,可以剥下来,扔掉,语言是一种文化积淀"。[②] 此外,要善待语言,运用时不要用力过猛,一大堆的大话套话,就像化了舞台妆的美女,在现实生活中是很少有人会喜欢的,只有一切合宜,才会有博雅之作、合体之文。

---

① 刘象愚:《后现代主义文论:从结构主义到后结构主义》,《从现代主义到后现代主义》,高等教育出版社 2002 年版。
② 汪曾祺文,李瑞山编撰:《文学语言漫谈》,《语文素养高级读本》,高等教育出版社 2006 年版。

PISA 测评的借鉴与启示

国际坐标中的上海教育

新一轮 PISA 拉开帷幕

2012 年 4 月 13 日上午八点半,"国际学生评估项目"(Programme for International Student Assessment,简称 PISA)拉开了帷幕。上午为笔试,下午为机考。机考结束后,陆续走出考场的学生们脸上挂着笑容。大家交头接耳,饶有兴致地议论着。笔者随机采访了四位 15 岁的中学生。

笔者: 你们觉得试题难不难?

学生甲: 不难,尽管试题本有厚度,但做得很顺当。

学生乙: 挺简单的,除个别题目之外,大部分题目做对的把握很大。

学生丙: 比我们平时的中考模拟题要简单。

学生丁: 各种各样的题目都有,类型很丰富。

笔者: 这些题目和你们平时做的题目相比,有什么不同吗?

学生乙: 大不同。题目很活,也很有意思。还有机考题,特有意思,就像和同伴玩游戏,或是给朋友发邮件。这样的题目不像平时的某些试题面目可憎。

学生丙: 没有需要死记硬背的题,全部是解决实际问题的。

学生甲: 很多偏重于分析、判断、推理,似乎都是考查综合性的能力。

学生丁：原本以为被抽来考试，很不幸。但其实，做题的过程很享受，因为题目本身能带给我们许多生活的常识和思考的乐趣。

笔者：考试前有过相关的复习吗？

学生丙：没有。

学生乙：我们老师也不知道要考什么。

学生甲：这样的考试根本就用不着复习。

学生丁：问卷也很有意思的，和平时的问卷有很大不同。总之，参加这样的考试，很轻松，也很开心。

掀起 PISA 的盖头来

PISA 是经济合作与发展组织（OECD）发起的学生能力国际比较研究，测评即将完成义务教育时，学生在多大程度上掌握了全面参与社会所需要的终身学习能力，聚焦在 15 岁学生的阅读素养、数学素养和科学素养上，当然也包括问题解决素养、财经素养等。

素养指的是学生在主要学科领域应用知识和技能的能力，以及在不同情境中提出、解决和解释问题时有效地分析、推理和交流的能力。PISA 还通过问卷调查收集学生个人、家庭和学校背景信息，分析影响教育质量的因素，为学校教育系统的改进提供政策建议。

上海学生今年是第二次参加该项测试。在 PISA2009 和 PISA2012 中，上海取得了全球 65 个参赛国家中的第一名。一贯被西方人看作只会死读书的中国学生，居然能在一次国际性的素养测试中拔得头筹，怎能不让全世界感到震惊？人们不禁要问：上海学生在 PISA 中表现优秀，最主要的原因是什么？上海学生在 PISA 中成绩突出，是哪些因素起了作用？上海学生在 PISA 中表现出色，是否会掩盖上海教育的某些深层危机？PISA 对我们的测评有哪些启示？

上海学生基础知识和基本能力扎实

上海开展课程改革已有二十多年,无论是一期课改和二期课改,都未放弃过对学生基础知识和基本能力的培养,尤其是二期课改重视对学生问题解决能力的培养。语文阅读非常重视听说读写能力的培养,考查的是识记、理解、分析、综合、鉴赏、评价能力。这与PISA阅读素养中理解、应用、反思书面材料的能力有着紧密联系。在数学、科学素养的培养中,近一二十年来注重学生学习潜能的开发,重视实验教学,培养动手能力。除基础型课程外,还开设了拓展型课程、研究型课程,力图全方位提升学生的素养。所有学校都没有进行过专门针对PISA的辅导和训练。

综合因素,促成了上海学生的突出表现

其一,大环境的因素。教育不是孤立的,不是在真空中的,而是和整个社会、地区的经济、文化乃至政治相联系。上海这些年来在经济快速发展的同时,提出了"科教兴市"战略,提出了建设"一流城市、一流教育"的发展目标。上海教育一直坚持高标准、高质量,始终追求一流。教育界人士思想比较活跃,善于吸取国外先进的教育理念,并想方设法使理念落地。

其二,教改的因素。20世纪90年代中后期,上海滚动实施了二期课改。课改以"学生发展为本"的理念为指导,确定了发展学生的"三种学力"。课程内容结构严谨,系统性、逻辑性强;以课堂教学为主阵地、主渠道,形成了宝贵的课堂教学经验;各校不断提高课程领导力和执行力;不少学校实行了小班化教学;教育部给了上海自主招生的政策，上海形成了自己的考试制度和选拔人才的标准。目前推出的"绿色指标"，更是在建立全面质量观。

其三，教师的因素。近些年，上海对教师职后培训的力度很大，由 90 年代的重在学历提升，转为素质的提升，率先在全国推行"研训一体化"策略。暑期教师全员培训、名校长名师培养工程、郊县培训者培训、"240、540 培训"（指五年内该修满的学分；目前改为"360 培训"）等，都从不同层面提升了教师的专业化水平。教师总体素质较好。虽然工作节奏较快，但绝大部分教师都有良好的敬业精神，各学科教研组都有浓厚的教研氛围，校本研修实实在在，卓有成效。

其四，家长的因素。上海很多家庭对子女的教育期望较高。独生子女政策实行 30 年，每个家庭对孩子的未来都寄予厚望，很多父母把孩子视为自身价值的延续，将孩子作为自己生活的全部和人生的希望，因此舍得进行教育投资。同时，家长也关注孩子在校的学习状况，家校互动情况良好。

上海教育不必妄自菲薄，也不可盲目乐观

中西方教育各有短长。从教学内容看，西方更重视创造力的培养，包括训练学生的体能、冒险精神、生存能力等，我们更注重基础知识和基本技能。近些年，我们对创新精神和实践能力培养的关注度越来越高，也非常注重问题解决能力的培养。从教学手段、氛围看，西方更加自然灵活，形式主义的东西较少，强制规范和统一要求较少，整体氛围较轻松，而我们相对严肃、规范。我们的学生更努力，更听话，胆子相对较小，西方的孩子兴趣广泛，但也常常注意力不集中。

和欧美国家相比，我们常常妄自菲薄，其实我们的教育有很多自身的特点和优势。国外对中国教育的了解可能还停留在过去，其实

上海随着改革开放,走出去,请进来,通过媒体、网络,上海学生接受的知识越来越多,知识面、应用能力都有提高,越来越与世界接轨,上海教育具有整体优势。因此,我们不必妄自菲薄,但也不能盲目乐观。比如,通过 PISA 问卷结果,我们了解到相当比例的学生对学习表现出焦虑,内部动机还不高,对学校的归属感还不强。此外,还有一些数据,表明了我们的不足。

上海学生在访问与检索分量表上的平均成绩低于上海阅读总成绩

上海学生在访问与检索分量表上的平均成绩为 549 分,比上海阅读总成绩低 7 分,而整合与解释、反思与评价分量表上的平均成绩分别比阅读总成绩高 2 分和 1 分。

访问与检索是未来社会生活与工作中经常会遇到的,语文教师在教学中应对此加以关注和引导。比如,应多鼓励学生在学习中经常查阅工具书;阅读材料时关注文章题目及小标题,关注段落的起首句和总结句,把握文章结构;利用关键词、上下文之间的联系、相关文体和背景知识等快速了解文章内容,把握文章观点;掌握并经常使用圈点、勾画、眉批的方式,做好笔记和资料卡片;培养发散思维、求异思维、逆向思维,主动寻找问题、发现问题。

上海学生自我调控策略低于 OECD 平均值

上海学生在学习策略运用中,概括策略指数为 0.06,接近 OECD 平均值;理解和记忆策略为 0.11,高于 OECD 平均值;自我调控策略为 -0.28,低于 OECD 平均值。据学生报告,约有 50% 的学生很少运用该策略。①

OECD 对自我调控策略的定义是：学习时针对文本目的和主要概念提出问题，以及对当前的学习活动进行自我监控，检查自己是否理解了阅读的材料。通俗地说，自我调控策略相当于我们日常所说的自主学习策略。

上海市二期课改从课程设计和教学实施两方面强调了要为学生提供学习经历并获得学习经验的理念，既强调课程设计要从学生的角度出发，要与学生个人的经历和经验相联系，确立学生在学习中的主体地位，又强调教师要关注学生体验、感悟和实践的过程，通过学习情境的创设、实践环节的开发和实践渠道的拓宽，来丰富学生的经历和经验，改变学生的学习方式，凸显自主学习。

但是，实际教学中依然有很多的"好心办坏事"，越俎代庖的现象时有发生。随着信息化、网络化时代的到来，教师不可能教完所有的知识，处在终身学习社会的学生如果要在今后有所作为，必须学会学习。因此，教师要逐步培养学生自主学习的能力和对学习的自我意识和自我监控。根据庞维国教授的观点，要让学生在自我意识发展的基础上建立"能学"，在具有内在学习动机的基础上建立"想学"，在掌握一定学习方法上的基础上建立"会学"。

当然，学生自主学习的能力随着年龄的增长和知识的累进而逐步提升。因此，不同学段应有不同的自主学习的内容、形式和方法，教师应给予指导。

---

① 文中所有数据均来自国际学生评估项目中国上海项目组《质量与公平——上海 2009 年国际学生评估项目结果概要》，上海教育出版社 2010 年版。

上海男生阅读平均成绩远低于女生

上海男生阅读平均成绩比女生低 40 分,从 OECD 平均成绩看,男生比女生低 39 分,连被全世界都认可的有着优质教育的芬兰,男生平均比女生低 55 分。可见,这是一个世界性的普遍问题,但仍然是一个值得研究的问题。为什么同在一所学校一个班级学习,男女生之间有如此大的差距——几乎是一年课程的差异?

究其原因,首先是生理的差异。科学研究发现,从大脑来看,男性右半脑掌管空间能力,左半脑掌管语言能力,功能区域分化明显而确定,而女性的这两方面能力由两个脑半球控制,大脑功能区域很不明显。此外,心理学家还发现,有关语言机制的大脑功能,男女也有不同,女生的言语表达能力和语法能力要高于男生。其次,从青春期来看,女生的青春期大约在 14 岁,男生的青春期大约在 16 岁,可见,男生的生理和心理成熟期比较晚,独立能力和自控能力的形成也比较晚,这会从一定程度上影响其学习。这些差异是天然存在的,有些可以通过后天的引导、训练去改变,比如独立能力和自控能力的培养等。

当然,我们的语文教材选的大多是经典散文和小说、诗歌等,这些文章中较少有男生喜欢的体育、军事、历史等题材,因此对男生缺乏吸引力,这从一定程度上制约了男生对阅读的兴趣。

因此,在教材编写(包括校本教材)中,可适当增加男生有较浓兴趣的各类题材的文章。在语文教学中,教师对男生的行为要持宽容态度,多给男生表达的机会,多对男生的表现加以鼓励;让男女生进行合作学习,调动男生的学习积极性。在评价中,减少单纯考察记忆性知识的题目,注意题目的难度和区分度,鼓励学生的探索精神,保证男女生都有发挥自己优势的舞台。

辩证看待"记诵"和传统文学课的阅读活动

PISA2009 结果中还有一些数据也值得研究,比如上海传统文学课阅读活动指数为 0.70(远高于 OECD 平均值),解释率为 6.8%,该指数每增加一个单位,学生阅读成绩增加 21.1 分。从 OECD 各国平均成绩来看,该指数每增长一个单位,阅读成绩反而降低 2.5 分。但有 18 个国家和地区的这一指数对阅读成绩有显著正效应,其中正效应最高的 5 个国家和城市分别为台北、上海、澳门、韩国、香港。因此,要辩证看待"记诵"和传统文学课的阅读活动。

有人说中国的孩子只知道死记硬背,这恐怕是一种误解。就跟很多欧美人了解的中国一样,以为中国就是张艺谋电影中的那样。其实,上海近一二十年来的课程改革,不断在强调体验、感悟、应用,反对、摒除填鸭式的教学模式,可以说,"死记硬背"的方法已如过街老鼠,人人喊打。近些年的中考、高考都是注重学生能力的考查,有些科目还采用开卷考试,都是为了引导学生远离死记硬背。

当然,不是所有的知识都不要记,只要通过电脑查找就行,我们不能从一个极端走向另一个极端。如语文,不去背诵积累一些东西,怎么形成语感?有些学生能背诵大量的古诗词,那会令其终身受益。我们强调摒弃的"死记硬背",是指那些单纯为了应付考试,在对所学知识不求甚解或一知半解的情况下去进行强行的记忆。

【就什么说点什么】

PISA 带给我们的思考点还有许多,比如在"语文课上,老师会提出具有挑战性的问题"上,上海指数明显偏低;看漫画和成绩之间呈负相关;非连续文本的平均成绩显著低于连续文本的平均成绩,等等。

他山之石可以攻玉，但我们一定要防止亦步亦趋的模仿。各种考试性质不同，作用不同，因此绝不能一味照搬。东方文明和西方文明各有特色，没有高下之分、优劣之别。在语文教学中，我们更注重情感，西方则更注重逻辑；我们更注重直觉体悟，西方则更注重科学理性；我们更注重价值判断，西方则更注重逻辑判断；我们更注重语义学，西方则更注重语用学。

面对 PISA，我们需要"拿来主义"，不可邯郸学步。否则，我们的教育将陷入削足适履的窘境。

PISA 阅读情境维度
对现代文阅读测评的启示

笔者在参加国际学生评价项目(PISA)2009 阅读素养测评试题的本地化工作初期,曾对部分文本中某些题目的设置感到困惑。以《戏如人生》为例,它是匈牙利剧作家费伦克·默纳一部剧本的开头部分,共有四道题目,有的测评的是访问与检索能力,重在检索信息,即要找出发生在文章事件之前的行为的相关信息;有的是测评整合与解释能力,但那种理解,都只是建立在对局部内容把握的基础之上。

按照常规的教学与测评思路,剧本应着重对完整的戏剧情节、尖锐的戏剧冲突、鲜明的人物形象、丰富的潜台词等戏剧特点的把握,但那些题目几乎无一涉及。那么,这样的测评是否体现了文本的核心价值? 是否得了要领? 当笔者逐步接触到 PISA 阅读素养测评框架及文本情境时,疑虑逐步消除。

PISA2009 阅读素养测评框架与情境简介

PISA2009 阅读素养是指为实现个人发展目标,增长知识、发挥潜力并参与社会活动,而理解、使用、反思书面文本并参与阅读活动的能力(在 2000、2003、2006 的定义上强调了"参与度")。可见,PISA 阅读素养测评不是强调学习课程的结果,而是强调运用阅读的知识和技能来解决现实生活情境中的问题。

1. PISA2009 阅读素养测评框架

PISA 有清晰的阅读素养测评框架,包括几个主要特征:文本情境、文本类型、修辞类型、认知能力等。虽然阅读的要素之间并非完全独立,这些分类也并非绝对,但区分这些主要特征有利于覆盖多种维度,使得阅读素养的测评更加全面。每一轮测试的测评框架会稍有不同,2009 测评框架如表 1:

表 1:PISA2009 阅读素养测评框架

	文本情境	文本类型	修辞类型	认知能力
试题本	个人的 公共的 工作的 教育的	连续 非连续 混合 多重	描写 叙述 说明 议论 指示	访问与检索 整合与解释 反思与评价
问卷	参与度、认知策略与元认知策略			
ERA	阅读电子媒体文本的能力			

2. 情境定义与类别

PISA 阅读素养测评中的情境不是指文本所涉及的场景或背景,而是指作者的写作用途或文本的作用。PISA 强调在某一特定情境下对书面材料的阅读,这与其测评目标相一致。它评价的不仅仅是语文阅读,而是把阅读作为学习其他内容,为生活做准备以及参与公共活动的工具。

根据作者的写作用途或作用,PISA 阅读素养测评将情境分为四类:为个人应用而阅读(为满足个人兴趣或与他人交往而进行的阅读)、为公共应用而阅读(为获取公共信息或参加大型社会活动而进行的阅读)、为工作而阅读(为完成某项工作或任务而阅读)、为教育而阅读(为学习新知识而阅读)。

3. PISA2009 阅读素养测评试题情境

因每一轮测评框架的小幅变化,试题情境也会随之略有变化。PISA2009 阅读素养测评的试题情境见表 2:

表 2:PISA2009 阅读素养测评的试题情境

情境类别	阅读材料列举	框架中所占比例
个人	书信、电子邮件、小说、传记、书籍或杂志、地图、博客	30%
公共	通告、规则、计划、小册子、报纸、表格	30%
工作	说明书、手册、时间表、备忘录、报告、数据表、图表	15%
教育	文章、地图、图表、数据表	25%

有两点需要说明:第一,有些类型的阅读材料可归入不同的情境,要视具体内容而定;第二,各类情境在 2009 正式测试中所占比例与阅读框架中所占比例完全相同。

OECD 在前不久公布了 17 篇最新文本与试题,为 2008 年试测和 2009 年正式测试所用。属个人情境的有《戏如人生》、《马康道镇》、《守财奴和他的金子》等 6 篇,属公共情境的有《手机安全性》、《血液通告》、《地铁交通》等 5 篇,属工作情境的有《远程办公》1 篇,属教育情境的有《雅典的民主》、《学生看法》等 5 篇。

上海学生在 PISA2009 阅读素养测评各类情境文本中的表现与分析

1. 总体表现

上海学生各类情境文本的平均得分率和 OECD 平均得分率见表 3:

表 3：PISA2009 各类情境文本平均得分率

情境	上海平均得分率	OECD 平均得分率
个人的	69.7%	57.1%
公共的	66.3%	59.7%
工作的	76.5%	62.7%
教育的	73.5%	65.7%

从表 3 看，上海学生在个人情境上得分率较 OECD 高 12.6%，公共情境高 6.6%，工作情境高 13.8%，教育情境高 7.8%。因此，上海表现相对最好的是工作情境、个人情境，其次是教育情境和公共情境。

据"两岸四地"PISA 研讨会上香港专家提供的信息，香港学生在 PISA2009 各类情境文本得分率的表现与上海相一致。通过不同年份的结果比较发现，香港学生在阅读工作情境文本的表现一直较好，其余类型则各届的表现不太一致。因上海是首度参加测试，故无法作纵向比较。

2. 表现列举

例 1：《地铁交通》（属公共情境）

该文本提供了地铁系统的信息，设有如下 6 题：

> 1. 在地铁交通的哪一站，既可以转乘城际公共汽车，又可以转乘城际火车？
>
> 2. 如果你在动物园站，想去石桥站，那么你必须在哪个站换乘？（A. 市政府 B. 河岸 C. 湾岸 D. 老码头）
>
> 3. 西门、动物园和南门等站名的周围有灰色的阴影。阴影显示这些车站有什么特征？

> 　　4. 请你在莫扎特站与少年宫站之间找到最短的地铁线路。在地图上画出你选择的线路。
>
> 　　5. 除了这张地铁交通图上的信息，你怎样才能找到关于地铁系统更多的信息？
>
> 　　6. 根据地图，当前地铁交通系统中有多少条线路在运行？（A. 3　B. 4　C. 5　D. 6）

　　该文本属于公共情境的非连续文本，学生从未在教材上接触过，但他们在日常生活中经常会遇到此类需要解决的问题。

　　题目中除第 3 题测评反思与评价（反思与评价文章的形式——分辨出地图中一个图形特征的目的）外，其余 5 题，无论是选择题（第 2、6 题）、简答题（第 1、4 题）还是开放式问答题（第 5 题），都是测评访问与检索能力，只是略有区别。第 1 题要求通过在地图上建立联系后找出信息；第 4 题重在把平面图中的多个信息结合起来，确定两个指定的点之间的最短线路；第 5 题重在找出地图中明确呈现的信息。

　　在 2008 年上海一千名学生参加的试测中，这 6 题的得分率都在 78% 以上，其中第 1 题的得分率为 94%。同属于公共情境的文本，如《血液通告》5 道题目的平均得分率为 94%，《图书馆平面图》4 道题目的平均得分率为 93%，《超市通告》5 道题目的平均得分率为 87%。

　　例 2：《马康道镇》（属个人情境）

　　该文本在正式题目前，先有一段简短说明，之后才是具体题目。

> 　　"对页的文章选取自一本小说。在这段节录中，马康道这个虚构小镇，刚刚引入了铁路和电力，以及第一家电影院。现根据这一段来回答下列问题。"
>
> 　　1. 电影中哪些情节使马康道镇居民感到愤怒？
>
> 　　2. 在故事节录的结尾，马康道镇的居民为什么决定不再去看电影？

A. 因为他们需要的是娱乐和消遣,但影片却太写实,又令人沮丧。　B. 他们买不起票。　C. 他们要把感情留给真实生活中发生的事情。　D. 他们在寻找感情寄托,但却发现电影太枯燥无味,缺乏说服力,而质量又差。

3. 故事最后一句所指的"虚构人物"是什么?

A. 鬼魅　B. 露天市场上出售的新发明　C. 电影中的角色　D. 演员

4. 你同意马康道镇居民最后对电影价值的评价吗? 试比较你自己和他们对电影的看法,回答这个问题。

4 道题目中,前 3 题都是对整合与解释能力的测评,第 4 题是对反思与评价能力的测评,重在反思文本的内容,要求学生就个人的知识和经验,比较人物看法与自己看法的不同。在 2008 年试测中,4 道题目的得分率分别为 85%、95%、89%和 90%。

本文开头提及的《戏如人生》,也属个人情境的文本,是为了满足个人兴趣而进行的阅读,重在测评整合与解释能力。因此,就没有必要从剧本的基本特征、核心价值等类似角度去设置题目。

例 3:《远程办公》(属工作情境)

1. "未来的方式"与"形成中的灾难"之间有什么关系?

A. 它们用不同的论据得出相同的一般结论。　B. 它们的写作风格相同,但谈论的主题完全不一样。　C. 它们表达相同的一般观点,但得出的结论不一样。　D. 它们就同一主题发表相反的看法。

2. 哪一种工作难以采用远程办公的方式? 请写出一个你这样回答的理由。

3. 哪一种说法莫莉和李察都赞同?

第1、3两道单项选择题测评的都是整合和解释能力,第2题是一道开放式问答题,测评的是反思和评价能力,重在检测学生反思和评价文章的内容,利用已有知识衍生出符合文章描述的一个类别的例子。

3. 表现分析

PISA个人情境的文本与我们日常语文教学中的文本相对较接近,其他三类文本则很少在教材(包括其他学科教材)中出现。学生面对较为熟悉的情境文本,做起题来会更加得心应手,表现更突出,因此,上海学生在个人情境文本的表现较好。

可是,面对并不熟悉的工作情境文本,上海学生的表现也较为出色(香港也是如此),原因在于:工作情境文本所占的比例较低(15%,见表1),命题机构在选择该类文本时,会适当降低对具体工作所需知识的依赖,也会更多考虑15岁学生的接受程度,从他们相对易于接近的情境中去建构,从某种意义上来说,就降低了该类型文本的难度。

这也从另一个角度有力地说明,教学绝不是要给学生现成的答案,而是重在培养能力。当学生一旦拥有了真正的能力,即便是遇到从未遇到的问题,也能通过能力的迁移,比较理想地解决各类情境中的具体任务。这也就能解释,为什么上海学生从未做过类似题目,没有接受过该方面的指导和训练,但表现依然较理想。

更重要的是,学生做起这样的题目,感觉"好玩"、"有意思",没有厌倦之感,而这样的题目同样能检测学生的访问与检索、整合与解释、反思与评价等各种认知方面的能力。PISA阅读测评能有如此效果,与测评框架的建立,包括情境维度的设置大有关系。

PISA2009 阅读素养文本情境
对现代文阅读测评的启示

1. 情境维度的设置将带来现代文阅读测评的变革

2011 年 7 月 14 日的《文汇报》以"高考语文非改不可了"为题展开大讨论,其矛头主要对准现代文阅读测评。在有关会议上,有专家提出索性不要再考现代文阅读,这实属无奈之声。确实,无论在中、高考语文还是日常的现代文阅读测试中都存在着问题。题干指向不明、开放题答案的过于封闭等问题暂且不说,单就现代文文本选择的随意、题旨确定的不明晰等方面也亟待改革。改革的呼声已一浪高过一浪,关键是如何改革? 笔者以为,情境维度的设置将带来现代文阅读测评的新气象。

作家写作都关注阅读对象,任何阅读也都有目的性,设置情境维度完全符合阅读本身的特点,它和彰显文体意识的教学不完全割裂,但角度有所不同,更多地关注知识与能力的灵活运用,而这也正是语文实践性特点的体现。

目前,国内的现代文阅读测评体系尚未建构起完整的框架,更多关注的是能力维度,而在内容维度上缺少科学、清晰的体系。尽管国内的现代文阅读测评与 PISA 在测评目的、目标定位等方面都有一定程度的不同——前者基于语文课程,后者面向未来生活,但语文课程标准也强调学生阅读能力的养成和运用,且与阅读文本的描述和对阅读认知能力的划分不冲突,因此完全可以借鉴 PISA 阅读素养测评框架,尤其是在内容维度上设置情境维度(文本类型的维度目前潜在)。

设置情境不是强调对情境的测评,而是对隐含在情境中或与该情境相关的阅读认知能力进行测评。它仍以认知能力为核心,但通过情境来引发对认知能力的要求。换言之,根据内容维度(文本情境和文本类型等)确定不同的认知任务。

除 PISA 外,另两项国际大型阅读测评也在测评框架中设置了情境维度。美国国家教育发展评估项目(NAEP)分为三类情境:为获取文学体验而阅读、为获取信息而阅读、为完成任务而阅读。国际阅读素养进展研究项目(PIRLS)分为两大类情境:为文学体验而进行阅读、为获取和使用信息而阅读。这两大阅读测评,都根据不同的阅读情境划分文本,建立起测评的内容维度,在不同的情境或文本中涉及各种认知能力,但测评的具体任务和比例不尽相同。如此,便会从较大程度上解决文本选择的随意性、题旨的不明晰等问题。

2. 情境维度的设置应与其他因素通盘考虑

目前,国内"建立中小学生学业质量分析、反馈与指导系统"针对四年级和八年级的语文测评,在借鉴 PISA 和 NAEP 等国外大型阅读测评经验的基础上,建立了测评框架。其中现代文阅读测评,是在三种不同的情境中,重点测评学生的四种基本阅读能力的表现。三种情境与 NAEP 的三分类相同,四种能力依次为:提取信息(从文本中获取信息)、形成解释(形成对文本内容的整体感知或初步概括)、整体感知(利用文本信息和个人经验对相关问题做出合理的解释和推论)、作出评价(对文本的内容或表达做出合理评价或利用文本的相关信息解决问题)[①]。可见,情境维度的设置并不是孤立的,应与其他因素通盘进行考虑。

情境维度的设置除与能力维度等因素通盘考虑以外,还应考虑文本类型、文本长度等因素。PISA 除将阅读情境划分为四类以外,还从文本的呈现形式出发,将文本划分为连续文本、非连续文本以及

---

① "建立中小学生学业质量分析、反馈与指导系统"项目,教育部基础教育课程教材发展中心,王云峰教授报告。

混合文本、多重文本，从文本的修辞结构出发，将文本划分为描写、叙述、说明、议论、指示等类型。命题时应根据测评框架，从多种角度考虑文本的选择和题目的命制。

当然，情境维度的设置，离不开对"阅读素养"或"阅读能力"的明确界定。若缺少了这一前提，即便设置了情境维度，在命题过程中仍将出现随意性的可能。

此外，OECD 对各国提交的试题提出要求，强调 PISA 试题评审应考虑五个方面：与课程的相关性；与"为生活做准备"的相关性；15岁学生的兴趣度；情境真实性；文化敏感性。OECD 对文本的选择也有明确规定，比如六类文本不可选用：海啸（车祸、暴力）；性、宗教、政治或其他敏感问题；种族主义、不道德的或不负责任的内容；语言不好的；有赖于深奥知识的文章；学生都知道的常识性内容或学生很可能已经读过的东西。正是诸如此类互为一体的明确要求和程序，才能确保 PISA2009 在全球 68 个国家和地区测评的公正和有效。

【就什么说点什么】

任何事物都有惯性，教学也好，测评也罢，语文教育理念和课程内容的深刻变革，必将带来传统语文教学测评和当前课程评估之间的深层矛盾。面对矛盾，需要拿出解放思想、实事求是的勇气，需要建立在反思意义之上的科学理性精神。

当现代文阅读测评走向僵化之时，我们不能因噎废食，而是要看到国际阅读测评的有效经验，不断吸收前沿的评估理念，开阔思路，大胆改革。当然，我们不能简单移植，要考虑到本民族的文化背景、思维方式、阅读习惯，从汉语言文字自身的特点出发，探索出一条真正适合中国学生的母语阅读的评估之路。

从 PISA 阅读素养结果
谈阅读教学中学习策略的培养

上海学生在 PISA2009 中学习策略运用的总体表现

上海学生在 PISA2009 阅读素养测评中的平均成绩为 556 分（OECD 平均为 493 分），在 65 个国家和地区中排名第一。拔得头筹确实可喜，但我们应理性看待测试结果，学会从一些数据背后发现问题，并寻求进一步改善教学的抓手。

PISA2009 阅读素养是指为实现个人发展目标，增长知识、发挥潜力并参与社会活动，而理解、使用、反思书面文本并参与阅读活动的能力。PISA 阅读素养的定义是在不断发展的，2009 年首次引入参与度（Engagementin Reading）及学习策略（Learning Strategy）。强调阅读素养不仅仅是指阅读的认知能力，更包括阅读的元认知能力和兴趣、态度、习惯等。这与当前世界各国课程改革强调重视学生非认知因素和教育环境有很大关系。

PISA 阅读素养强调，参与度包括动力、兴趣、喜爱度、多样化、经常性等，因此学生问卷涉及对阅读的喜爱程度、趣味性阅读时间、阅读广度、网上阅读参与度等的调查。学习策略分一般学习策略和阅读中的元认知策略，因此学生问卷涉及记忆策略、精致策略、控制策略等一般学习策略，也涉及了概括、理解与记忆等阅读策略。

PISA2009 首次开展元认知方面的评估,一方面拓展了评估的内容,另一方面是对日常的学习提出引导,教师和学生都应该重视调控自己的阅读进程以达到有效阅读。

据《质量与公平——上海 2009 年国际学生评估项目(PISA)结果概要》[1],较高层次的元认知策略对阅读成绩差异的解释率要高于较低层次的学习策略。从对上海学生阅读成绩差异的解释率来看,最高的是概括策略(13.7%),其次是理解和记忆策略(10.9%),第三是自我调控策略(7.5%),记忆策略(0.2%)和精致策略(2.3%)解释率较低。

在 PISA2009 阅读素养学生问卷中,下列一组题目是关于学习策略的:

Q27　在学习时,你做下列事情的频率是多少?
　　　(请在每一行只选择一个方框打勾)

	几乎从不	有时	经常	几乎总是
a) 学习时,我会努力记住课文的所有内容。	□1	□2	□3	□4
b) 学习时,我会首先找出我确实需要学习的内容。	□1	□2	□3	□4
c) 学习时,我会尽可能多地记住细节内容。	□1	□2	□3	□4
d) 学习时,我会努力将新的信息与以前在其他学科中掌握的知识相联系。	□1	□2	□3	□4

---

[1]　国际学生评估项目中国上海项目组编著:《质量与公平——上海 2009 年国际学生评估项目结果概要》,上海教育出版社 2010 年版。

e) 学习时，我会把课文读很多遍，直到
　我能背诵。 □₁　□₂　□₃　□₄

f) 学习时，我会检查我是否理解了我所
　看的内容。 □₁　□₂　□₃　□₄

g）学习时，我会一遍遍地反复阅读
　课文。 □₁　□₂　□₃　□₄

h）学习时，我会思考这些信息怎样才能
　在课外有用。 □₁　□₂　□₃　□₄

i）学习时，我会努力找出哪些概念是我
　仍然没有真正理解的。 □₁　□₂　□₃　□₄

j）学习时，我通过联系自身的经验来更
　好地理解材料。 □₁　□₂　□₃　□₄

k）学习时，我确信我记住了课文的
　重点。 □₁　□₂　□₃　□₄

l）学习时，我会思考课文信息如何与现
　实生活中发生的事情相适应。 □₁　□₂　□₃　□₄

m）学习时发现不理解的内容，我会寻找
　其他信息来弄清楚这些内容。 □₁　□₂　□₃　□₄

　　a,c,e,g 涉及记忆策略,d,h,j,l 涉及精致策略(也称"联系策略"),b,f,i,k,m 则涉及控制策略(也称"自我调控策略")。

　　自我调控策略,指学习时提出关于任务或文本的目的和主要概念的问题,以及对当前的学习活动进行自我监控,特别是检查自己是否理解了阅读的材料。回答"几乎从不"和"有时"的比例见下图:

　　调查数据显示,上海约有一半的学生在学习时很少运用自我调控策略。

　　自我调控策略对上海学生阅读成绩差异的解释率为 7.5%,自我调控策略指数每增加 1 个单位,上海学生的阅读成绩增加 26.5 分。

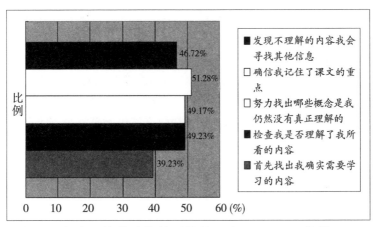

但上海学生自我调控策略指数平均值只有－0.28,显著低于 OECD 平均。

　　研究数据还表明,上海运用自我调控策略最多的 1/4 学生,比用得最少的 1/4 学生成绩要高 57 分;OECD 各国平均来看,运用自我调控策略最多的 1/4 学生比用得最少的 1/4 学生阅读平均成绩高 68 分。

　　概括策略指的是学生在多大程度上了解哪些策略对概括文章或给文章写摘要最有用。下图显示了上海学生在这方面的表现:

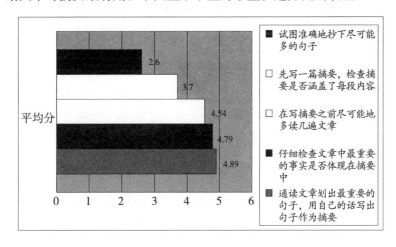

上海学生的概括策略指数平均值为 0.06，与 OECD 各国平均值接近，说明上海学生概括策略掌握程度为一般或中等。概括策略指数是对上海学生阅读成绩差异解释率最高的学习策略指标，能够解释 13.7％ 的差异。该指数每增加 1 个单位，学生阅读成绩提高 32.9 分。上海学生中，概括策略掌握程度最高的 1/4 学生比最低的 1/4 学生阅读成绩高 73 分，相当于一个精熟度等级水平或接近 2 年的学校教育。

这些数据表明，自我调控策略和概括策略可能是影响学生阅读成绩的重要因素。如果能够针对这些策略开展指导，将有助于进一步提高学生的阅读成绩。

无论是概括策略，还是自我调控策略，或者是其他学习策略，对学生而言都非与生俱来，它需要在教师的帮助下逐步形成。在语文课堂教学中，教师不仅要有帮助学生掌握学习策略的意识，更要化作有针对性的教学行为，才能使学习策略富有成效。下面以郑桂华老师执教的《密室日记》为例加以简述。

在真实语境中提供概括策略应用的范例

《密室日记》是上海二期课改《语文》七年级第二学期教材中的课文，节选自《安妮日记》。正如郑老师所言，无论是课文涉及的时代、国家以及事件的相关背景，还是日记这种体裁，都是七年级学生比较陌生的，而《安妮日记》的世界性影响又决定着该文的重要地位。考虑到执教时间为一课时，执教班级学生的学业水平在全市处于中等状况，七年级第一学期已有了一些学习经历等因素，她将学习目标确定为：

了解"日记"对于一个人精神成长的重要性，尤其是在特殊环境里日记对于一个人精神健康的重要性；读别人日记应有的态度——

解读者的态度:了解其生活状态,从中反思社会、时代的特征。

郑老师整节课预设的教学流程大致有四个环节:一是交流预习作业,即每一段的主要内容;二是发现《密室日记》中安妮的个性特点,分析日记对于安妮的意义;三是认识阅读别人的日记应该有的态度,应该读出的东西;四是交流自己记日记的感受。

【教学片段 1】

师:谁来概括第四则日记的内容?

生 1:我写的是"我渴望自由"。

师:没问题吧? 前面写的一个重要的词语是什么? 她是什么样的一种心情?"我,浮躁不安",然后是什么?(板书:我浮躁不安)

生 1:渴望出去,渴望自由。

师:哪里有"渴望自由"? 不要轻易给一个判断,判断必须从文章里来。"阳光普照,天空深蓝,和风轻抚,我渴望着,我真的渴望这一切。"如果要写,应该渴望什么?

生 2:春天。

师:你要调整成"春天",为什么?

生 2:因为"春天在苏醒,我在我整个身体和灵魂里感觉到它",这句话就感觉她希望春天早点来。

师:也就是她前面写浮躁不安,有种种的渴望,渴望一切——有强烈的渴望。但是第二节讲的是什么? 是不是渴望"春天"?

生 2:渴望呼吸到新鲜空气。

师:请你再念一遍,其他同学一起看。

生 2:"我感觉到春天在苏醒,我在整个身体和灵魂里感觉到她。"

师:"'渴望'春天",用"渴望"准确吗,春天是什么?

生 2:希望。

师:希望春天? 这句话里是安妮写"渴望春天"?"春天已经在我的心里,我已感觉到春天在苏醒,我在整个身体和灵魂里感觉到她。"是渴望春天吗?

生(众):感受春天。

师:是感受春天!是不是? 她讲春天来了,是哪里的春天来了?

生 3:心里。

师:(板书:心中有春天)我们一起来把这段念一下。

我们看到,学生的概括往往是概念化、空泛,乃至脱离文本的。而此处要达成的目标,正是要求学生根据文本的具体内容进行确切的概括。

设想一下,如果郑老师在其他班级重新教学以上片段,同样提出问题:

师:谁来概括第四则日记的内容?

生 1:我写的是"我渴望自由"。

师:"渴望自由",有所涉及了,但概括还不到位,我觉得比较确切的是"心中有春天"。

这么做,教学时间看似节省下来了,也提供给了学生确切的答案。但是,阅读教学是希望学生去记住某个答案吗? 古人说得好,是授人以鱼,还是授人以渔?

在前一个教学片段中,郑老师是在无形中提供给学生各种概括的策略。比如,概括不能空泛,要根据具体内容而来;概括不能想当然或轻易下判断,所有的判断都必须从文章中来;概括不能抓片言只语,要看整段文字。

这些概括策略不是"死"策略,不是纸上谈兵的策略,而是教师在真实语境中影响学生的策略。相信,学生在今后碰到类似情况时就能运用这些策略,事实上,在后面其他几段的内容概括中,有些学生的回答已体现出运用这些策略的端倪。可见教师在真实语境中提供策略应用范例的重要性。

自我调控策略在学习过程中得以形成

【教学片段2】

师:这七则日记内容梳理之后,我们能不能判断一下安妮是个什么样的人? 读日记,读安妮日记,我们就要读出安妮是个什么样的人。

生(众):乐观。

师:没错,乐观。(板书:乐观)哪里看出来?

生(众):天生就是快乐的。

师:天生就是快乐的,所以乐观。她是在什么情况下说这句话的?

生(众):密室。

师:是密室里面。好,我们看标题,还能看得出什么? 安妮还是个什么样的人? 看文章,大家可能这里有点困难,可以一起讨论一下,一定要找到具体的地方,现在是内容的概括,安妮是一个什么样的人? 请你们推敲一下,我们很容易得出"乐观",是啊,密室里她有这样的心态,她肯定是乐观的。(师提醒:有些同学眼神不对,没有低头看文章,要低头看文章噢。)我看你们有点疑惑。疑惑没关系,我们就往下走,我们可以来考虑这个问题,日记里她记得最多的是什么?

生:生活。

师：当然是记密室里的生活，我们现在就在生活，昨天也是生活，明天也是生活，不要来这么大的词语。从这七则概括中还可以进一步来看，七则具体的内容，你们来画一下，看哪些是反复出现的内容，四人小组一起来讨论。（强调）七则日记里你觉得总是出现的一类内容，（又强调）哪一类的内容是反复出现的？（教师巡视并参与某些小组的讨论）

从上述片段中可以看到，郑老师不断地在对学生的思考进行调整。比如，当学生异口同声地强调安妮是个"乐观"的人的时候，她有一系列的追问及引导：

"她是在什么情况下说这句话的？"

"我们看标题，还能看得出什么？"

"我们就往下走……日记里她记得最多的是什么？"

"不要来这么大的词语。"

"看哪些是反复出现的内容？"

郑老师的问话是具有很强指导性的，它能帮助学生调整原先的思路，从而逐步地向正确的结果靠拢。学生在与她的对话中，逐步建构起属于自己的正确理解。以后，当学生遇到类似情境时，就会如PISA问卷中所涉及的问题——"学习时，我会首先找出我确实需要学习的内容"，"我会检查我是否理解了我所看的内容"，"我会努力找出哪些概念是我仍然没有真正理解的"——那样去对自己原先较为粗陋的理解或回答进行加工和调整。这样的对话，也使学生的看法被适当约束在一定范围内，相互之间的讨论就有可能走向深入。同时，学生会积极地参与到过程中来，新的知识和自我调控策略就得以形成。

当然，教师在此过程中所做的引导必须是在学生的最近发展区内。只有在最近发展区所引导的内容，才会是处于或接近学生当前的理解水平，而且能让学生的回答提升到下一个更高的层次。此时要关注的,不是学生答案的对错,而是有没有上到高一个台阶。

请注意,这里强调的是"引导",而非"指导"。所谓"指导",是指提供基本的解释;展示一个主题"是什么"、"为什么"以及"为什么产生",告诉学生去做什么。而"引导"是指较少的指令性:不只关注答案,而是如何激发学生;更开放的方式让学生参与;支持学生对某个主题的探究。①

基于学生基础,进行联系策略的引导

【教学片段3】

师:我想建议大家沿着这个同学的目标来继续将内容往下走。(指分析、批判反思自己)日记里安妮对自己个性的分析、处境的分析、特长的分析,(指黑板)"我喜欢写作"、"我天生快乐"、"我浮躁不安"、"我有种种渴望","我相信我绝不绝望"。这些内容是不是都是在分析自己? 这就是日记的魅力。 在座的有没有人写日记? 有两位同学举手了。那我想问这位女孩子,你写日记是什么样的一种心情?

生:我是每天把自己心里不想与别人说的事写在日记上。

师:"不想与别人说的",是属于自己的一份空间。好,后面的女孩子。

生:就是以后长大了,可以看看小时候的点点滴滴。

师:是啊,太好了,请坐。与我们第一个女孩子相似的有托尔斯泰。托尔斯泰是这样看待日记的:当他跟一个比他小 16 岁、他爱着的女子索非亚结婚的时候,他的妻子要看他的日记,

---

① [英]伊恩・史密斯:《学习性评价丛书(小学版)》,教育科学出版社 2010 年版。

他怎么说？——他说"我喜欢并且了解的我，那个有时整个地叫我高兴的也叫我害怕的我，如今在哪里？我成了一个渺小微不足道的人。自从我娶了我所爱的女人以来，我就是这样的一个人。"也就是当他的日记被别人看了，不能成为他个人东西的时候，他就觉得自己是微不足道、渺小的人，但有了日记，他就是认为自己是丰富的。当他晚年的时候，他的妻子一次又一次哭闹吵着要看他的日记，他把日记藏在马靴里，他妻子总是担心，你既然这样不肯给我看，日记里肯定写着……

生（众）：不可告人的东西。

师：不可告人的东西，但是托尔斯泰说我只把日记留给自己。所以周国平说日记是一种最纯粹的私人写作，是个人面对自己的灵魂、面对自己的上帝说话，和自己说话。我们同学今天有感觉，安妮就是在和自己对话，她假想出一个朋友吉蒂，所以安妮之所以在密室里能够乐观、能够充满希望地面对生活。很关键的一点，就是她时时有这样一个心灵空间，时时地——用我们同学的话说就是——批判自己，这个"批判"是一个中性词，意思是分析、审视，是看出自己的优点、看出自己的缺点。所以日记固然像我们刚才同学说的，我将来长大了能够看一看我的生活细节，就像我们看安妮日记，能够从中看出纳粹的残暴，犹太人的不幸，是不是？帮助了解那段社会，也就是板书里写到的。对社会、后人来讲，日记可能提供了个性化的细节的记忆、一些研究的材料；但是对我们个人来讲，日记更多的是反省和对话，我的发现和我们同学的发现是不谋而合的，可惜今天在这点上讨论得还不够。

此环节，郑老师先是根据前面的大量讨论，自然地对学生的发言进行了归纳和提炼，"这些内容是不是都是在分析自己？这就是日记的魅力"，引导学生体会日记对于安妮的意义。接下来，她在潜移默化地影响学生运用"联系策略"去进一步思考问题——"在座的有没有人写日记?""你写日记是什么样的一种心情?"在学生回答后,郑老师加以点评——"是属于自己的一份空间","长大后可以看看小时候的点点滴滴",这点评看似不经意,实则极为重要。然后,她自然地引出托尔斯泰和周国平的故事和观点,水到渠成地达成了教学目标。

我们可以看到,随着教学过程的逐步推进,教师最后的结论是基于学生理解的基础之上,而非任意拔高或随意添加(当然,更理想的教学状态是学生自己得出结论)。

而在教学过程中,教师非常注意对学生进行"联系策略"的引导。正如加拿大母语课程标准中强调的那样,要"根据已有知识和不同读者的经验,讨论对同一语篇的不同理解;运用已有的阅读经验、个人经验和已有知识作为反思和解释语篇观点的基础"[1]。这与"联系策略"的指向是相同的。

在整节课上,"学生所要掌握的知识和技能不是以终端产品的形式给予的,而是在恰当时机给他们提供认知刺激,以使他们通过自己的推理获得这些终端产品"[2]。郑老师不断地在为学生提供各种学习策略的生动示范,我们可以从教学实录的字里行间读到隐藏在程序化的问题解决背后的精彩过程。

【就什么说点什么】

学习策略是学习者在学习活动中有效学习的规则、方法、技巧及其调控。它既可以是内隐的规则系统,也可以是外显的程序与步骤。学习策略是鉴别学习者会不会学的标志,是衡量个体学习能力的重

---

① 洪宗礼等主编:《加拿大阿尔伯特省中小学英语语言艺术课程标准译介》,《母语教材研究(卷六)》,江苏教育出版社 2007 年版。
② [美]加里·D. 鲍里奇:《有效教学方法》,江苏教育出版社 2002 年版。

要尺度,是决定学习效果的主要因素之一。① 近几十年来,学习策略在世界各国日益受到重视。自 70 年代美国心理学家弗拉维尔提出元认知概念后,以此为基础形成与发展的元认知理论,极大地丰富了学习策略的理论研究与实践。像丹塞路的学习策略指导教程、芝加哥掌握学习阅读教程、赫伯的内容指导教程等等,都是专门的学习策略训练课程,旨在通过直接的策略教学来提升各种能力。其实,我国在十几年前也开始重视学法研究与指导。

但是,今日的不少语文课堂上依然较多地关注学生认知能力的提高,而忽略元认知能力的培养,很少见到学生运用学习策略进行有效的自我管理、自我学习。不少语文课堂,依然以教师讲授为基本特征,即便是问答,更多的也仍是直接给出答案。

PISA2009 结果表明,除新加坡之外,亚洲地区学生的学习策略运用指数普遍低于 OECD 国际水平。确实,在传统语文教学中,"授人以渔"这一老祖宗的教育哲学往往只是被挂在口上,不少教师往往缺少策略教学的意识,即便用了某些策略也不自觉。其实,好的教法本身就隐含了学法,就是最好的学习策略示范。

对学习策略的关注,会让教师和学生进一步懂得学习的内在价值不是体现为工具性,而是关注个人潜能充分实现的发展性。学习不仅仅是要获得知识与技能,学习过程中的策略运用对整个学习过程起着调控、定向与整合的作用,更会对一个人长远的发展产生重大的价值和意义。

---

① 刘电芝:《国内外对学习策略研究的现状及其发展趋势》,载《学科教育》1997年第 2 期。

观课评课的科学与艺术

评 课 十 忌

精彩的评课能令听者如醍醐灌顶，终身受益。反之，要么使听者一头雾水，要么使教者失去信心。本文拟从评课的目的、内容、方法、视角、原则、态度、身份、语言、对象、场合等十个方面分别指出其忌讳。

一忌羚羊挂角

羚羊夜眠，以角悬树，足不着地，无迹可寻。但是评课必须实实在在，无论是先肯定优点再指出缺点的评课，还是先谈值得商榷的问题再发扬优点的评课，或是先评整体再评局部最后回到整体的评课，虽思路不同，但都应该令听者有所收获，或产生共鸣，或有所启迪，或引起反思，或茅塞顿开，万不能让人产生"听与不听一个样"的想法。

二忌买椟还珠

郑人买椟，而还其珠，舍本逐末，取舍失当。有些评课听似头头是道，细究起来，却没有深入关键，切中肯綮。并不是不该强调音量高低、板书位置，只是若单单强调这些内容，而触及不到根本问题，听者便会感觉不能解渴。评者应既观察教师的表现，挖掘其教学设计与实施的独到之处,又观察学生的表现,肯定其在课堂上的参与热情与学习效果,同时也指出存在的问题。只有抓住实质,切中要害,才会令教者与听者豁然开朗,从而站到更高的层面上领略教学真谛。

三忌胶柱鼓瑟

胶瑟之柱,音调无换,拘泥成法,不知变通。有些评课如套公式,从教学目标到教学内容,从教学过程到教学方法,从教学效果到教师素养,看似面面俱到,实则蜻蜓点水,面面不到。如此八股,即使再苦口婆心,岂不令听者产生抵触情绪?评课不应眉毛胡子一把抓,抓到篮里都是菜,而应重点突出,详略得当,点面结合,虚实相生,具体课例具体分析,找出特点,一针见血。

四忌吹毛求疵

故意挑剔,寻找差错,鸡蛋里面,挑出骨头。有的课确实平淡无奇,但评者不应孔中窥人,把课说得一无是处,而应实事求是、一分为二、有抑有扬,从问题中捕捉闪光之处。而有的课确实上出水平,评者亦不应横挑鼻子竖挑眼,似乎不找出几个问题来就不能显示自己的水平。这样的评课,非但无益,而且缺失了人文关怀。

五忌盲人把烛

瞎子秉烛,又有何用?模棱两可,不痛不痒。或百般客套,或虚与委蛇,或隔靴搔痒,这样的评课起不到任何作用。许是评者怕伤害了教者,但是如此"你好,我好,大家好"的只有溢美之词、只发叫好之声的评课,除了会给自己戴上一顶"好好先生"的帽子外,又能给听者多少启示?评课应求实求是,无偏无党,立场鲜明,褒贬得当,这样才有意义。

六忌泾渭分明

渭水清兮,泾水浊兮,泾入渭水,清浊不混。但是评者恰恰不能与教者"划清界限"。评者应换位思考,站在教者的角度去分析问题。其实大多数教者与听者在课后也能悟出课之好坏,但如何改进却并不了然。因此,评者要从服务教者、提高听者的目的出发,提出具体、可行的建设性意见,真正帮助教师提高教学水平。

七忌盛气凌人

威严傲慢,以势压人,居高临下,专横霸道。评课切忌如此。当评者或以是非仲裁者的身份示人,或以真理垄断者的面貌自居时,又如何期待能创设出和谐民主的评课氛围?一味地固执己见,不留余地,一锤定音,又怎会打动听者的心灵?评者应尊重教师的劳动,更尊重教师的人格,虚怀若谷,诚字为先,以理服人,开诚布公,理性地行使好自己拥有的发言权。

八忌佶屈聱牙

语言艰涩,不顺拗口,听者茫然,不知所云。有些评课喜欢用国外的理论和时髦的话语去套,本来那些意见是正确的,但是一用"话语套子",反倒令不少听者没法接受。有些评课缺少逻辑,思维不清,语无伦次,让人听后丈二和尚摸不着头脑。有些评课照本宣科,缺少现场感,失去了语言的感染力,当然也就影响了听者对评者意见的接受力。因此,评课应思路清晰,可根据提纲加以扩展;少生搬硬套时髦话语,否则画虎不成反类犬;语言简洁,富有表现力,把话说到听者的心坎里去。

九忌千人一面

无视教者,无视课型,千人一面,千篇一律。评课应因人而异。对刚刚走上讲台的年轻教师,需放低标准,多加鼓励,让他们积极探索教学规律,并看到自己的发展与将来;对较为成熟的骨干教师,需标准高些,要求严些,挖掘其教学特长,促使其拥有教学个性。评课还应因课而异,基础课与拓展课、阅读课与写作课、教读课与自读课、新授课与复习课……课型不同,教学形态自是有异,评课内容当然跟着变化。

十忌不分场合

大庭广众,顾及面子,某些问题,个别交流。评课应注意场合。若向领导反馈听课情况,务必把握分寸,点到为止,万不可将教者"打入地狱",但也不必"花好桃好",不符实际。若是集中评课,充分肯定成绩,用商量口吻提出合理建议,顾及教者的自尊,有时可以不提名姓,关键是让听者从此课例中得到启示与提高。若是私下交谈,不妨打开天窗说亮话,把问题说得直接些,并鼓励教者敞开心扉,双方共同切磋。

【就什么说点什么】

评课不仅是科学,更是艺术。

评课不在锦上添花,而在雪中送炭。

评课不能目中无人,必须心中有学生、有教师。

在教师止步的地方领跑

——浅析于漪老师的评课艺术

评课,关涉评者的视野、姿态、学养、趣味、功力,以及背后的精神等,绝不能等闲视之。几年前,著名特级教师于漪在全国"语文课堂教学与民族精神教育"活动上长达一小时的脱稿评课,给人诸多启示。

视野宏阔,不卖弄不夸饰

语言是个巨大的宝库,它本身就是文化,因此它也就是民族精神的宝库。

民族精神的教育与语文教学的二期课改,和贯彻上海市的语文课程标准是完全一致的。一而二,二而一,以学生的发展为本,使得三个支柱的融合落到实处。

语文课改以促进学生的发展为本,全面提高学生综合的语文素养。

三根支柱本身是融合在一起的,不是课堂上前半节教知识能力,后半节拓展一下教情感、态度、价值观,绝对不是这样,它是融为一体的。

课要发挥多功能……一个是平面的,只教知识,只搞些训练;一个是立体的,在传授知识培养能力的同时教会他学习,让他的思想、情感、态度、价值观等受到熏陶，整个课的容量就大不一样，在这样的春风化雨的环境中孩子成长了。

如果课上得像八宝粥一样，桂圆、赤豆，什么都好，有限的45分钟学生能学到什么？

讲得多还是少，关键看你讲什么。若对孩子是有用的，五十句也不多；若是废话，一句也是多的。

如果没有宏阔的视野，缺少对语文课程性质深入的认识，那么于漪老师不可能有如此高屋建瓴之认识。这里，我们可以查找出几个关键词：民族精神、学生发展、融为一体、综合、立体等。

早在1997年出版的《语文教学谈艺录》一书中，于漪老师就强调了"语文学科不仅对学生培育有多功能的作用，由于是母语教学，它还有明显的社会功能，对于弘扬民族优秀文化和吸收人类进步文化，促进国家现代化建设，提高民族素质，具有重要意义"。于漪老师对语文学科性质的认识具有前瞻性与思辨性，她的《弘扬人文，改革弊端——关于语文性质观的反思》和《强调人文精神要有民族特色》等文章，在不同的高度上为语文教师打开了一个个广阔的视野，为语文课程改革打下了坚实的基础。

她反对单打一，强调"综合"与"立体"，认为只有在教学过程中既有形成语文能力的侧面，又有形成个人思想情操、思维品质和行为方式的侧面，只有二者有机和谐地统一，教学才能获得综合效应，学生才能得到多方面的培养。在同样的单位教学时间内，一种是单打一地进行教学，一种是融知识传授、能力培养、智力发展与思想情操陶冶于一炉，二者相比较，教学效率的高低就不言而喻。

于漪老师观点的表述平实、通畅，没有文学色彩，没有惊人之语，没有卖弄与夸饰，更可贵的是，并不排斥外来先进文化的她，从不用西方的故作新颖的话语方式。她从来都是用大家都听得懂，领悟得了的话语来表述自己的观点，时而会打个比方，时而会左右勾连，时而又是洞幽烛微。她没有"后现代"的话语,却有"后现代"的思维方式。她找到了母语教学与中华文化、世界文化之间的榫头,找到了"教"与"学"的逻辑接口。正如她所言,语言本身就是文化,她的语言就表明了她的文化立场。那不是一种形而下的话语技巧,恰是形而上的理性思考。因此,她的评课或旁征博引,或提纲挈领,或纠偏补缺,都带给教师最好的引领。

鞭辟入里,不溢美不隐恶

比如今天某老师的一堂课,开始上课时他讲了很多,后来我们给他提意见,内容那么多是来不及的,要忍痛割爱,因为余秋雨写的是文化散文,每句话都可以咀嚼,十节课也不够,就一节课时间怎么办。现在通过预习,抓三个对比,我觉得就非常好。长城和都江堰的对比,江水和海水的对比,一个实干家、试验家、水利专家和一般当官的比,做了很多取舍。老师要懂得割爱、打仗,要把拳头握紧,伤其十指不如断其一指,因此一定要重点突出。

我觉得某老师的课还有点遗憾,在哪?宗教和人那一块,语言还没敲扎实。关键词句要像钉子一样敲到学生心中,让他们经久不忘。老师讲了,也举了些例子,但真正印到学生心中的,大概分量不大。

刘向的《新序》里面的民族精神的教育是很显露的。季子挂剑墓上,不欺,某老师抓住两个字,"伪",不欺;"宝",品德是宝,还是珍珠货币为宝,让学生能区别开来。应该说,从汉字本身来讲能生发出它的魅力,但是我觉得如何驾驭教材还有很多欠缺,平铺直叙,精髓出不来。

今天某老师课堂用语有些随便。课堂上不能乱潇洒,一切都要非常规范。

这里有肯定,但没有溢美之词;有批评,但不是居高临下的姿态。对一名在教学第一线奋战过几十年的老教师而言,于漪老师不是凭自己的经验教训来评课,而是回眸现场,结合具体课例作实实在在的点评,立场鲜明,褒贬得当。

于漪老师从来都是强调课文是学生学习语言文字的范例,应从内容与形式有机结合的高度,既要让学生整体感知,又要能对精彩的局部含英咀华。她说:"学习课文一怕架空分析,丢掉了语言文字的训练;二怕肢解,把好端端的文章肢解成若干零部件,丢掉了文章的灵魂。"她在评课时,绝不只是空讲这些理论,而是源于具体的教学内容。如果撇开了具体的教学内容大谈特谈,那么即使再精彩的点评,也只会成为七宝楼台。虽然有些话语,执教者听了会一时脸红,但却会终身受益。于漪老师没有客套,没有虚与委蛇,更没有"在文化的脂肪上搔痒",而是用自己的话语,击中要害,点明实质。

悉尼·胡克在《含糊的历史遗产》中打过一个比方,说街上有一个因酗酒而肇事的司机被警察发现了,但是这个貌似深刻的警察不去抓这个司机本人,而是听信辩护律师的解释,去追捕酒店老板,又去追捕酿酒的厂商,直至要去追捕酿酒的始作俑者。如果评课也是这样大绕弯子,说的人或许不疲,听的人却会累得大打哈欠。博尔赫斯的话语或许更有警醒作用,"泛泛之词和无谓的激情都是缺乏专业素质的表现"。

于漪老师的评课恰在教师止步的地方挂出一块指示牌,上面有着善意的提醒。

体贴入微，不作壁上观

我想语文课从来都是遗憾的课，上课上得十全十美那确实是没有的，我自己上了一辈子遗憾的课……这堂好一点，下堂就差了，上砸掉了。这非常正常，世上没有十全十美，哪一堂课能放之四海而皆准的？那就不叫教育，不叫语文教学了。

教学要货真价实。一字一句到学生心中，一字一句、篇章结构背后是什么，要让学生很好地领会。课并不是都要热闹非凡，又不是超市……备课备到语言文字一个个站立在纸上跟老师对话了，明白作者在说什么，你就进去了。教到学生觉得作品站起来跟他说话了，这就对了。

所有的课都应读懂教材，这是非常重要的一点……要真正读懂，既读懂字面，又读懂内涵，还要读懂字面和内涵如胶似漆的关系。

再如杨绛的《老王》，这堂课很不好上……这堂课里头有三个关键的东西：第一个是形……第二个是情……第三是理……

要亲近语文，用什么？用我们的实力，用精彩的课堂教学吸引孩子们对语文的热爱，用我们精彩的课堂教学来弘扬中华的文化，用自己的智慧和青春来诠释我们的语言文字是有表现力生命力的。这样才无愧于当一名语文教师。

限于篇幅，只摘出几句，几句之中又以省略号略去诸多内容，但是可以看到于漪老师在严格背后的体贴入微。章太炎说过，病实者宜泻，病虚者当补。语文教学，怎么可能十全十美，于漪老师深知这一点，因此心胸坦荡，既坦诚自己的不足，又宽慰了执教者的心。评课者与执教者之间没有壁垒，不是"对峙"，而是"对话"。

【就什么说点什么】

于漪老师向来反对模式，评课也没有模式可言，可以三言两语，点到为止；可以滔滔不绝，洋洋洒洒，只要本色当行，就能博取掌声一片。

于漪老师的评课诚字为先，以理服人，给人体贴入微之感。她不是站在对岸观火，不是坐在一边说说风凉话，而是推开教师心门，走入教师心房，这需要博学才识，需要才情趣味，更需要对事业的情怀。

这样的评课难道还不能令人获得心灵与情智的提升吗？

想起了刘小枫曾提到知识分子特有的话语如果看起来像时装模特儿的身体——装腔作势，那么身姿自然就会扭动起来。要知道，知识分子走"猫步"是毫无美感可言的。

散文评课集锦

学起于思，思起于疑
——评步根海老师执教《合欢树》[①]

步根海老师是上海二期课改语文课程标准的主要制定人之一，他对课改理念有着极其深入的理解，本节课是他对自己提出的"沉浸、体验、感悟、思辨"这一阅读教学指导思想的具体实践。

以前的阅读教学费时多，存在的问题也多，主要表现在：一、不顾语言环境，对语言知识作过细的分析，语文课成了语言知识的剖析课；二、架空了语言，对文章内容进行漫无目标的讨论；三、曲解文本内容，对课文作琐碎的、微言大义式的分析。在这堂课上，我们看到的是教师以生为本，不仅只考虑文本内容，而是更多地考虑学生的实际水平（包括他的思想水平、语言水平），考虑学生的兴趣点、障碍点、发展点，从知识与能力、过程与方法、情感态度与价值观三个维度出发来组织与实施教学。

1. 在质疑中生成

孔子说："学起于思，思起于疑。"亚里士多德认为，"思维是从疑问和惊奇开始的"。这堂课就是从学生的质疑中拉开了帷幕。幕一启，学生纷纷登场，那一个个问题既在教师的意料之中，又不全在教

---

① 《合欢树》课堂实录见《语文学习》2006 年第 9 期。

师的预设之中。

看得出，教师平时注重对学生问题意识的培养，他对学生质疑是有方法上的指导的，"我说过三类问题，请大家提出来讨论"。至于哪三类问题，可以从后面的教学中看出，即内容、语言、结构等三个方面。在学生根据自己的初读体验提出问题后，教师及时地对大部分问题进行了完善，或归纳、或概括、或明确范围，这对学生思维能力的培养、质疑能力的提高是有着举足轻重的作用的。

在一个个问题"出炉"后，教师迅速地把握"火候"，从生成中因势利导，明确本文学习要解决的三个问题，让学生心中也有一本明细账。而后面的教学均从这里展开，换句话说，都从学生的实际需要出发。过去的课，教师预先设定教学目标，教学设计围绕其展开，虽然有合理性，但不足也是显而易见的，因为教师的作用容易被强调得过分，而学生的主动性就大大受到遏制，原本应该活泼泼的课堂变得沉闷、无趣、封闭也就不足为怪了。看得出，教师在这堂课前对教学目标、内容、进程、方法与手段是有过预设的，但又是留有很大弹性的。在课堂上，他认真倾听，从而决定推进的速度；有效点评，从而把握问题解决的差异度，整个课堂是开合有度，收放自如的。这样，教师就真正地成为了"平等中的首席"，也让我们看到了处理好生成的重要性。只有关注了生成的课堂，才会是充满了生命力的课堂，学生的个性才会得到张扬，创造力才会得到释放，而教师自身的生命活力也才会得到激发。

2. 在生成中体验

有个坐禅的故事，说一位老和尚在大热天里晒蘑菇。有人问他为什么不让别人来干呢？他说："别人不是我，而我也不是别人。别人无法体验我的动作。我应该自己体验如何晒干蘑菇。"

这个故事对教学是有启发的。教师不是把自己对文本的理解讲授给学生听，而是要通过适当的方法让它内化成学生自己的东西，更要让学生自己来体验、感悟文本。"不到园林，怎知春色如许"呢？

阅读的目的是什么？不少教师对这个问题始终存有困惑。这堂课带给我们许多启示。教师对文本内容的处理，不是静态的、琐碎的分析和训练，而是动态的、以感受、体验为主的整体感知，具体吸收。在课上，他引导学生沉浸到文本中，以自己已有的知识经验与生活经验来体验文本内容和其中蕴含的道理，形成自己的见解，同时从文本中吸取语言的精华，以此丰富自己的语言，丰富自己的思想，提高表达水平和思维能力。

可见，阅读不只是为了获得一定的语言知识，也不只是为了读懂、把握文章内容，也不是为了弄清、记住一些道理和概念。阅读的过程，是唤醒的过程、是认识审美的过程，是语文积累、语感增强的过程，也是情感陶冶、思想水平提高的过程。这是步老师平时经常强调的，今天在课堂上得到了很好的体现。

比如，教师请学生回忆已学过的《秋天的怀念》一文中的相关内容，意在让学生用已有的知识经验来体会文本内容，加深对文本的理解。他不是简单地让学生去回忆那篇文章的相关内容，而是把两篇文章的内容相互参照。教师在学生懂得"20岁时的母亲已不年轻，而且把全部心思都放在我身上"后，请学生思考："但是对母亲的改变，20岁时我对这种改变认识得是否深刻？"学生到文本中找了依据，作者说："别浪费时间了，根本没用，被烫伤后心想：死了也好，死了倒痛快。"这些看法并不是教师强加在学生头上的，是学生自己体验后获得的感悟。

教师把"过程"还给了学生，让学生在"过程"中享受思维的乐趣，尽管课堂上没有此起彼伏的发言、人声鼎沸的讨论，但同学们确实沉浸在文本中，在头脑中形成"思维风暴"。

3. 在体验中指导

今天的课堂是开放的，但教师没有忘记自己指导者的身份，仍然在"导"字上做文章。他引导学生质疑，指导学生解疑，教会学生在比较中辨析。比如，教师让学生思考并初步解决"在母亲眼中，这颗合欢树是什么?"这个问题以后说:"你们觉得在这里写这个孩子,作者想表达怎样的感情思想? 我们一起来读最后一段。"教师很自然地把学生从对文本具体内容的理解引导到对文本思想感情的理解上来,况且,"旧书不厌百回读,熟读深思子自知",学生在朗读中进一步感受了文本的语言,思考了文本的内涵,因此后来学生对文本的理解是较为深透的,学生体会到了"生命的延续",树是"母亲的寄托"、"思念的凝聚"等。

在学生的质疑后,教师不露声色地进行指导,比如一个学生问:"题目是《合欢树》,为什么前面大部分都没有讲到合欢树,最后一小部分才讲到合欢树,这合欢树到底代表着什么?"教师马上说:"包含两个问题:一个结构上的,一个它的内涵。"这种提炼与概括对学生这方面能力的培养是有着很大好处的。这种指导恰如钱钟书所说,是"水中之盐,蜜中之花,无痕有味",绝不是外加的简单的学习方法或思维方法的所谓的"学法指导"。

当学生体会到文章表达的是"生命的延续"时,教师既没有成为学生思想的尾巴,也不是以是非的仲裁者自居来发表一锤定音的最高指示,而是说"生命的延续,对,但不够,还是对生命的体验……"他以自己对文本的深刻理解,为学生提供了更广阔的思考空间。

米可煮成饭,亦可酿成酒
——评朱震国老师执教《我交给你们一个孩子》①

读完朱震国老师执教的《我交给你们一个孩子》一课的教学实录,我不由得想起了卞之琳的《断章》:

---

① 朱震国:《交给你们一个孩子》课堂实录,见《上海的名师课堂·朱震国卷》,
　　上海教育出版社 2009 年版。

你站在桥上看风景/看风景的人在楼上看你/别人装饰了你的窗子/你装饰了别人的梦

此诗之所以为人传诵,主要在于诗人运用"视角转换"的手法,造成了空间的"重构",构成了突破常规的经验,从而产生了极大的艺术效果。

张晓风的《我交给你们一个孩子》一文,开篇这么写道:

孩子走出大门,返身向四楼阳台上的我招手,说:"再见!"
那是好多年前的事了,那个早晨是他开始上小学的第二天。

这两句话给全篇定下了基调,前一句为叙述创设了一个场景,一个特定的空间,后一句则表明了作者是在某一个时间不明确的"现在",去叙述"好多年前"的一个"过去",而这个"过去"是明确的,即"他开始上小学的第二天",但作者担忧的则是孩子的"将来"。整篇文章,包含了现在、过去、将来,形成了一个时间上的圆圈,而孩子从"走出大门"、"走出长巷"到走到"马路"上,一直到走向这个"世界",作者笔下的空间又在渐渐扩大。

一名优秀的作家一定具有出色的时空感,一部作品或一篇文章的高下,在很大程度上取决于作家对时空转换的处理。一名优秀的教师同样会运用自己的教学智慧,巧妙地利用各种"转换",来完成对教学内容的建构和教学过程的实施。

回到朱老师的课堂上,我们关注到教师在导入之后说了这么一句话:

文章的题目叫"我交给你们一个孩子",这是从一个妈妈的角度,那么我们从孩子的角度来学习这节课,就叫做"让我们共同来感受一个妈妈",好不好?

朱老师的这句话，粗听之下，或许只是承上启下的一句话，其背后却体现了教师对新课程理念的准确把握，教学既要立足教材，又要超越教材，要变"'教教材'为'用教材教'"。

我们所使用的语文教材是文选型教材，教师必须自己建构教学内容，在建构内容时要避免两个极端，一是唯教材至上，不敢越雷池一步，从第一段仔仔细细讲到最后一段，条分缕析，惟恐有所疏漏；二是把教材扔至一边，或仅仅只是作为一个引子，无限制地随心所欲地链接"超文本"，最终离文本渐行渐远。这可以算是建构教学内容的注意事项吧。

到底如何建构教学内容，朱老师恰似过海之仙，显了自己的神通，他巧妙地把作者写作时"妈妈"的视角，转换成了上课时"孩子"的视角。这样的转换，使教学从原来的"以本为本"转变成了"以生为本"，符合学生的认知能力，有利于学生学习兴趣的激发。

其实，这样的设计不仅体现了对教学内容的巧妙建构，而且形成了独到的教学思路。前半节课，在解决字词的基础上，主要以教师事先预设的一个主问题展开：

> 从第六段开始，特别是七、八、九三个小节，最后连着用了六个问句。你认为作者用了这么多的问句，主要提出了一个什么样的问题？

这个问题引导学生把目光聚焦在对文本内容的整体把握上，即妈妈"对孩子成长的焦虑"。

后半节课，师生进行了角色的转换，即由学生来提问，教师来解答。这样的转换不仅仅是角色的换位，它真正激发了学生的求知欲，这从学生的质疑中可见一斑：

> 题目中的"你们"指的是谁？

第三自然段说,"母子一场,只能看做一把借来的琴",可是为什么后面却说"借来的岁月"呢?

第七自然段,为什么说"是以自己的儿女为赌注来信任的"呢?

第四段中说,"他欣然地走出长巷,很听话地既不跑也不跳,一副循规蹈矩的模样"。但是,这位母亲为什么还"怔怔地望着朝阳而落泪"?

学生的问题很见质量,有些确属他们的"有疑而问",有些恐怕属于"无疑而问",学生也能抓住文本的紧要处来发问了,这是令人欣喜的。此外,学生们的这些问题更多地聚焦在对文本局部的理解上,正好和前半节课教师的主问题形成互补。

当然,教师在解答的过程中又时不时巧妙地把"球"踢回给对方,一会"进攻",一会"诱导",把学生的学习热情充分地调动了起来。例如对"琴"和"借来的岁月"的理解,教师和学生之间足足进行了十几个回合的"交锋"。朱老师一步步引导学生从"歌曲、音符、节拍"去理解"琴",理解孩子的"成长在妈妈心中永远是最美妙的旋律";一步步引导学生从"生命的偶然与神奇"中去理解"借来的岁月"。这里,我们看到的不是"德比之战",而是教师思维与学生思维的对接,感受到的不是教师的引君入瓮,而是循循善诱和对语言的含英咀华。

最后的教学环节,在齐读课文之后,朱老师引导学生关注文章标题和结尾,他的引导不露声色:

妈妈这些话都是说给谁听的? 在题目中怎么说?

你发现了吗? 妈妈的这些话,"你们"是不一定能听见的。

那还有必要说吗? 说出来还有什么意义吗?

随着这样的追问,学生们逐渐理解了妈妈"由衷的心愿",懂得了"作为孩子,我们总是妈妈心中最为重要的一份牵挂!"课上至此,教师在课始所提出的"让我们共同来感受一个妈妈"的目标已然水到渠成。这时,教师又将话语一转,引导学生回到作者写作的视角上,关注文章的最后一段:

　　　　世界啊,今天早晨,我,一个母亲,向你交出她可爱的小男孩,而你们将还我一个怎样的人呢?!

　　这一段,集中体现了作者的复杂心理,既不得不把孩子"交"出去,又担心孩子的未来。这里,作者用一个个词或词组,构成一个个分句,在"交"和"还"的转换,"可爱的小男孩"和"怎样的人"的转换中,表现了自己的精神取向,使作品形成了巨大的冲击力,给读者带来了强烈的感染力。朱老师的课能在作者的立足点和自己教学的立足点之间形成一种自然的转换,因此,他的课无疑也和张晓风的作品一样,给我们带来了强大的冲击力和感染力。

　　当然,因为文学作品的冲击力不仅仅来自词语本身所固有的张力和句子所蕴含的深刻含义,它还来自"关系"——词语与词语间的搭配、句子与句子间的组合、段落与段落间的结构等。比如,第七自然段中"欢欣诚实又颖悟"和第八自然段中"正直忠信"间存在着怎样的关系? 第六、七、八三个自然段的结构是并列还是递进? 如果我们能在教学中更多地关注到词语、句子、段落组合的独特的结构方式,那么也就能使教学臻于更为完满的境界。

读"厚"而非"稀释"

——评邹一斌老师执教《〈呐喊〉自序》①

　　这堂课很显著的特点在于把通常的复述式阅读转换成了阐释性阅读,邹老师不是逢山开道,遇水搭桥,碰到什么讲什么,而是围魏救赵、借石打鸟,以《呐喊》的捷克版本的序言作为贯穿全课的线索,并随时借用学生熟悉的鲁迅诗文,一方面使课堂的容量大大增加,另一方面又深化了对文本的解读。这种"超链型课堂"的背后,不是对文本的"稀释",而是把文本读"厚"了,于是也就教出了个性。

　　鲁迅作品一直是中学语文教学的重要篇章,但多少年来,我们对其作品的解读陷入了一种模式,总喜欢用一些标签式的语句去评论鲁迅的文章与为人,这样的评论显然是空泛的,用在鲁迅身上没错,用在别的许多作家作品上也完全行得通。如此教学,无法使学生对真实的鲁迅思想有一个具体而感性的认识,反而拉大了学生与鲁迅之间的距离。鲁迅先生离开人间已经70多年,远比他在人间停留的时间要长。这70多年来,鲁迅先生要么被神化,要么被异化。这也直接导致了现在的许多学生提起鲁迅就头痛,看到鲁迅的文章就害怕。所以学生中间流传一句话:"一怕文言文,二怕写作文,三怕周树人。"有些地方在课改过程中将鲁迅作品大大削减,以为能从根本上改变现状,其实这种急功近利的做法只是隐藏矛盾,而非解决矛盾。

　　听好几位老师教过这篇课文,大多是空洞地赞颂鲁迅先生的战斗精神、探索精神、自我解剖精神以及强烈的爱憎、远见的卓识。老师们大多是和鲁迅先生写作本文一样——文章首句是"我在年轻时

---

① 　《〈呐喊〉自序》课堂实录见谭轶斌著《让语文课堂更精彩》,上海教育出版社2009年版。

候也曾经做过许多梦"——从"梦"开始切入文本的,因而,课堂上主要也就是对文本的复述性阅读或扩展性阅读,学生对文本的理解也就停留在通常的一些概念上。目前市场上有些书籍以把哲学稀释成心灵鸡汤为时髦,文本解读切忌赶这样的时髦。

邹老师通过自己对文本的独到把握,让学生感受到了一个相对真实的鲁迅。鲁迅终其一生都未能摆脱内心的寂寞,年轻时洋务救国梦、学医救国梦、文艺救国梦相继破灭,他陷入了无边的寂寞之中。所以在1936年的捷克版本的序言中,我们依然读得到这种寂寞,这种寂寞就"像大毒蛇一样缠绕着他",直到他临终之前。艾青在诗中写道:"为什么我的眼睛常含泪水?因为我对这土地爱得深沉。"情到深处人孤独啊!鲁迅是一个爱国者,但报国无门;是一个先行者,但曲高和寡。同时,他又是一个思想者,但他不能穷天究地!一个人如果思想敏锐、目光犀利、高瞻远瞩,对人生有深刻的认识,对社会有强烈的责任感,对民族有强烈的使命感,那么,他往往在同时代人中找不到知音,这种情况下,就会产生寂寞。

邹老师读到了寂寞的不同层面——作为常人、作为弱国的子民、作为先驱者,寂寞的表现各不相同。正像"举世混浊而我独清,众人皆醉我独醒"是屈原的寂寞,"前不见古人,后不见来者。念天地之悠悠,独怆然而涕下"是陈子昂的寂寞,而"寄意寒星荃不察,我以我血荐轩辕"才是鲁迅的寂寞。要命的是,这种寂寞"不特没有人来赞同,也还没有人来反对",这是鲁迅先生从心中所喷射出的一腔激情孤愤啊!它决不是百无聊赖,更不是无事可做。

正是教师对文本深刻与独到的理解,才决定了这堂课的教学框架与教学内容的建构都令人耳目一新。教学框架并不仅仅是过程与方法的展现,其实质是内容,有了独到而适切的内容,并使它有组织、按顺序地呈现,才会使课堂站得住脚。

就教学过程而言,学生是很容易找到"梦"这个关键词的,因为这是一条显性的线,但是隐含在"梦"破灭之后的"寂寞",却是大部分学生所不能轻易体会到的。即使体会到了，也是偏于感性的，学生会找到一些事实来表明鲁迅的内心是寂寞的，但还不善于提炼，我们看到本堂课上，教师精练的点拨常常是一针见血，而绝非浮光掠影式的评价。

值得强调的是，这堂课不是坐而论道，而是教师带领学生进入到语言的奥区，既有从整体上对鲁迅思想情感的把握，又有对具体语言的深入品析。课的尾声部分谈到鲁迅从不请别人给他作序等内容，让学生进一步理解了本堂课的教学意图：学习这篇自序，关键并不在于掌握自序写作上的特点，而在于把握这篇自序所传递的真实情感，去聆听鲁迅真实的心声，在于通过不同版本的序言，看到鲁迅先生一以贯之的生命情怀。

既得其神，又得其形
——评陆宏亮老师执教《滹沱河和我》①

下课铃声响起，我依然沉浸在滹沱河冲破一切阻碍的气势之中，那被作者牛汉称之为"本命河"的河流，似乎就在我眼前肆意地流淌，是牛汉的文字震撼了我，也是陆老师的课感染了我。在这样的课堂上，教师、学生和听课者的情感河流在课堂的河床上共相融汇。我们暂且抛开教师是通过怎样的核心问题架构起整堂课，抛开教师何以能把课堂氛围与文本风格紧密契合，抛开师生之间是如何互动等一系列话题，只把眼光聚焦在教师对文本的解读之上。

牛汉的文章虽好，但是难懂。教参写得过于简单，且不到位。让我们看看陆老师的解读：

---

① 《滹沱河和我》课堂实录见谭轶斌著《让语文课堂更精彩》，上海教育出版社2009年版。

"本"者根本，"命"者命运，一条河流就这样决定了作者一生的根本命运。一条河流的形象与一个人的命运是叠加在一起的，这是作者的生命在呼唤。

诗人经历了人生那么多的波折，在古稀之年把视线落在了故土之上，寻找精神的慰藉。

文章似乎在讲述一条河流与一个人的故事，但在这条河流中我们分明感受到的是一种勇猛向前，敢于粉碎一切阻碍的气势，不甘于束缚，不甘于平庸，不断冲破障碍，热烈、雄浑，这不就是我们这个民族所拥有的精神气质吗？

陆老师的解读虽然有他的"前结构"在，但可喜的是，他首先把文本真正地看作了一个不可分割的统一体。文学作品的美首在整体，牛汉笔下的滹沱河有着惊天的气势，而牛汉这个硬汉子的生命之河，更是让人感受到了"勇敢"、"豪气"与"荣耀"。这条河既寄托了牛汉对故乡的爱，又隐含着中华民族的精神，他写这条河，何尝不是在寻根？陆老师在阅读时是见到了整座森林的。当然，他也看到了林中的一棵棵树。可以说，教师对文本的解读既得了"神"，又得了"形"，且得"形"的方式多种多样。

第一种方式——紧扣词句，又超脱于词句之外。比如，对"喷"和"降落"的理解，陆老师的解释很有特色：

一个"喷"字写出了滹沱河突破了层层阻挠，势不可挡，甚至，我们可以听到土层被撕裂时所发出的痛苦的呻吟；"降落"，让人只觉得铺天盖地，同时，声音本无形，但"降落"一词却给人以形象感。由此，地下、天上，整个世界都充满了滹沱河的声响，大河在爆发！

从这里我们可以看到，教师是联系整体来看细节的，对词语的理解不仅仅局限在表层意思上。此外,他还带着欣赏中的审美感动来理解,不是冷漠的纯技术分析,称得上是一种移情。

第二种方式——善于联想,用联想丰富文本的意蕴。比如,对"吞没"的理解,先是从字形上去把握"天张开了口,整个儿地消失",然后和"淹没"作比较,表明气势上的区别。令人耳朵一激灵的,是教师又冒出这么一句话来:"观京剧时的经验,名角亮相之前总伴着紧锣密鼓,滹沱河的真面目让人期待!"这是教师引导学生用生活经验去联想。

课上不乏这样的例子,比如"狗一直是忠勇的象征,为人类看家护院,不辞劳苦。然而,在大河面前,它们没了方向,乱了方寸,无助、恐慌"。高明的作家善于用词句去激发读者的联想,陆老师也堪称高明,他善于引导学生用自己的联想来补充文本的意蕴。谁说作家只赋予三分的话,读者就不能发挥七分呢? 其实,很多时候,一个高明的作者就是故意把话说得含糊其辞的,而我们就要去反复琢磨其中的意味。

第三种方式——强调语境,在语境中去读出深刻含义。当学生提及作者把水花说成是"千千万万匹野兽在飞奔"时,陆老师立即让学生思考"什么是野兽",强调野兽的"血性"、"勇猛"、"执着",再以"一匹"和"千千万万匹"形成反差,引导学生去悟得滹沱河爆发时的不可阻挡的气势。有人曾打过这样的比方,说词语就像变色龙,又像空杯子,只看你往里面装什么。这话虽然有些绝对,却是强调了词语对语境的依赖性。

学者谢有顺曾说:"好的散文一定由两部分构成,一是物质元素,一是精神发现。没有物质性的散文,就像是没有身体的灵魂一样,是没有家的,不真实的,苍白而无味。而好的散文,在物质元素之上,还有作家的精神发现和心灵看法,可这也必须是与散文的物质性相结合而生的。——事实、经验、细节之上,贯穿着作家的精神发现和心灵看法,这就是散文最重要的两个维度。"①其实,这话也隐含了文章整体与部分的关系。散文教学,既要立足整体,引导学生读出作者的"精神发现和心灵看法",又要关注局部,去体悟细节、感知语言。以此来关照,陆老师的课无疑是成功的。

"过河"仍不"拆桥"
——评平智炜老师执教《上海的弄堂》②

作者陈丹燕在《上海的弄堂》这一文本中强调,底色是城市给人的第一印象,借用过来,朴实、明快则是这堂课带给我们的纯净的课堂底色。这堂课除了两幅必要的图片之外,没有花里胡哨的噱头,没有与文本若即若离的随意的拓展生发,有的只是对语言文字的含英咀华,对细节描写的学习与应用,对描写、议论两种不同的表达方式的把握,对陈丹燕的视角中所勾勒出的弄堂生活背后的上海风情的感知。

在以唤醒学生的生活感受导入新课以后,第一步是让学生找出对弄堂进行描写的语句,引导学生去抓重点语句与字词,体会弄堂中上海人的生活。比如,抓住"头发如瀑布的小姐"、"毗邻的小阳台里暖暖的全是阳光"等进行细致而深入的理解,去体会那内外有别的细致,那一丝不苟的精致,那一份精明,那一种求实惠的心理,那一丝小情调,那一种内在的随性与真实。总而言之,通过看得见的弄堂生活去捕捉上海这座城市隐秘的内里所在。

第二步是教师让学生用随着文章学来的细节描写的方法当堂一

---

① 谢有顺:《从俗世中来,到灵魂里去》,郑州大学出版社2007年版。
② 《上海的弄堂》课堂实录见谭轶斌著《让语文课堂更精彩》,上海教育出版社2009年版。

试，这不仅仅是学以致用，也是在更深地走入文本。学生在描写中不自觉地加入了文本的内容，如"风中花花绿绿的衣服"等。在学生的口头语言实践之后，教师的点评不可谓不到位，既肯定优点，又指出问题，关键还在于都指向具体内容，而不是大而化之，笼而统之。法国思想家福柯曾说过，现成的话语会障蔽人的思维，平老师的这段点评是具体而微，能带给学生以思考和收获的。

第三步是让学生找出文本中进行议论的语句并加以体会。尽管陈丹燕的文本也有着开放性，每一位学生都可以读出自己的理解，他们通过弄堂所感受到的上海人的生活方式和心态大概不会完全相同，这样的解读是今天的课堂所期待的但是，无论再怎么开放的文本，总还有作者的原意在，陈丹燕笔下的弄堂肯定不同于鲁迅《弄堂生意古今谈》中的弄堂，不同于管继平《一段难忘的弄堂情结》中的弄堂，她有着自己的特色，因此这一步就是让学生通过议论的语句去追索作者的原意，去理解陈丹燕所强调的"最真实和开放的空间"，去进一步体悟"上海人的生活底色"。陈丹燕以女性的视角、个人化的视角来写上海的生活，上海人的风情，她不是纯客观地描写或叙述，而是带着主观情感的，所以，这一步决不是可有可无，是在整个"课堂底色"上作了一笔恰到好处的"点染"。细细想来，其实，远了的，是韶光不再的年代，近了的，则是无法完全割舍的风花雪月般的上海岁月。或许读到这一步，才算是抵达了文本的"核"。

在整堂课上，这三步其实就是三个教学板块，它们清晰地架构起了整节课的框架，它不是按部就班地复现文本内容，教师对教学内容的构建体现了对"用教材教"这一理念的准确把握。在这过程中，教师清楚自己的身份，她就像是弄堂里的导游，把大家带到看得见风景的地方，然后自己退居一旁，让大家自己去看去想去体悟，在大家看不明白的地方，她站出来给出一些提示，给出一些方法，方法的学习是隐含在具体内容中的，绝不贴标签。

最值得一提的是，教师明白阅读教学的实质，它必须是语言文字的,而非仅仅是文学的、文化的,所以她绝不是仅给学生几个空洞的概念,而是让他们沉潜到文本中,引导他们在陈丹燕平易却精致的言语间穿行,因为她懂得不能得意而忘言,文本的"意"始终是通过"言"来表现的,所以,她绝不"过河"就"拆桥"。

当然,个别地方对语句的品味还可再深入些,比如"修鞋师傅旁边的小凳子上坐着一个穿得挺周正的女人,光着一只脚等着修鞋,他们一起骂如今鞋子的质量和那卖次品鞋子的奸商",什么叫"周正",作者为什么不用"端庄"、"端正大方"这样的词语,而要用上这么一个方言词呢?《红楼梦》中写到姑娘的长相好,是很喜欢用"模样周正"这一词组的,那么这里为什么要突出这一点呢? 原来作者正是要突出上海人身上外在的精致与内在的随性。可见,当我们发现了语言这一宝盒子的时候,还要想方设法去打开这个盒子细瞧个究竟,这样我们会获得更多。

当然,陈丹燕的文字太精致,如果每一处都这样处理的话,40分钟势必是不够用的,那么有些地方就应忍痛割爱,因为一节课的容量是否大不在于量的多,而在于质的精粹。

"提拎"与"打开"
——评兰保民老师执教《贝多芬百年祭》[①]

关于《贝多芬百年祭》一文,我浏览了几家教育网站的多则教学设计,发现教学环节大致如下:

①贝多芬具有怎样的鲜明个性? 哪些地方体现出其个性?

②贝多芬的音乐具有什么特点? 你是从哪些语句中体会到这

---

① 兰保民:《贝多芬百年祭》课堂实录,见《上海的名师课堂·兰保民卷》,上海教育出版社2014年版。

些特点的?

③ 作者对贝多芬这一人物的刻画,除了直接描写外,还运用了什么艺术手法? 有什么好处?

④ 本文的语言优美、生动,饱含着作者强烈的情感,试举例加以分析。

不能说这样的设计有什么明显的不合适,但是这种设计明显没有抓住萧伯纳文章的精髓,也很难抓住学生的心灵。

正如兰老师在课堂上所提及的,本文所涉内容庞杂,作者笔下的人物贝多芬又是"沉甸甸的,意蕴非常深厚"。面对这样的文章,又是只有一个课时的教学时间,必须找到一个既切合文本特点又符合学生认知心理的教学切入点,才可以顺利、有效地完成教学任务。欣喜的是,兰老师找到了"对比"这一艺术手法,并用它来和学生们共同推开这堂课的大门,并一步步"登堂",最终"入室"。

于漪老师曾强调,阅读教学设计要"强主干,删枝叶"。确实,一节课的时间有限,若想面面俱到,反而会造成蜻蜓点水的局面。老子说,"少则得,多则惑",教学设计一定要体现"多了就是少了"的辩证思维。

兰老师先让学生找到三组对比,然后用不同的方法去引导学生感知、领会对比背后的内容,这使得课的主线一下子清晰可见。第一组对比,抓住"最奔腾澎湃"这一词语展开;第二组,采用圈画的方式,从贝多芬和前辈音乐家特征的词语入手;第三组,紧扣贝多芬和巴赫、莫扎特音乐特点的句子。显然,兰老师对三组对比的处理是各有侧重的。更可贵的是,他在和同学们共同理解完这些内容后,抛出了这样一个问题:"下面我们来看一看三组对比之间的关系。通过第一组对比,萧伯纳向我们展示了贝多芬奔腾澎湃的灵魂,并且在第二、三段的对比中深入挖掘了在这颗奔腾澎湃的灵魂中,蕴含着时代的革命的精神。那么,第三组对比和前两组对比之间是一种怎样的逻辑关系呢? 也就是说,贝多芬的个性和音乐之间的逻辑关系如何?"

这篇文章,很容易被某些老师处理成道德文本,让学生不断地去感受贝多芬的"反抗性"。用英美新批评的概念来评说,这样的教学只关注了文章的"外部",而忽略了文章的"内部",即语言特征、叙述角度、思路结构等。而兰老师的"逻辑关系"一问,使他的课堂彻底摆脱了这种局限。这富有教学价值的一问,引发了学生对文章内在逻辑的关注,也激起了深层次的思考。相信,当学生体会到"正是因为有这样一个奔腾澎湃的灵魂,才有这样一种狂放不羁的音乐"这一因果关系的时候,已抵达了文本的核心。音乐家与音乐岂可分矣!

但稍感遗憾的是,兰老师未能在此时更进一步,引导学生去深度感受作者萧伯纳对此的感情与态度。正如茨威格写《世间最美的坟墓》一样,这也是一篇大师写大师的文章。萧伯纳这位英国杰出的剧作家、音乐评论家——这是兰老师在课始就点明了的——写贝多芬,没有卖弄自己的学识,用大量的音乐术语来谈自己对贝多芬音乐作品的理解等等。因为他深知,这不是在写音乐评论,而是在写"祭文"。他举出贝多芬的不少轶事、趣事乃至这些事情中的细节,让贝多芬的形象与个性跃然纸上。诸如,看见大公及随从不肯避让,竟然还要从他们中间大踏步地穿过;因穿着打扮不修边幅而被警察抓起来;去世时举起拳头的奇特动作;是不穿紧腿裤的清教徒……这些,岂是要强调贝多芬"扼住命运的咽喉"? 显然,萧伯纳不是要像罗曼·罗兰那样刻画出一个"强者"形象,也不是要像傅雷那样强调贝多芬作品对世人的精神引领,他恰恰是"发人所未发",写出自己心目中狂放不羁的反抗者,乃至"疯子"。正是这样一个与众不同的,与主流格格不入的贝多芬,才体现了划时代的意义。在教学中,这些不该绕过的内容或未提及,或被带过,缺少重锤敲打,于是,也就很难体察作者在品评上的高人一筹。而散文,就是重在表现作者的情感与态度。因此,课临近尾声时,教师让学生齐读贝多芬的那句名言"我愿证明,凡是行为善良与高尚的人,定能因之而担当患难",恐怕很难称得上是明智之举。

瑕不掩瑜。在这堂课上，兰老师带给我们的不仅仅是切入点的巧妙提拎和提拎后的深入"打开"，他指导学生对精彩语段的感情朗读，对重点字词（如"怕"等）的深入研读，以及所布置的对句子"为什么说贝多芬的音乐是最有深度的音乐"双重探究（"文本探究"与"纵深探究"）的作业……都带给我们诸多启示，此处不再展开。

从教到学，境界全出
——与李百艳老师对话式评《表哥驾到》[①]

谭：我听一些老师说，"现在的语文课是越来越难上了"。对这个问题，你是怎么看的，能不能结合今天的课来简单地说一说？

李：说到语文课越来越难上，真是于我心有戚戚焉。不仅我是如此，平时在与老师做教研活动、交流的时候，大家都有这种感受。还有很多老师，他们居然用开玩笑的口吻说，"漫漫语文，欲说上课好困惑"。这个困惑主要集中在哪里呢？我想基本上有这样两点：第一个就是难在教什么。原来很简单，我们用知识来结构课堂，这一节课我把知识目标定明白，讲清楚，学生掌握了，那么这节课的目标就达到了。可是现在不同了，一节课的目标应该是三个维度的，不应该仅仅是知识目标，如果仅仅是落实这一点，是远远不够的。第二个难就难在教育过程的驾驭方面。原来我们可以说，每个环节都是环环相扣、严丝合缝的。可是现在不同了，现在课堂要求要向学生开放，我们要综合设计一个弹性化的教学方案，要给学生留有空间，既要有预设性的东西，又要有生成性的东西，那么资源从何生成，怎么样去捕捉课堂资源，怎么样去编织一个生动的课堂，怎样在课堂上去彰显师生的

---

① 《表哥驾到》课堂实录见李百艳著《上海的名师课堂·李百艳卷》，上海教育出版社 2009 年版。

生命活力？我觉得这是非常难的。

谭：确实是这样，教师研读文本，确立教学目标和教学内容，然后整个教学过程就按部就班地一步步展开，学生跟着老师走。相对来说，课堂比较容易驾驭。今天，我们是一切从学生出发，从学生的实际需求出发，以生定教，以学定教，所以课堂上不可预料的因素就大大地增加，换句话说，生成的东西越来越多。刚才你也谈到了预设和生成的问题。我觉得今天你的课在这一点上处理得相当好。比如你请学生自行拟标题，要"表明你对这篇文章在某一点上最特殊的一种理解"。这样的问题设计，一方面体现了文学作品的阅读要注重学生的个性化理解这一教学理念，另一方面，它符合六年级学生现有的认知水平、思维状态，因此充分激发了学生的学习内驱力，他们争先恐后地发表自己的意见，拟出了"难兄难弟""奇妙的一天""其实我也很全面""人各有长""我的咒语"等题目，这些都是生成的东西。"生成"反映了教学理念的嬗变，它是一种建构。以前，教师的作用被强调得过多，因而学生的主动性就大大受到遏制，原本应该活泼泼的语文课堂变得沉闷、无趣、封闭也就不足为怪。现在，你尊重了学生这一学习主体，课堂就呈现出开放状态。

李：当时我只是有这样一种想法：第一就是我的设计要给学生留有空间；第二就是要关注学生，贴近他们的需要，然后注意到，哪些是他已有的，哪些是他没有的，我想老师的作用可能就是在他没有的时候帮他去寻找，在他已经有了的时候帮他去提高。

谭：对，一名优秀的教师，一定是一个因势利导的高手。今天的课堂应该是开放的，但不能从一个极端走向另一个极端，即从原先的"填鸭式"演变为"放羊式"。教师仍要在"导"字上下功夫。还是以拟标题这一环节为例吧，学生基本上都是从表哥、表弟他们兄弟俩的角度来拟题，你就引导他们再从两位母亲、两位大人的角度去拟，学生拟出了"一样的大人"这样的标题，从另一角度较好地理解了课文内容。在课的展开部分和结尾部分，你的指导也是有目共睹的。比如说在分析人物性格的时候，有一个同学谈到"多情种"，你就及时指出这种表述不妥当，应该是说这个人物的内心非常丰富。再比如，你让学生仿照课文从表哥的角度来写一段姊妹篇的时候，有一个学生对表哥这个人物的性格把握得不够到位，你就及时地指出了偏差。应该说，你已成为"平等中的首席"。

李：我觉得在新课程当中，教师的角色就该是和学生对话，是一种平等的身份，是对话当中的首席。作为一个教师，在引导学生阅读的过程当中，应该更多地去珍视学生独特的体验。新课标指出，阅读是学生的个性化行为，不应该以教师的分析来代替学生独特的体验。我想，在教学过程中，教师的"导"应该是为学生自己去发现，自己去体会，自己去感悟，自己去理解而服务的。

谭：很有同感。我还一直在思考一个问题，那就是阅读的目的到底是什么？我想不仅仅是在于让学生去理解这篇课文到底讲了什么内容，而且还要知道这样的思想内容是通过怎么样的语言形式体现出来的。我注意到你这节课的另一个核心问题是："这篇文章当中的'我'是一个有着怎样个性的少年？作者又是怎样用充满个性化的语言来塑造这个人物形象的？"这就把学生的注意力引到了"语文形式"上，学生通过反复阅读、感受、思考，体会了"大词小用"的语言风格。

李：语文教育的任务应该有两方面吧，一方面是培养学生理解和运用祖国语言文字的能力，另一方面是通过文学作品的教学对学生进行人文教育。我们期望着课堂上学生们是充满生机和活力的，但是要活而不泛，放而不纵。当学生是一片汪洋的海的时候，那么教师就要给他一道岸。我想这个时候他的思维就会呈现出一个很完美的流程。

谭：这个比喻很精彩。语文教师一定要明了语文教学的真谛，明白学生的内心需求。你的课上得很朴素，也没有什么多媒体，但看得出来，它已经对学生的心灵和情感发生了作用。比如说在课的最后，你布置了一个作业，让同学们回去把这个故事讲给自己的父母听，然后你追问了一句是否知道这样做的用意,学生们谈出了自己的看法,这时,你及时加以点评,强调每一个人都是"闪闪发光的星星"。我就觉得这节课的育人功能已经达成了。听、说、读、写的能力中体现着思想水平和精神品位,如果离开了思想与情感的熏陶,孤立地学习语言,也是得不偿失的。我们今天的课堂,仅仅关注怎么教是不够的,更多地要关注教学内容,要对教材进行重构,要把握学生的学习状况,要通过语言文字来引导他们细嚼慢咽,含英咀华,同时培养他们的人文情怀。

李:是的,这个细嚼慢咽和含英咀华,就是语文课之所以成为语文课的根本所在,也就是大家常讲的"语文味"。这节课中,我引导学生对人物性格进行把握的时候,是把它和语言的品味放到一起同时来进行的。此外,我觉得这样的阅读课,学生独特的阅读体验是任何人所不能够替代的。一样的美味,没有人说别人吃了可以代替你的感受。

谭:"不到园林,怎知春色如许"。

李:学生自己的感受特别重要。应该说在这节课上,越上到后面,我越能够和学生融为一体了。但是我觉得这节课,还有很多不足的地方,我希望你能给我一些非常宝贵的意见。

谭:说到不足呢,我感觉主要是前面部分,也就是一开始的拟题部分,这个环节处理得比较冗长、拖沓了一些,似乎有些纠缠。

李:应该说在预设的时候,这个环节考虑到5—8分钟,可以结束了。但是在操作的过程当中,可能我还是力求一种完美,可能力求很多东西就包括拟题那种方法,想在一节课上去完成它。这样就影响了后面推进的速度。这个教学环节的处理,我觉得还是有在同一个层面徘徊的感觉,而且学生也出现了一种阅读时的审美疲倦。

谭:老子说,"少则得,多则惑",一堂课不要去求面面俱到,同时,要避免让讨论停留在一种浅层次的、无节制的状态。我们今天的课堂教学要追求的是一种确定性和不确定性、有限性和无限性并存的教学生态。今天,你的课堂上有许多生成的东西,你也在课堂上进行了"二度备课",从这里我们看到了你扎实的教学功底,包括你的教学机智。

李:谢谢你对我的肯定和鼓励。我觉得新教材给教师提供的空间很大,对我们教师而言,既是挑战也是机遇。

谭:教材仅仅是课程资源的一个维度,教师、学生才是创生课程的更加重要的因素。谢谢!

【就什么说点什么】

散文虽是中小学语文教材中最常见的文类,但散文教学最缺少基本的理路,因此对散文教学的点评,很多时候无法立足于"这一类"的特点,只能根据执教者的处理进行有针对性的点评。

其他文类评课集锦

综合效应的凸现
——评于漪老师执教《晋祠》①

作者梁衡在文章末尾由衷地赞美道："晋祠，真不愧是我国锦绣河山中一颗璀璨的明珠。"回放于漪老师二十多年前执教《晋祠》的教学录像，我禁不住感叹，难道这节课不是中国语文课堂教学领域中一颗璀璨的明珠吗？当我用新课程的理念去学习、关照这堂课，发现它依然熠熠生辉。"教什么"与"怎么教"，"如何以学生发展为本"、"怎样提高学生的语文素养"、"怎样处理生成与预设的关系"、"什么才是师生互动"……这些今天常常被我们挂在嘴上，却不知如何去有效应对的问题，都可以在这节课中得到极好的启示。

一提起说明文，学生常常一副漠然，教师往往眉头紧锁，因为它不像小说有曲折的情节，不像散文有波澜的情感，不像戏剧有激烈的矛盾冲突，它有的只是科学的逻辑，平实的文字，即使像本文这样的文艺性说明文，依然缺乏形象性。所以，在学生的眼里，它是无趣的，在教师的眼里，它是乏味的。于是，说明文教学不外乎就是被动地"啃几块骨头"——说明对象、说明顺序、说明方法、说明语言罢了。

---

① 《晋祠》课堂实录见《语文教育研究大系·中学教学卷》，上海教育出版社2007年版。

然而在于老师的眼里,《晋祠》一如晋祠,它是立体的、多维的、审美的。这种感受来自于老师对文本的建构,用今天的话来说,她不是简单地"教教材",而是在"用教材教"。她认识到文章的总分结构和比喻的修辞格早已为学生所熟悉,而说明对象、说明方法、说明顺序这些套话更是学生最为厌烦的,所以她决不老调重弹,喋喋不休!她要把课教到学生的心里去。于是,于老师为学生搭设一级级台阶,让他们踩着台阶去领略美——晋祠的风景美、文物美,更有《晋祠》的艺术美。

第一级台阶是让学生口述祖国的名胜古迹。这个台阶很平稳,很有磁力,学生一个个兴趣盎然,跃跃欲试,全班 44 位学生无一不踏上这级阶梯。他们岂止是在"初步检阅"自己熟悉的名胜古迹啊,他们是在一步步亲近中华民族的灿烂文化。在学生大声地说出(或听着别人说出)一个个名胜古迹时,他们的心中定会油然生出民族自豪感。这不正是民族精神教育与语文教学的"无缝焊接"吗?

听写《中国名胜词典》中的"晋祠"条目称得上是第二级台阶。这小小的词条在这里发挥了无穷的功能,它使课堂的空间变得宽广。登上这级台阶,学生的视野变得开阔,求知欲愈发旺盛。

第三级台阶是把"晋祠"条目与课文内容相对照,比较异同。这个台阶有点儿陡峭,于老师不时伸出手来,在学生最需要帮助的时候扶他们一把,但是她决不代替他们去"拾级登山",因为于老师一直强烈地意识到,山阴道上的美丽是非学生自己体验不可的。

第四级台阶是顺着学生的思路顺势搭建的。一名学生主动提出问题"既然作者在开头就揭示我们悠久的历史文物是着重描述的,要是我写的话,就会先写建筑、文物,然后再写自然风景……作者这样写有什么好处呢?"这时候,于老师立即抓住了这一不可多得的"生成资源",于是,这成为第二课时的新台阶。

但是,于老师并不急于让学生登上去,因为沿途的风光还没欣赏够呢。当一个学生分析的并不到位时,于老师建议"先放一放",首先就文章的总分式结构进行讨论。这是第五级台阶,之后还有几级台阶的铺设,比如:如何抓住特征进行说明?怎样进行艺术的渲染?哪些历史文物是绝无仅有的?学生顺着方向拾级而上,在他们感到"山重水复疑无路"的时候,于老师为他们指点迷津,带给他们"柳暗花明又一村"的喜悦。

学生们"慢慢走,欣赏啊",在驻足观看中感受到说明与描写巧妙结合的功力与妙处,懂得了怎样来对字词含英咀华,"偃""扭""冲""旋""垂""挂",这些字词在学生的心里留下了深深的烙印。此时,于老师说:"现在我们再回过头来解答课开始时某某同学提的问题。"回首看来路,障碍已经清除,风光尽收眼底。"看景不如听景"的艺术审美常识更使学生豁然开朗,领略到无限风光,感受到盎然意趣。

这节二十多年前的课,决不是单纯的线性的知识传授,而是以语言文字教育为核心,融知识学习、语言发展、思维发展于一体,融学习方法、学习习惯、情感陶冶于一体,融智育、美育、德育于一体,凸现了综合效应。在我们感受于老师炉火纯青的教学艺术时,更感受到她的人文情怀,看到她作为一个语文教育家的高瞻远瞩。正像于老师常跟我们强调的那样,语文教学应该直面于"人",植根于"爱",发轫于"美",着力于"导",作用于"心"。

点 火 助 燃

——评马骉老师执教《离别的礼物》[1]

小说在初中语文教材中所占的比重不低,小说教学的效果却不甚理想,不少教师还是习惯于肢解小说——尽管他们本意上并不想

---

[1] 《离别的礼物》课堂实录见《上海的名师课堂·马骉卷》,上海教育出版社2009年版。

这么做——按照写作背景、段落层次、情节概括、形象分析、环境描写、艺术特点等逐项讲解，非常辛苦但是却把小说这一富有生命力的艺术品搞得支离破碎。使小说不仅失去了应有的魅力，还使学生变成了接受教师讲解的"容器"。马骉老师执教的《离别的礼物》一课，为初中小说教学提供了有益的借鉴。

借鉴1：教师以续写引导学生参与构建作品世界

"阅读文学作品的过程，是发现和建构作品意义的过程"，今天，我们都能琅琅上口地把这句话挂在口头，但真要实施起来，恐怕又是另外一回事。令人欣喜的事，马老师的课堂做到了。他请同学们在倾听了小说前半部分的内容并加以概述后，提出了要求："根据自己的生活积累和故事情节发展的逻辑关系"，"对故事后半部分的情节作续写"。这一学习要求无疑点燃了学生阅读的火焰，于是，同学们调动起了自己相关的背景知识、生活经验来主动参与阅读，发挥想象，移情入文，与作者共同构建作品世界，努力达成文学作品阅读的理想境界——"以想象为方式填补作品的空白，以全部的人生经验作品中的一切"。

概括故事情节的做法，在小说教学中并不鲜见，但在课始就请学生进行续写的做法显然是较为大胆的举措。马教师在布置续写的任务前是作了铺垫的，一是要求学生在倾听时注意理清人物的关系和故事的基本脉络；二是在倾听后简要复述前半部分的情节。这就为学生这一学习任务的完成铺设了台阶，也避免了学生的续写出现开"无轨电车"的局面。

福斯特在《小说面面观》中有这么一段表述："我们对故事下的定义是按时间顺序安排的事件的叙述。情节也是事件的叙述，但重点在因果关系上。'国王死了，然后王后也死了'是故事。'国王死了，王后也伤心而死'则是情节。"马老师要求学生对故事情节作续写，因此，学生的续写是充分的，展开的，有因果关系的，是见质量的。

当然，小说教学的切入法绝不止这一种，只要体现小说的阅读规律,不破坏学生阅读小说的情趣,不把教参上的现成结论照搬给学生,我们尽可以八仙过海,各显神通。

借鉴2:教师以质疑引导学生独立感悟,进行个性化审美

短篇小说篇幅小,但决不等于它的价值小,"借一斑略知全豹,以一目尽传精神"。而且,本文作者十分客观、冷静,没有在字里行间表达自己的倾向,而是通过故事情节本身去表达。因此,这一类小说的学习难度也并不小。

怎么学习这类小说?是按部就班地关注情节、人物、环境三要素吗?这些固然都是小说的基本要素,但它们并不就是小说本身,正如我们吃到美味的菜肴,它一定是要有原料,有调料,有厨师精湛的厨艺,但是决定菜肴好坏的是这些因素构成的整体。因此,教学时如果仅把文本拆开来分析,可能很难见到真面目。马老师要求学生"根据这篇课文刻画人物的个性化手法,提出自己学习感兴趣的问题或疑难之处",这既解决了文本理解整体性的问题,又体现了关注学生学习需求的课程理念,可谓一石双鸟!

于是乎,学生的思维"从疑问和惊奇中开始"了,他们或立足整体,或聚焦细节,提出了不少富有价值的问题,马教师把这些问题加以梳理,分成关于人物形象、故事情节、小说主题等三类。质疑的过程,其实就是学生体验的过程,他们又一次进入到阅读境界之中,然后有了自己的发现,最终提出的那些问题,则隐含了他们对文本的个性化审美结果。

借鉴3:教师以点拨引导学生掌握初步鉴赏小说的方法

小说有各种各样的类型,或现实主义,或浪漫主义,或荒诞派,或意识流,各种类型的小说各有各的不同,但也有共性,那就是都在表现"人"的生活。正如车尔尼雪夫斯基所说:"艺术之所以有别于历史,是在于历史讲的是人类的生活,而艺术讲的是人的生活。"

要表现"人"的生活,它必定要写"人",而写"人",当然要写外貌,正像本文用漫画式的笔法勾勒了"那个女人"的外貌:"脸蛋光得有点

刺眼,活像洋娃娃。"但正像钱谷融先生所说:"绝不把描写的重点放在人物的外部特征上,而是主要通过对人物内在的心灵世界的表现,去让人感受和把握他整体的生命状态。"可见,马老师把教学的重点放在刻画人物的个性化手法上,是有其依据的。

在学生质疑的基础上,马老师和他们一起来探讨人物形象。探讨过程中,他对自己的角色定位十分清楚,决不越俎代庖,只在该出手时才出手。比如,有的学生用词不妥帖了,马老师就提醒要换一个词;有的学生讲得太笼统了,马老师就说,"这从何讲起呢?"当学生对某个问题探讨得比较充分之后,马老师才会站出来说一句:"大家知道了人物的分析,需要关注人物富有个性的语言,并在此基础上得出人物的性格特征。"或者说上一句,"能学会上下文贯通起来思考问题,这是一种进步"。这些看似信手拈来的点拨,其实已经把小说鉴赏的方法隐含其中了。我们时常会看到有的老师在黑板上一二三四地罗列上好多条所谓的方法,要求学生抄录、背诵。殊不知,这些静态的方法根本没用,正如杜威所说,所有的方法一旦离开了具体的内容,就不能称其为方法。

当分析完几个人物的性格后,马老师让学生把目光聚焦到小说的结尾上。确实,从结构上说,小说的结构属于"开放结尾"的形式,无论是短篇还是长篇小说,它所提供的都只是一个不完全的事件,只能呈现事件的片段,故事发展到某一阶段,就必须停下来,于是就留下一个无法完成的开放结尾。因此,抓小说的结尾也极具教学价值。

小说不是历史读物,也不是愉悦感官的奢侈品,它是人的精神和心灵的揭示。从这一点上说,本节课值得探讨的是,马老师在对人物形象的把握上似乎略显绝对化了些。狄德罗曾说过:"说人是一种力量与软弱、光明与盲目、伟大与渺小的复合物,这不是责难人,而是给人下定义。"人物的心灵世界是丰富的、复杂的,好的小说不会把人绝对化,总是"爱而知其恶,憎而顾其善"。因此,我们在解读这篇小说时不要把人物绝对化,"那个女人"就只是"无理刁蛮"?"爸爸"就只是"懦弱无能"？如果我们能进一步走入人物的心灵世界，可能这篇小说的教育功能和审美功能会得到更好的体现。

体验，走进"诗之密室"之钥匙
——评黄荣华老师执教《悼念一棵枫树》①

听完黄老师的课，我的耳边掠过了雅斯贝尔斯的话语："教育意味着一棵树摇动另一棵树，一朵云推动另一朵云，一个灵魂唤醒另一个灵魂。"诗歌不易教，现当代诗歌更不易教，但黄老师把课教到了学生心中，课堂上流淌的是"硬汉诗人"牛汉的情感之河，也是黄老师和学生的心灵交汇之河。

正如黄老师在"教学笔记"中提及的，"语文学习的第一要素是生命体验"，他也一直在通过教学践行着自己的理念。确实，阅读教学不是冷漠的纯技术分析，要把握文本的真正价值，不能站在文本外面端详，必须带着欣赏中的审美感动来评价，把自己摆进去体验，把"我"的心灵融进去，也即阅读主体把自己的全副心思投射到对象上，这样才能读出文本的真谛来。这样的过程，就是体验的过程。作为"文学皇冠上的明珠"的诗歌，其教学如何"登堂入室"？黄老师的课启示我们：体验，可以帮助我们进入诗歌内部"寻幽访胜"。

牛汉在一篇文章中这么写道："《悼念一棵枫树》发表之后，得到了好评。论者说它的象征性很明确，是怀念某一个人的，也有人说是悼念许多令人敬仰的英灵。其实，我当时并没有想要象征什么，更不是立意通过这棵树的悲剧命运去影射什么，抨击什么。我悼念的仅仅是天地间一棵高大的枫树……当然，血管里流出来的是热的红的

---

① 《悼念一棵枫树》课堂实录见《上海的名师课堂·黄荣华卷》，上海教育出版社2010年版。

血,当时身处绝境的我的心里必然浸透着那段历史的痛楚和悲愤……树的被砍和它的创痛,我感同身受……"尽管诗人一再强调这首诗没有更多的象征意义,但是字里行间还是流溢出这样一种感情:他是用自己的真心在写诗,用自己的血泪在写诗,用自己的生命在写诗。其实,与其说他是在写诗,不如说他是在讲述自己的生命,是在讲述自己的心灵感悟和精神发现。正如绿原为牛汉诗集《温泉》所写的序中提到的那样,它们"大都写在一个最没有诗意的时期,一个最没有诗意的地点",却"为我们留下了一个时代的痛苦而崇高的精神面貌"。

在这首诗中,诗人向我们传递了一种强烈的悲剧性的情绪。当那个秋天的早晨,那棵在"小山丘的顶端立着"的、诗人"常常背靠它久久地坐着"的、高大的枫树被砍倒后,大自然的一切"都颤颤地哆嗦起来",整个村庄,弥漫着比秋雨还要阴冷的清香。在诗人的主观情感和客观对应物"枫树"之间,诗人主体生命体验的感情投射,使意象具有了丰富的内涵。在这样一个典型的情境中,诗人准确地描写了所选自然物象的主要特征,并把自己的主体心灵感受与生命体验熔铸到所咏的自然物象上,使主观情感与客观物象浑然一体。

别林斯基说,"艺术是对真理的直感观察",在这首诗中,诗人的情感和作为情感寄托的自然物之间,已经超出了简单的比喻性质的关系。"枫树"不同于臧克家笔下的"老马",也不同于艾青笔下的"手推车",但它确确实实成了精神的载体和象征。枫树的高大、挺拔和不幸遭砍,难道不是诗人自我形象的写照吗?1973 年这个写作时间,不禁让人联想到"文革",联想到这期间无数遭受迫害的知识分子,他们的"生命内部""贮蓄了这么多的芬芳",却如这棵枫树一样,在枝叶青绿之时倒下了。我们从诗中读到了高贵生命的死亡,读到了毁灭的悲剧,读到了诗人的悲愤和谴责。黄老师说他自己心灵深处也一阵阵"哆嗦起来","被牛汉带到了那个特殊的年代,悬置了,抽离了。"

可见，要上好一节课，教好一首诗，教师要比学生更高一筹，"把学生读不到、看不到、体验不到的东西挖掘出来"（于漪语），而所挖掘的内容必须与诗人的情感体验实现对接。除此，教师还应想方设法为学生的情感体验铺设平台。

孙绍振先生曾说过："从纵深层次说，诗的感受是独特的感觉和情感，而情感不是孤立的。情感是艺术的核心，核心以上是感觉，核心以下是深层的智性。情感上面，是人的最为表面的感觉、感知，深入一个层次，就是情感了。而在情感的深处，是智性，或者更深邃一些，是理性。"学生读这首诗的感受虽不可能是白纸一张，但是他们的生活阅历毕竟不够丰富、阅读面毕竟不够宽广，因此他们的阅读初体验可能更多的只是停留在"感觉、感知"的层面。这就需要教师铺设平台，从而使学生的体验能进入到作品的情感层面乃至智性层面。

为此，黄老师通过课前制作的PPT，让学生了解牛汉的坎坷身世，了解"历史的最隐秘处"，了解中国在特殊的历史时期内，有许多知识分子无奈地走上了自绝的道路。老舍、傅雷、杨嘉仁、邓拓、翦伯赞、李广田、杨朔、吴晗……那一个个如雷贯耳的名字和那一个个"自杀"的字眼，在大屏幕上出现，它震撼了学生的心灵，震撼了观课者的心灵，四五十平米的教室里，空气顿时变得凝重起来。有了黄老师通过这样的课程资源搭建起来的平台，学生的"登堂入室"也就有了可能，甚至能进入到"智性层面"。

黄老师在"教学笔记"中写道："从诗歌文体的特征出发设计教学步骤。诗歌的抒情、想象、音乐三性，决定诗歌教学的重生命感悟、重二度创造、重朗读感知等特征。"信哉，斯言！当然，这是就诗歌的一般特征而言。愚以为，在这首诗中，诗人似乎有"逃避抒情"的倾向，他更多的是在通过画面感强烈的诗节，表达一种冷峻的思考，对生命的被践踏、被扼杀、被毁灭的思考。

在那个时空里，动情的朗读声不断出现，或个别读，或齐读，或教师在背景音乐《田园的忧伤》中深情地朗读。此时，即便不说什么，学生的情感之河也一定不会平静的。

记得张中行先生当年求学时听他的老师俞平伯讲宋词,几十年后,他对俞先生讲的具体内容已经淡忘,但他一直记得先生讲李清照的词《醉花阴》时那朗声诵读的样子。虽然俞先生诵读完之后只说了一句"写得好,写得实在是好",就宣布下课了,而李词的韵味却已深深地浸润在大家的心里。想来,黄老师也是深谙其道的,他懂得诗歌教学一定勿忘引导学生在朗读中去体悟诗味,而无需空谈什么诗律、诗法之类。

可以说,黄老师的课堂是一个"动感地带",这里有生本互动,有生生互动,有师生互动,师生感情的激流在牛汉的这棵枫树旁相遇、相交乃至相融。师生对作品深切的情感体验和相互间情感的和谐共振,就完全有可能使语文学习变成一种真正的生命体验,也就完全有可能使学生进入到诗歌的"密室"之中。

"两纲"的无痕落实
——评曹刚老师执教《"两弹"元勋邓稼先》

如果不花点儿心思,像《"两弹"元勋邓稼先》这样的课文,是很容易上成两种极端的,一是上成人物通讯的知识教学课,另一是上成弘扬爱国主义情感的说教课。曹刚老师很好地把握了度,使这节课既有"语",又有"文",既有"语文",又有"两纲",更为重要的是,"语文"与"两纲"紧密相融,不可分割。具体来说,有以下几个特点。

1. 对人物通讯这一知识的把握是潜藏的

曹刚老师没有介绍什么叫人物通讯——人物通讯是指反映新闻人物为对象的通讯,它是以人物为中心报道对象,通过一个人物或一组人物新近的行动来反映时代特点和社会面貌的一种通讯形式;也没有介绍人物通讯的特点——两条线,一条是"过程线",一条是"思想线"。"过程线"是人物生活的经历或事件发展的过程,它是事物的表面现象;"思想线"则是作者根据人物事迹所提炼出的主题——中心思想,它贯穿于人物的典型事迹中,反映着事物的本质意义。但是,我们从两个大的教学环节中可以清楚地感受到,前一个环节,也就是"紧扣课题,走近人物"这个环节,其实是在理清这篇通讯的"过程线",它注重的是事件。正像他自己在这个环节的课堂小结中所说的那样:"这篇通讯正是通过真实的事例,展现了整个核武器的研究历程,又用准确的数字说话,突出了中国成功制造'两弹'是个奇迹。作者在选材与叙述上有一定的匠心。"第二个环节,即"读注全文,感悟精神"这一环节,其实是在引导学生把握它的"思想线",一篇好的通讯,一定是既写事迹又写思想的,没有思想,人物是平面的,有了思想,人才有了灵魂和生命,才能感染别人。曹刚老师不断地引导学生从一些细节描写、看似平常的事例、一系列的数据中去感受人物的内在精神。我想这节课上完,学生对人物通讯这一题材的特点一定是有感性认识的。在初中阶段,知识教学不应是机械地、生硬地讲授概念,而更多的应该是通过对具体的语言材料的感知与实践,去逐步地领会,是潜藏式的。

2. 对教学内容的构建是相合的

首先体现在学生的阅读初体验与教学内容的相合上。学生读此文,一定会先在标题上停留一下,邓稼先是谁,"两弹"指的是什么?元勋是什么意思?为什么说邓稼先称得上是元勋?这些一定是学生在阅读时会考虑到的问题,教师的设计正与学生的阅读初体验相合拍,这难道不是新课程提倡的对学生的尊重、对学情的关照吗?因此,在这个环节,就有了"教师导入,引出邓稼先",就有了"一读课题,明确两弹",两弹的明确是从课文的第6、8两段的文字而来;就有了"再读课题,明确元勋",并找到文句说明邓稼先为"两弹"事业立下的首功。

其次是体现在文本内与文本外的相合上。曹老师接下来显示的一组 PPT,是经过精心考虑的,从课文内摘录出四个时间段所发生的事,再选择课外的资料,美国、前苏联怎么样,让学生从这一组对比的材料中来提炼信息,感受到中国成功制造"两弹"是个奇迹。可以说,曹老师在对教学内容的把握上是出入自如的。或许,文中有不少知识学生是不清楚的,比如,爆炸力学、中子输运、核反应、中子物理,这些概念,学生是不清楚的,但曹老师清楚,语文教学不是要解决这些问题,这些地方完全可以忽略。从整节课来看,教学内容的是有着自己的精心考虑,有着对学情和文本的把握,而且不是逢山开道,遇水搭桥,有时还能围魏救赵。

3. 对学生情感的陶冶是暗潮汹涌的

"读、注、悟",是曹刚老师在教学中惯用的教学手段,它引导学生静下心来,沉潜于文本之中。从后来的交流来看,学生的批注是有质量的,教师的点拨是到位、而非浮光掠影的。阅读阅读,首先是"阅",用眼睛去看,用心去想,其次才是出声地读。这节课上,教师对读的指导也是颇具匠心的。有范读,有引读? 有个别读,有齐读;有读标题,有读段落。无论是安排哪种读,读什么,都不是简单地发指令,而是在引发了学生感情的基础上去读。课始出现的两段关于原子弹和氢弹成功爆炸的 PPT,为引导学生读好"中国人任人欺凌的时代结束了!",曹老师请学生联系课外阅读的相关材料,想一想:从 1840 年到 1945 年,在这一百多年间,发生过哪些使我们民族备受屈辱的历史事件。似乎是拓开去了,但拓得有必要,它促使学生借用所学知识,唤醒自己的情感。这时,教师马上又把网收回来,用充满激情的话语感染学生:"这是中华民族五千年历史上最黑暗悲惨的时代;这是中华民族任人宰割的时代;这是中华民族饱受屈辱的时代。如今两弹的爆炸意味着这个时代的结束。"再读这两段话,学生的民族自豪感已油然而生,这不就是民族精神教育的体现吗? 这样的例子在这堂课上还有许多。动情才是真朗读。这节课上,情感的河流流淌不息、暗潮汹涌。批注和朗读是看得见的,是水面上的冰川,但这节课上,我们感受到了水面下的冰川,那就是看不见、摸不着的情感,但是它能让人感受到,我作为一个听课者感受到了,学生也一定感受到了。于漪老师说:"要使学生真正在思想、品格、情操等方面受到陶冶,教师自己要'进入角色',披文以入情。"看得出,曹老师在深入钻研教材的过程中,他的心灵是受到了感染的,情感是激起了波澜的,因此,在课堂上,曹老师在调动起自己的情感后,采用了多种手段来唤醒学生的"激情",阅读的过程,就是唤醒的过程,当学生在一系列的过程中不断地"蓄情"后,他们原有的情感就得到了纯化、深化和强化。课的结尾部分,当教师介绍完杨振宁对邓稼先的高度评价,说到邓稼先是我们民族的脊梁,再让学生去朗读课的开始显示的两段话语时,学生的朗读是让我们感动的。因为这时,学生的情感已经蓄积到一定程度,需要张扬和释放的出口。因为此时,他们已体会到了在邓稼先——这个中华民族的伟大儿子身上所具有的强烈的爱国主义精神。

苏霍姆林斯基说过:"任何一种教育现象,孩子在其中越少感觉到教育者的意图,它的教育效果就越大。"要在语文学科中落实"两纲"教育,不靠说教,无需贴标签,只要"随风潜入夜",就能"润物细无声"了,"无痕"是其基本原则。

附:曹刚老师教学设计

[教学目标]

1. 结合背景资料,注悟课文,感受邓稼先献身祖国的精神。

2. 培养学生提炼信息、批注感悟的能力。

[教学过程]

一、紧扣课题,走近人物

1. 导入:在迎接新中国成立 60 周年之际,全国开展了"双百"人物评选活动,其中评出了 100 位新中国成立以来感动中国人物,在这些先进人物中,有一位便是这篇通讯的主人公——邓稼先。

2. 学生齐读课题,明确题目中"两弹"指的是原子弹、氢弹,前者成功爆炸于 1964 年,后者成功爆炸于 1967 年。PPT 显示文中的两段相关介绍。

1964 年 10 月 16 日下午三时,蓦地一声巨响,浩瀚的戈壁滩上腾空升起了烈焰翻滚的蘑菇状烟云。这震撼世界的惊雷向人们宣告:中国人任人欺凌的时代结束了!

1967 年 6 月 17 日,中国成功地爆炸了第一颗氢弹,又一次震撼了世界。

要求学生自由朗读,力求读正确,读清楚。

3. 教师提问:文中写到"中国任人欺凌的时代结束了!"联系你课外阅读的相关材料,想一想:从 1840 年到 1945 年,在这一百多年间,发生过哪些使我们民族备受屈辱的历史事件? 要求有感情地朗读这两段话。自由读、指名读、齐读。

(参考:1841 年,英国占领香港岛;1856 年,英法联军火烧圆明园;1895 年,日本占领台湾;1900 年,八国联军攻入北京;1931 年,日本占领东北三省;1937 年,日本发动全面侵华战争……这是中华民族五千年历史上最黑暗悲惨的时代;这是中华民族任人宰割的时代;这是中华民族饱受屈辱的时代。如今两弹的爆炸意味着这个时代的结束。)

4. 再读课题。结合注释①,解释什么叫"元勋"? 默读课文第 1 段到第 10 段,找一找哪些文句说明邓稼先为"两弹"事业立下的首功? 用横线画出。

(参考:元勋:首功。也指对国家开创或建设有极大功绩的人。)

5. 这篇通讯通过大量的事实、形象的描写,展现了一位为共和国核武器事业立下汗马功劳的人民科学家——邓稼先。PPT 显示课文摘录和课外资料。默读从课文中摘录的这一组事实,并结合课外资料,谈自己的感受。

课文摘录:

1958 年,邓稼先走进了筹建中的核武器研究设计院。

1959 年,邓稼先带领科研人员把我国第一颗原子弹的理论计算的轮廓勾画出来了。

1964 年 10 月 16 日中国爆炸了第一颗原子弹。

1967 年 6 月 17 日中国爆炸了第一颗氢弹。

课外资料:

研制原子弹,美国用了 7 年,前苏联用了 6 年。

从第一颗原子弹爆炸到第一颗氢弹爆炸,美国用了 7 年,前苏联用了 4 年。

(参考:从两弹研制到成功爆炸的时间间距上看,中国比其他国家快了很多。这篇通讯正是通过真实的事例,展现了整个核武器的研究历程,又用准确的数字说话,从时间的间距上突出了中国成功制造"两弹"是个奇迹。作者在选材与叙述上有一定的匠心。然而,这还不够,通讯的作者又对邓稼先进行具体形象的描写,以进一步揭示了人物的精神境界。)

二、读注全文,感悟精神

1. 默读课文,联系上下文思考:在研制两弹的过程中,邓稼先面对的是怎样的条件? 他是怎么做? 怎么说的? 从中你感受到什么? 边默读边思考,把感悟批注在书上。

2. 学生读注悟,教师巡视。

3. 四人小组交流。

4. 大组反馈。

5. 教师小结:纵观全文,这篇通讯以大量的真实事例展现了我国核武器的研制过程,又辅之以背景资料,介绍了邓稼先面对的一个又一个艰难条件,突出这项事业的艰巨性、特殊性及重大意义,更是通过一些看似反常的事例与看似平淡的语言触及到邓稼先这个人物的内心世界，彰显出一位科学家，将个人命运与国家命运联系在一起，为国奉献、为国尽责的爱国情怀。他创造出震惊世界的奇迹，无愧于"两弹元勋"的称号。齐读课题。

三、以情冶情，朗读收束

1. 邓稼先的好友、科学家杨振宁曾说过："邓稼先是中国几千年传统文化所孕育出来的有最高奉献精神的儿子。"邓稼先是我们民族的脊梁，当我们再回望浩瀚的戈壁滩上腾空升起的蘑菇云，我们会为我们的民族有这样一个伟大的儿子而骄傲。

2. 齐读第 6 节与第 8 节最后一句，感受其精神。

重在"陈"还是重在"情"
——评谢正驰老师执教《陈情表》①

88 年前，25 位诺贝尔奖得主在巴黎宣称：如果人类要在 21 世纪生存下去，就必须回首两千五百年，去吸取孔子的智慧。然而，无论是中学生，还是语文老师，大多对文言文教学敬而远之、惧而远之，如果没有高考，恐怕这些经典文章会被束之高阁。究其原因，是不少老师不知如何去教文言文。谢老师的课，给我们诸多启迪，主要体现为以下几方面：

首先，实现了文言知识讲解与文本内容开掘的并举。以前不少老师教文言文，通常前面的课时教语言，后面的课时教思想内容，换言之，先把教材当"语言材料"，再把教材当"文学作品"。这样的教法必定高耗低效，因为在分析内容时还会强调字、词、句，而字词、语法的学习一旦脱离了语境，就只剩下风干的语言标本。"置之齐则齐

---

① 《陈情表》课堂实录见谭轶斌著《让语文课堂更精彩》，上海教育出版社 2009 年版。

语，置之楚则楚语"，在语境中体会字义、词义、句义，效果必佳。

比如，教师抓住"狼狈"一词，让学生细细体会其语境义，学生经过思考，体会到作者当时的心情："不想出去做官，又不能直接讲，只能很婉转地讲，讲他自己狼狈。他说我实在是想去的，但是真的是进退两难的。"这时，教师趁热打铁，问清"进"难在哪里？"退"又难在什么？进一步让学生体会到，"这是一个外在的硬碰硬的矛盾，而他现在说我进也难，退也难，让晋武帝同情自己这样两难的境地。在这里，他把外在的矛盾转了个弯，变成了内在的心情……'狼狈'一词，让我们活脱脱地看到了李密的两难处境。既饱含真情，又充满了语言智慧"。在这堂课上，我们看到，教师带领学生披文入情，循文释道，使"文"与"言"得到了较好的统一。

其次，实现了学生主体与教师指导的并举。张中行先生曾指出，学生评价的眼光是逐渐培养起来的，不像机器，零件配全之前一点不能用，配全之后立即有用。因此，在教学中，教师不能因为怕学生说不到位，说不确切，就不让他们发表意见，就一厢情愿地把自己的理解讲给学生听。在谢老师的课堂上，我们看到她总是先让学生自己来发表看法，然后她也加入进去谈自己的见解。相信，长此以往，学生对文本的鉴赏水平就能从"初步的冷暖自知"逐步过渡到"理性的冷暖自知"。有时候，她还创设情境，比如："我们推测一下，1800 年前的李密，晚上点着油灯伏案疾书，当他写下"臣生当陨首，死当结草"这句话时，他肯定已经——"，这时，同学们马上自然地产生了联想，那就是"泪流满面"，此时此刻，教师趁热打铁让学生朗读，相信学生的读一定是饱含了感情的。

第三，实现了文化价值、教育价值与艺术价值的并举。中学生正是通过文言文的学习来接触传统文化，因此，传承民族文化精神，理应成为学习文言文的目标之一。如何传承，不靠说教，也不是从内容到内容，而是让学生从具体的语言中去感知。谢老师在教学中非常注意文章表现形式和思想内容的融合统一。不少老师教此文时，更多地关注了作者所陈的感情,而忽略了这种感情是如何来陈述的,但是谢老师意识到,"陈什么"与"如何陈"是密不可分的整体,只有让学生懂得了"如何陈",才能真正去理解"陈什么",只有让学生明白了"陈什么",才会更好地体会到"如何陈"的高超艺术。因此,在这堂课上,"陈"与"情"是得到了高度统一的。

正如谢老师在小结中谈到的,作者是"以凄恻真挚之情动武帝之心";"以不容辩驳之理封武帝之口";"以谦卑示弱之态释武帝之疑";"以精炼婉转之辞消武帝之念",她对"陈"的艺术作了十分深入的概括。同时,她对本文"情"的解读也十分到位。在她看来,作者的语言外壳是柔软的,但生命内核却是坚硬的。更可喜的是,她还读出了这样的理解:"在一个个如履薄冰的时代里,李密们就是这样始终葆有着一颗不肯退让的心,为亲人、为自己的内心营造并坚守着一个不可动摇的家园。"从李密到李密们,谢老师在努力地引导同学们逐渐达到与传统文化的心灵对接。

有人说,文言文教学"死于章句,废于清议",确实,只关注文言词句、语法章法的分析是远不够的,仅关注思想内容也不是文言文教学的追求。谢老师的这堂课,让我们看到了如何使"文"与"言"这两者相得益彰。

【就什么说点什么】

评课应逐渐消除"无理论交流"。

评课的过程是使教学增值的过程。

语文教师的内塑与外铄

天天与书晤面

两个真实的例子

在一次全市语文教师高级职称评定的笔试中，有一位参加考试的教师真诚地向监考老师提出，卷面上所印的《阅微草堂笔记》的写法是不是错误的，"阅微"是不是应该改为"阅读"。

某校每年给每位教师自主选择订阅200元的教学杂志，有的教师说"干吗让我们订阅这些东西，不如直接发钱给我们，即使订了，我们也没时间看。"

我不知道那位教师后来是不是通过了高级职称评定，我也不知道那位让老师们订阅杂志的学校领导听了那话以后会是怎样的心情，我只知道，今天的不少教师确实已经从脑力劳动者蜕化成了体力劳动者。他们不停地上课，不断地解题，拼命地做试卷，常以自己会快速解题、会顺利做完高考试卷为荣；双休日，他们仍不休息，要么到学校去补课，要么在家里备课。在他们的书架上，一字排开的，除了教科书就是教学参考书，恐怕很难找得到其他的书。读书对不少教师而言，已经成为一种奢侈，即使对中文系毕业的语文教师而言，读书也已成为一种记忆。他们为自己的学生成为高考状元，考上北大、清华而津津乐道，这时候，他们忘却了自己的辛苦，感觉到自己的人生是有价值的。

想起海德格尔提出的"诗人何为"，借用一下，教师何为？何为教师？

　　记不清是哪位学者曾经这么说过，教师首先应该是一个人道主义者，其次是一个知识分子，最后才是一个传道授业解惑者。是啊，在越来越讲求功利的今天，教师到底应该做什么？

　　在职业学校的课堂上，一名学生边接手机，边对讲台上的老师说："你讲得轻一点，我在接电话。"教师无奈地感叹，除了妥协，他别无他法；在重点中学的课堂里，一名学生说，"学什么莎士比亚，考试又不会考这个。"教师一阵辛酸，随即觉得这话也对，于是掉转头，开始讲解题目。一切都在发生着静悄悄的革命，时代在变，社会在变，学生在变，但教师"遗世而独立"的精神气质不能变！

　　当然，教师也是普通人，在思想、文化多元化的今天，他也会变得浮躁，会慢慢地降低自己的精神尺度，他的心灵也会渐渐变得麻木。怎么办？最好的方法就是读书！唯有读书才能沉淀自己的心灵，才能在商品社会的今天，不至于迷失了自己，才能焕发出教师作为人的特质，让生命更富有色彩，也才能带领学生冲出世俗文化、泡沫文化的包围，从而实现对他们精神的引领。只有教师自己多一点书卷气，我们的学生才会少一点世俗气。

　　当然，这需要社会的导向，社会对教师的评判标准、对学生的评判标准在很大程度上决定了今天的教师要去做些什么。就像克雷洛夫寓言中的天鹅、梭子鱼和虾，它们向着三个不同的方向拉车子，形不成合力，那车子又怎会动得了呢！

　　有人把教师分为五个层次，第一层次是大教师，第二层次是好教师，第三层次是教书匠，第四层次是以教谋生者，第五层次是教人误人者。能成为"大教师"的，毕竟是少数，但每一个教师都应该是学生思想和人格的启蒙者，都有责任让自己的学生既学会读书，又学会做人，而不是仅仅成为考试的机器，分数的追逐者。教师的尊严，在于远离心灵的空虚、精神的荒芜；教师的魅力，在于拥有丰富的学识、独立的精神。要做到这一点，没有什么终南捷径，需要的就是读书，通过读书让自己的精神得到放牧。

书展上的邂逅

一年一度的上海书展，我照例会抽空去，即便忙得天翻地覆。

今年书展上，碰到某校的一位语文老师正站在一家出版社的展台前翻着厚厚的书籍，一副把卷心醉的神情。他脚边的篮子里已经摆放了一大摞的书，美学、哲学、史学，当然更不缺文学方面的书。我叫不出他的名字了，但却一直记得他是怎么上《论语八则》的，他从汉字的演变讲"学而时习之"中"习"字的意思，用"烈火见真金""路遥知马力""士穷见节义"让学生体会"岁寒，然后知松柏之后凋也"的含义，用美国人丹尼尔·戈尔曼《情感智商》中的看法来对照颜回"不迁怒""不二过"的品质……虽然他的课远未达到炉火纯青的地步，甚至个别地方还嫌画蛇添足，但那充满了文化含量的课堂，着实让学生们畅游了文言文这一"雅语"所带来的思想和智慧中。教师在课堂上充满了自信，他信手拈来游刃有余得心应手举重若轻，我愿意把所有的褒义词都毫不吝啬地送给他。当时，我想向他讨教备课花了多长时间，现在，我想不必了。

我不忍心打断他的专注，走到了另一家展台，一眼瞥到了余光中的诗集，心跳一下子加速，隐隐有疼痛袭来。几年前，我还在学校当老师。有一次，一个学生在随笔中写他听完音乐会，步出大厅抬头仰望星空时，用了"星空，非常希腊"这一句子。我随手就在"希腊"一词下面画了一条粗粗的横线，还写下了"用词应规范"的批语。面对这样的"警示"，这位后来考进了高等学府新闻学院的学生显然不会"善罢甘休"。第二天，他把一本《余光中诗集》放到了我的办公桌上，里面夹着一张条，上写"吾爱吾师，吾更爱真理"。我随手翻阅，脸霎时红到了脖子根，原来这是余光中《五陵少年》中的诗句啊！

姑且步黑暗的龙脊而下
用触觉透视
也可以走完这一列中世纪
小叶和聪聪
拨开你长睫上重重的夜
就发现神话很守时
星空，非常希腊

    我把这个诗节念了无数遍，想到自己一直在追求语文教学的诗意，但是，当学生恰到好处地引用这么诗意的句子来表达自己的感情时，我非但没能成为他的知音，反而还下了那么武断的批语。我主动承认了自己的"问题"，以至这个学生在他大学毕业以后的博客中，还是把我当作他求学生涯中第一个真正意义上的好老师，但这始终成为我心底的痛。不过也是从那时开始，我逼着自己每天必须保证有一定的时间去阅读各类书籍，如果没有整块的时间，就化整为零。包里总是随身带着一本小书，上下班的地铁上只要不是很挤，就会拿出来翻阅。每次经过陕西南路地铁车站时，总会去一趟季风书店。每天晚上睡觉前，都忍不住要与书晤面，如果哪天没来得及看书，感觉像没刷牙就睡觉一样难受。

【就什么说点什么】

    教师是忙碌的，但在每一天的上课、备课、批改作业之余，我们是否还能有自由状态的阅读，是否还有一颗愿意沉思、能够沉思的心灵，怎样带领学生冲出亚文化、泡沫文化的包围？教学参考书倒是可以不读，文学、史学、哲学、美学、教育理论却不可不读，唯有广泛涉猎各个领域，才能在忙碌中充实，在艰难中执着，与自己的心灵为友，使思想更加厚重与深刻，也才能进一步增加语文教师职业的技术含金量。

试想，一名真以为《象棋的故事》就是一本讲如何下象棋的书的教师，和一名浑身上下散发着文化芳香的教师，他们的教学会有怎样的天壤之别。

　　正如鲁迅所言，在每天同样的忙忙碌碌之中，我们是学会做蜜蜂，还是成为苍蝇？苍蝇也同蜜蜂一样忙碌，但最后连出口都找不到。

教学副语言及其使用策略

从心理学实验说起

国外的心理学家曾做过一个实验,让 8 位实验对象通过朗诵英语字母来表达高兴、悲伤、愤怒、妒忌、紧张、难受、害怕、骄傲、满足、同情等 10 种感情。然后由 30 名评判者来进行分析。实验结果表明:没有实在意义的字母,通过不同声音形成的体现也可以表达不同的情感。有声语言的表达是以声达意,以声传情。在交流过程中,人们也把语调的高低、语速的快慢、语音的轻重、音量的大小、语气的徐疾等直接展现在听者面前。

对教师而言,讲课的语气、语调、语速、重音、停顿、音量等,都有极为重要的作用,是教师须拥有的教学语言技巧。一般说来,亲切舒缓的语气,会让学生有如坐春风的感觉;抑扬顿挫的语调,能调动起学生的学习兴趣;张弛相间的语速,有利于学生进行思考;响度适当的音量,会带给学生最佳的美感刺激。

在各类教学语言技巧中,有一类技巧最易为教师所忽略,那就是副语言。

副语言的大作用

副语言是指通过人体某一部分形态的变化表情达意的一种辅助性语言，它通常以说话人的表情、手势、身姿等来传递信息，从而诉诸听话人的视觉，又称"人体语言"、"态势语言"等。

陈望道先生在《修辞学发凡》中强调：语言含有声音语、文字语和态势语三种。美国心理学家阿尔培根则在一系列实验的基础上得出：人的信息由三个方面组成：55％的体语＋38％的声调＋7％的言词。这就是说，"人体语言"占整个信息表达量的一半以上。

在重大场合，政治家都配以高雅得体的态势语来表达自己的思想，获得公众的拥护。这是一个关于列宁运用态势语的故事：

> 起义的工人和士兵攻占了冬宫之后。列宁快步登上讲台，面向台下的听众，此时他的神态完全像一位大交响乐队的指挥，他上身稍向前，侧耳倾听胜利的呼声，当他认为全场的情绪已达到理想化的程度时，他挺胸向前，右手臂向左又向右用力伸出，沸腾的冬宫霎时鸦雀无声，这时列宁开始演讲……

有人曾经评论列宁的手势就如强有力的磁石，魔术般地吸引着听众。我们也难忘毛泽东赴重庆谈判登机时的那一个用力的挥手，如今，它已经成为历史的定格。

教师为什么不能通过优雅得体的态势语，在学生面前塑造自己的光辉形象呢？试想，一个具备了渊博学识的教师，如果能在一举手一投足之间体现出优雅的风度，那他在那些"追星"的学生心中又何尝不是一个耀眼的明星呢？

可以说，人体就像一个信息发射站。在教学过程中，教师的一颦一笑，始终伴随着他的有声语言，发送着各种信息。教师的一个微小动作，如果在生活中，人们可能不会留意，但在课堂上，则会非常明显地显露在每一个学生面前，成为一种明确的信息符号，形成传递某种信息的标志。

如果说学生在课堂上仅仅以听觉来获取外部信息的话，那毕竟是有限的，有时可能略嫌抽象甚至模糊，而一旦有了副语言的"加盟"，教师的描述就会变得生动形象、具体可感，教学效果的提高也就不言而喻了。相反，如果教师体势呆板，一方面有损于教师的形象和威信，另一方面也不利于集中学生在课堂内的注意力，不利于保持教师对学生的吸引力。

有位特级教师教小学生用"饱满"一词造句，学生只会用植物一类的词语进行练习，如"豆荚长得饱满"等。这时，老师忽然走近教室门口，然后转过身来，胸脯略微挺了一挺，头稍稍扬了一扬，两眼炯炯有神，问道："大家看看，老师今天的精神怎样?"同学们异口同声地回答："老师精神饱满。"这位老师很有效地利用了副语言，向学生作了心理暗示，收到了极佳的教学效果。

亚米契斯在《爱的教育》一书里写道："我一想起那个长着红色卷发、总是向我们微笑的老师再也不能和我们在一起，我就觉得学校也不像从前那样有意思了。"从中我们可以感受到，副语言在教学中起着怎样举足轻重的作用啊！

副语言一般包括表情语言、手势语言、身姿语言、距离语言和服饰语言五大类。有人说："一流教师用眼神组织课堂教学，二流教师用语言，三流教师用惩罚。"当然，副语言的运用要从表达的内容出发，须与教学内容、课堂气氛、教学情境相协调一致，切忌故作姿态，哗众取宠，喧宾夺主。

表情语言及其使用策略

有人说表情是"心灵的屏幕",人的面部表情是最为丰富的。有专家研究认为,人的表情大约有25万种,主要集中在眉、眼、嘴、鼻等器官的变化上。

面部表情是天生的,也可通过后天习得。在面部表情中,最生动、最复杂、最有表现力的当属眼神了。眼睛是人体发射信息最重要的部分。据现代科学统计,利用目光,人类就能交换几千种信息。

当我们遗憾于安徒生笔下那美丽善良的小人鱼不会说话的时候,我们也庆幸于她有一双会说话的眼睛,是那双美丽的眼睛向王子表明了她真挚的内心情感。这不由地让人想起几句诗来:"眼睛是心灵的窗户,不会隐瞒更不会说谎,愤怒飞溅火花,哀伤倾泻泪雨,它给笑声镀一层明亮的闪光。"

是啊,眼睛凝聚着一个人的神韵气质,它毫不掩饰地展现你的学识、品性、情操、趣味和审美观。明澈的眼神展示着你博大的心胸;狡黠的眼神映出你虚伪的灵魂;执著的眼神表明你心怀高远;浮动的眼神证明着你轻薄的为人。也许衰败的灵魂恰沉睡于流盼的美目中,也许高贵的气质倒来自于你最为寻常的眼睛。

刘鹗在他的小说《老残游记》里这样描写艺人王小玉上台说唱:

> ……她将鼓槌子轻轻地点了两下,方抬起头来,向台下一盼。那双眼睛如秋水、如寒星、如宝珠、如白水银里头养着两丸黑水银,左右一顾、一看,连那坐在远远墙角里的人都觉得她看见自己了。那坐得近的,更不必说。就这一眼,满园子里便鸦雀无声,比皇帝出来还要静悄得多呢,连一根针掉在地上,都听得见响。

在课堂上,教师可以通过自己的眼神来实施对教学过程的调控与管理。教师在讲台前说话,两眼应略向下平视,目光自然,亲切,专注;与学生谈话,视线应接触学生的脸部,而且接触的时间大概占全部谈话时间的 30% 至 60%。

平时,有经验的教师走进教室后,先用目光扫视一遍全班学生,这样既能检查学生的出勤率,又能较快地集中大家的注意力。刚踏上工作岗位的年轻教师往往不注意这个问题,有的教师回避学生的目光,有的教师目光闪烁不定,不懂得用眼神去加强与学生的交流。

讲课时,教师不要忘了把全班同学都置于自己的视幅之中,用环视表示对每个学生的关注,让全体学生都感到老师是在对着他讲课。当然有时,教师也应用目光注视某一个学生,并与其目光进行交流,让他得到一种受人尊重的满足感。

确实,眼神在师生交流思想、传递感情的过程中起着语言所无法替代的作用。当课堂秩序涣散时,教师可双眼微睁,双唇紧闭,用严肃的表情显示教师的威严。当个别学生思想开小差时,教师可突然中止讲课,目视这个学生,或者边讲边走到其身旁,既可制止他的不适当行为,又不破坏课堂气氛,中断其他学生思路,同时还维护了这个学生的自尊心。

魏巍在《我的老师》中这样写道:"她从来不打骂我们。仅仅有一次,她的教鞭好像要落下来,我用石板一迎,教鞭轻轻地敲在石板边上,大伙笑了,她也笑了。"这一笑,在魏巍的心中藏了多少年哪!

培根说:"含蓄的微笑,往往比口若悬河更为可贵。"微笑是一种世界通用语,而且是世上最有魅力的语言。教师走进课堂时神采奕奕,面带微笑,愉快的情绪有利于学生精神集中,思维灵活,记忆迅速。讲课时,一个赞许的微笑,一个鼓励的目光,会使学生产生被重视感,提高自信心。

手势语言及其使用策略

手势不但是有声语言的辅助手段，而且还能单独起到表情达意的作用。

吴敬梓在《儒林外史》中写吝啬鬼严监生临死前看到点着两根灯草还怕费油，伸出两个指头不能断气，后来他老婆猜出了他的意思，把一根灯草掐灭了，他才断了气。这就是手势语言的表意作用。

据专家研究，手势与表情结合，可传导信息的40％。手势作为口语表达的辅助手段，常常是在说话人说出某句话，而这句话又需要增强表现力的一瞬间才能做出来的。

在课堂上，我们经常用教鞭、手掌或食指来指示板书或挂图，这种使用最频繁的是指示性手势，它比较容易掌握，只要位置和方向准确即可。一般说到"你""我""他""这里""那里""上面""下面"时，常用手指点一下，当涉及"第一""第二"等顺序时，也常做手势，将信息传递得更准确、更鲜明、更强烈。

有时，我们要对物体形状或空间关系进行描绘，就需要比比划划，这是描绘性手势，运用时应尽量明确、简练，突出示意性。如有位老师讲《孔乙己》时，用手势表明孔乙己第一次"排"出九文大钱、最后一次"摸"出四文大钱的动作，使学生很快地把握了作品内容。

低年级的英语课上，老师对学生讲"I don't know"时，边说边摆手，讲"I think"时，偏着头，做出冥思苦想的样子，学生便很快理解了意思。讲"catch"时，顺手扔一本书给学生，叫他"catch"，学生就明白是"接住"，再紧接着说"Can you catch my meaning?"告诉学生这个单词还有"理解、领会"之意。在讲清"Go to sleep"与"be asleep"的区别时，教师先往前走，然后身子后仰并双手抱后脑勺，说"I go to sleep"，最后闭上眼睛作鼾声，说"I am asleep"。这样，学生就能理解前者强调动作,后者强调状态。

有位语文教师在上《大堰河——我的保姆》一课时,一边读着"你用你厚大的手掌把我抱在怀里,抚摸我"的诗句,一边用象形手势做抱在怀里抚摸着的情状,动情的声音,恰当的动作,再加上合适的表情,令学生深切地感受了诗人对大堰河与大堰河对乳儿的爱。

还有一种调动学生注意力,控制课堂气氛的启动性手势,比如将右手举到脸前,食指向上伸出,表示提醒学生注意等。

运用手势要注意教学空间的大小。在大教室或礼堂上课时,手势幅度需适当放大,或多使用双手,在小教室中,手势幅度则不宜太大。

手势是有地域性的。如翘拇指这个手势,在中国表示"称赞、好、第一";在英国、澳大利亚、新西兰等国表示"要求搭车";而在希腊,若急剧上挥翘起的拇指,则要对方滚蛋。这也是我们运用手势时需注意的地方。

手势要简洁、自然、适度、有力,不要繁多、杂乱、生硬、造作。动之于衷,形之于外,手势应发自内心、手随心行。抓耳挠腮、手沾唾液翻书、用手指或板擦敲击讲台,伸出手指对学生指指点点等不良手势都是应努力克服的。

身姿语言及其使用策略

身姿语言是通过人的身体姿态变化来传情达意的态势语言,包括站姿、坐姿、行姿等。

站姿主要有自然式和前进式。前者要求两脚基本平行,相距与肩同宽;后者要求两脚一前一后,相距适中。无论哪一种站姿,都应保持重心均衡,千万不能左摇右晃、双腿抖动,否则会给学生造成轻率、傲慢的感觉。在上课时,教师通常是面对学生而站的,指点黑板时可侧面而站,写板书时则可背向学生。

坐姿与行姿也是教师素养和个性的显现。

据说林语堂讲课时身姿语言特别丰富,他从不正襟危坐,因为那样太累,他受不了。他一边滔滔不绝、口若悬河地讲着,一边在讲台上踱来踱去,有时就靠在讲台前讲。讲着讲着,一屁股就坐到了讲台上;有时也坐在椅子上讲,讲到兴浓处,得意忘形,情不自禁,居然会像家居那样,将两只穿着皮鞋的脚跷到讲台上。这是大师的风格,自有其独特的魅力,但决不是普通教师所该效仿的。

若教师拖着沉重或懒散的步伐走上讲台,半倚半靠在讲台上时,他的身姿就传递给学生这样一种信息:我无法打起精神给你们上课。在这种信息暗示下,我们又怎能期待学生能精神抖擞地参与到教学过程中来呢? 所以在通常情况下,教师虽不一定要"站如松、坐如钟、走如风",却也应挺胸收腹,留给学生神采奕奕的印象。缩背拱肩、缩头缩脑、两手叉腰、趴伏于讲台之上都是应避免与克服的。

距离语言及其使用策略

与身姿语言相关的还有"距离语言",即指占据的空间和保持的距离。

美国文化人类学者爱德华·J.荷尔博士曾把人与人之间的距离分为密接距离、个体距离、公众距离和社会距离四种,他认为人际间的心理距离与物理距离之间存在一定的联系,可以通过调整物理距离来改善人们的心理距离。在课堂上,有经验的教师不是固定地站在教室的某一地方,而是很自然地通过自身的一些位置变换,来保持学生注意的连贯性。教师面向全体学生讲课,与他们保持的是一种公众距离;有目的地接近某个学生,则与他保持了个体距离;有的学生在做小动作,教师不留痕迹地轻轻拍拍他的肩,则是一种密接距离。

讲台前的空间是教师向学生施加教育影响的主要场所，它是教师的"领地"，这一空间存在着对于学生位置的优势。因此，教师站在那里保持相对静止的讲课姿势，正好与这一环境氛围构成一个整体，但也给学生心理上以一种胁迫感、紧张感，它无形中拉大了师生间的心理距离。这种影响对小学生特别大，因为他们注意的品质还没有发展完善，缺少较强的自控能力，如果教师体势呆板，他们就很容易产生疲劳。上海有所小学提出"废除讲台"，倒也不失为一项好举措。

讲课时，教师的站位以讲台中央为主，但应根据教学需要适当变换。有时为了让学生注意大部分板书，教师就站到讲台的一侧；有时为了启发学生思考，教师可走下讲台，或站在前排座位的走廊中，或走近后排学生。这时，教师的身体位置降低了，在无形中也拉近了与学生的心理距离。学生分神时，教师走近，会收到提醒的功效。但若教师总站在学生身边，对胆小的学生势必造成压力，阻碍智力的正常发挥。当与学生进行个别交谈时，空间距离要适中，对年龄较大的学生尤其是异性学生，空间距离不可太近。

总之，教师的一举一动应表现得自然、得体，有些位置变化看起来似是无意，实则包含着课堂管理意图。

服饰语言及其使用策略

教师是学识和教养的化身。端庄的仪态、优雅的风度、得体的着装，不仅能给学生留下美好印象，而且有助于教育的成功。如果不修边幅，衣服肮脏，不仅会使学生反感，而且也不可能表现出良好风度。

我国近代著名教育家蔡元培先生，每次去学校给师生讲话或上课，必要换上浆洗得十分清爽的衣服，系好纽扣后，还要对着穿衣镜整一下容。进入教室前，也要习惯地整一整衣装，再从容地走上讲台。

由于教师职业的特殊性，其着装既不能像军人那样整齐划一，也不能像演员那样装饰华丽。教师的着装应该既符合自己的职业要求，又具有相应的审美效果。教师的着装应质朴、得体、庄重、高雅，不标新立异，不穿奇装异服，不浓妆艳抹。闪闪发光的金项链、摇摆不停的耳坠，非但无助于学生对知识的吸收，反而会分散学生的注意力，同时也显得浅薄俗气。

此外，服装的款式、色调应与教师的年龄相协调。中老年教师成熟干练、庄重沉稳，宜选择款式大方雅致的服装，色彩宜选用高雅稳重的。青年教师性格活泼、富有朝气，服装款式可新颖大方，色调宜明快清爽。总之，教师的服饰应美而不俏、美而不俗，体现作为教育者应有的风貌。

【就什么说点什么】

意大利的悲剧明星罗西应邀参加一个欢迎外宾的宴会。宴会上，客人们纷纷要他表演一个节目。盛情难却，罗西站起身子，清清嗓子，用意大利语念起了一段"台词"。虽然在座的客人们都听不懂台词，但都被他抑扬顿挫的语调、悲惨凄凉的声音所感动，很多人潸然泪下，可罗西的一位朋友却忍俊不禁。原来罗西朗诵的根本不是悲剧中的台词，而是宴席上的菜单。罗西出色的表现不仅靠他杰出的表演技巧，也有赖他高超的驾驭语言的能力，他熟练掌握了语调、语速、重音、停顿等技巧的传情达意功能。

教学中当然不需要这样的表演，但是一名掌握了教学语言技巧的教师，一定能使教学出神入化。

攻破语言这道禅关

良好的教学语言不是来自天赋,也无固定模式,必须孜孜追求,长期修炼,有如道家之道,佛家之禅。作为一名教师,语言这道禅关非破不可。

第一部分 提高文化修养

一、语言与文化

罗常培著有《语言与文化》一书,从语词的语源和演变看过去文化的遗迹,从造词心理看民族的文化程度,从借字看文化的接触等等,从而说明语言与文化密不可分。

语言是反映一个人文化修养的一面镜子。你学富五车,必然常常冒出惊人妙语;你胸无点墨,则往往搜索枯肠而无言以对。

在法国巴黎大学的博士论文答辩会上,主考官向陆侃如先生提问:"在《孔雀东南飞》中,为什么不说孔雀西北飞?"陆先生接口答道:"西北有高楼,上与浮云齐。"足见其丰厚的古文功力。

著述等身的著名学者王国维,7 岁开始读各种古书,16 岁考中秀才,一时名闻遐迩,被誉为"海宁四才子"之一。后又东渡日本,几乎遍读西方社会学、哲学、逻辑学、心理学、伦理学、美学及文学著作,终至成为一个集东西方文化大成的著名学者。王国维根据自己一生的治学经历,借用宋代三位名家的词句,概括出治学的"三境界"——

"昨夜西风凋碧树。独上高楼,望尽天涯路"、"衣带渐宽终不悔,为伊消得人憔悴"、"众里寻他千百度。蓦然回首,那人却在,灯火阑珊处"。诚然,因为王国维知识底蕴深厚,才能总括出这种可以传之后代的治学说;从另外一个角度而言,唯其王国维深厚的语言艺术功力,才能用这种概括而又形象的语言艺术,完美地表述自己的观点,展示自己的才华。[①]

有人用"温柔敦厚、谑而不虐、谈言微中、发人深省"来评价梁实秋的散文,非常中肯。梁先生的散文何以能信笔拈来、妙趣横生、纵横捭阖、清丽流畅呢?梁先生幼年时打下了扎实的古文基础,后来又有了中国大陆、中国台湾、美国"三度空间"的生活经验,并且精通英语,熟知西洋文化,是学贯中西、博览古今使然啊!

记录孔子言行的《论语》、反映歌德思想的《歌德谈话录》之所以能对后世产生如此大的影响,决不只在于语言的表述,而更在于思想的深邃、学识的广博。

有的教师语言贫乏、干瘪无味,翻来覆去那几个词,总觉得意思没能充分表达,但又苦于找不到合适的言辞。这种情况貌似语言问题,实质还是文化修养的问题。这些教师可能对要讲述的事情有一些认识,有一些了解,但只是囿于表面。因此,语言的表现力就很差。同时,教师的语言运用有高低之分、优劣之别、精粗之差、文野之异,这与语言的丰腴与贫乏也有着类似的原因。

其实,几乎所有的语言问题都和文化修养有关。如贾宝玉的书童把"食野之萍"听成"荷叶浮萍";如有个外国学者把"一片冰心在玉壶"的"冰心"译成"一颗冰冷的心"。人民出版社资深编辑戴文葆,在"文革"中被放逐回家乡阜宁掏大粪,后获平反,还荣获了出版界的大奖——"韬奋奖"。消息传到家乡,老农民奔走相告:戴文葆当年在这里打扫厕所,任劳任怨,如今得了大奖"韬奋奖!"这不是文化修养问

① 柏树斌、丁振芳主编:《教师口才学》,中国书籍出版社1994年版。

题，又能是什么呢？①

　　一个论辩家要能在论辩中汪洋恣肆、纵横驰骋，除了要有娴熟的论辩技巧外，还一定要有雄厚的知识积累，只有广闻博见，才能在论辩中说古论今，旁征博引；同样，一个教师要在教学中信手拈来、游刃有余，除了要具备教学技巧外，还一定要能博采众长，只有满腹经纶，才能在讲课时妙语如珠，左右逢源，游刃有余，显出书生本色。良好的文化修养，是教师提高语言水平的精神宝库。知识浅薄、孤陋寡闻的人，是难以成为一名优秀教师的。

　　著名教授冯友兰说："一个教师讲一本教科书，最好的教师对这门课的知识，定须比教科书多许多倍，才能讲得头头是道，津津有味，信手拈来，皆成妙趣。如果他的知识和教科书一样多，讲来就难免结结巴巴，看来好像是不能畅所欲言，实际上他是没有什么可以言。如果他的知识少于教科书，他就只好照本宣科，在学生面前唱催眠曲了。"

　　每个人都有自己的"语言库"，里面存放着属于自己的全部语言材料：词汇、句型、语法、修辞等。如果库存贫乏，势必造成教学语言词汇贫乏，句式单一；如果库存丰富，那运用语言时势必得心应手，左右逢源。试想，如果一个语文教师这样来上课，那非把教室搅成一锅粥不可："今天，我们要搞一篇新小说，先搞清结构，再搞清人物，最后搞懂环境和细节。现在，拿出书，在搞懂那些问题之前，先来搞词语。"

　　这位"搞"老师的动词词汇库存量贫乏得堪称惊人，这样是"搞"不出任何名堂来的。而且，"搞"这个字，在某些地方是含贬义的，如"瞎搞"、"搞女人"、"搞鬼"等。另外，有些教师形容词、副词的词库里空空如也，不管讲什么问题只会用"很"、"十分"、"非常"这些词。有的教师则是句式句型贫乏，只会用陈述句和主谓句，偶尔用上一个问

---

①　王尚文：《语感论》，上海教育出版社 2000 年版。

句,已算相当不错了,这样的教学言语必是单调死板的。

马卡连柯说:"学生可以原谅教师的严厉、刻板,甚至吹毛求疵,但不能原谅教师的不学无术。"比如讲"蝙蝠是一种鸟"、"鲸鱼是一种鱼",就不是由于语言的缺陷,而是文化修养的问题。

古人云:"一言以为知,一言以为不知。"语言能反映一个人的整体素质。

二、提高文化修养

"问渠那得清如许,为有源头活水来",广博深厚的文化知识是教师语言的"水之源"、"木之本"。教师是人类创造的精神财富的传播者,更要有意识地增强自己的文化底蕴,要广泛地学习,以文化知识的清泉来浇灌我们的园地。从某种意义上说,教师的工作就是通过语言造就人才。

1. 提高本民族传统文化的修养

中华民族的优秀传统文化,是几千年文明所创造的宝贵财富。从先秦散文,到唐诗、宋词、元曲、明清小说,无一不是一座丰富的挖掘不尽的宝藏。

一个人对于一定时代、一个民族的文化传统具有丰富的知识,就能准确地理解反映这一时代、这一民族生活的语汇的含义。反之,如果缺乏这方面的知识,就无法读懂反映这一时代、这一民族生活的作品。

比如汉语中有许多成语,大多出自古代文献或文学作品,如果不了解这些成语的出处,不知晓典故的由来,就不可准确、深刻地理解它们的含义,甚至会望文生义,闹出笑话。如有位语文教师把"望洋兴叹"解释成"望着海洋叹息",那真正是误人子弟啊!

再譬如"七月流火",出于《诗经》,意思是阴历七月到了,火星西沉了,天气转凉了。可是有的教师却用来形容炎暑天气,"流火"成了"热浪好像流动的火"。此外,如"美轮美奂",出于《礼记》,专指新房和种种建筑物的高大华美,却有不少教师用来赞美灯光、歌舞以至身材,而且写成了"美仑美奂"。

在狮城舌战中,复旦大学队在半决赛对悉尼队,辩题是"艾滋病是医学问题还是社会问题"。为阐述单靠医学手段不能征服艾滋病这个"世纪恶魔"的观点,三辩在自由辩论中说到:"在非洲许多地方,艾滋病已经造成了'千山鸟飞绝,万径人踪灭',对方难道还要让医学这个'孤舟蓑笠翁'来'独钓寒江雪'吗?"辩手之所以能巧妙地进行语言转换,得归功于他丰富的知识储备。[①]

2. 提高现代科学文化的修养

在全球科学技术日新月异的今天,教师既要有本民族几千年优秀传统文化的修养,又要学习现代科学文化知识。学生对展现在他面前的知识海洋和神秘莫测的未知世界,充满着探求的欲望,而课堂是学生信息的主渠道,因此教师的作用显得尤其突出。如果一个教师具备现代意识,关心时事,了解社会,这样就能不断满足学生的求知欲望,教学语言才有充足的力量,才能充分发挥其应有的力效。

教师要紧跟时代,以严谨治学的态度,不断更换旧知识,探求新知识,掌握丰富的信息量,灵活调整自身的知识结构,努力提高现代科学文化的修养,以最大限度地满足学生的精神需求。如果一个教师的信息量很大,那他说话时对语词的选择性就大,内容就丰富,话语自然就会准确、流利、富有表现力。

同时,社会文化的不断变化,为语言提供了取之不尽的源泉,使语言得到了不断的丰富和完善,涌现出许多新词新语新句。

如"增长"的反义词不再是"降低",而是"负增长","先进"的反义词不再是"落后",而是"后进"。还有"打的"、"写字楼"、"买单"等广式语言正随着港台文化影响着我们的日常语言。"卡拉 OK""DVD""摩丝"等新一代外来语也充斥着日常语言的结构。

随着中国股市的发展,这一专业语言体系也迅速扩展进入到日

---

① 欧阳友权主编:《口才学》,中南工业大学出版社 1999 年版。

常语言之中。如把"异性伴侣"称为"B股"，把"升迁有希望的人"比为"绩优股"，把"悲观的人生态度"喻为"做空"，等等。

此外，像"该出手时就出手"、"把……进行到底"、"……是硬道理"等句子也改变着我们的日常语言。近年还出现了所谓"新新人类"的语言新风格："哇塞，这件 T 恤好 Yeah，非常太空感，绝对电子味，上街炫一炫，帅呆啦！酷毙啦！嘻!"

语言是文化传播的最重要的工具，语言的构造具有一定的文化内涵，对这些新语词，教师应该有所了解，但语言的使用要遵循一定的规律，并不是所有的新词新句都要在教学语言中体现出来，有些词句是不适合在课堂上使用的，如"不要太潇洒!""帅呆""酷毙"一类。

不过一些科技新名词，是每一位教师都该掌握的。就以"纳米"这个词为例来说吧，如果一个教师连这个名称都没听说过，那显然是落伍于时代了，而有的教师已经把这个词恰当地运用到教学中。有位政治教师是这样来讲"纳米与质变"的：

> 诺贝尔物理学奖获得者、著名物理学家罗德尔说："20 世纪 70 年代重视微米技术的国家能成为发达国家，现在重视纳米技术的国家将成为现代化国家。"纳米、纳米技术的兴起是当今材料科学的一场革命。纳米洗衣机，纳米冰箱电视广告铺天盖地而来，我们现代人在惊叹之余不免又增加了一些困惑，什么是纳米？它的功能是什么？这些问题都需要我们去学习去认识。运用哲学观点去学习分析纳米知识，无疑会给教学增加新的视点。
>
> 辩证唯物主义认为，事物是质与量的统一。事物的变化发展是由量变到质变循环往复以至无穷，使事物由低级向高级不断发展。质有两种情形，一种是数量上的增减，引起质变；另一种是事物在总体上数量不变，只是由构成事物的成分在结构和排列次序上发生变化而引起质变。神奇的纳米正是后一种质变的具体表现……

3. 了解中外文化差异

　　文化背景的差异对语言交流的影响是巨大的。像"胸有成竹"这么简练、概括、寓意深刻的一个成语，如果译成外文，就成了"肚子里有一根棍"。有人说："一个民族的语言总是在潜移默化中将它独特的有别于其他民族的感知方式、思维方式和思想情感渗透在人们的血液里，溶解在人们的心灵中，积淀在深层的心理结构之内。"①

　　浪漫的法国人按法国人的方式说话，保守的英国人按英国人的方式说话，美国人也说英语，却与英国人不同，而差异不仅仅在于发音。全人类创造的文化都应该择其精华而吸取。

　　英美文化推崇个人主义，强调个人独立精神，而汉文化提倡集体主义和奉献精神。有名外国记者采访刘晓庆时问："当今中国最优秀的演员是谁？"刘晓庆爽快地答道"我！"结果引来中国观众的广泛批评，其原因是认为她太狂妄自大、太个人主义了。这是由我国特定的文化背景所决定的。梁实秋曾在《谈话的艺术》一文中有过这样的说法："英文的'我'字，是大写字母的 I，有人已嫌其夸张，如果谈起话来每句话都用'我'字开头，不更显着是自我本位了么？"②

　　从这里联系到在课堂上，教师也应该正确使用人称代词"我"和"我们"。尽量把"你""你们""我"都换成"我们"，强调听说双方的平等伙伴关系，使学生随时感觉到彼此有共同点，产生与教师休戚与共的意识。比如"我们得出了这样的结论。""同学们，让我们看一看，这篇课文分几段？""这道题，我们这么回答是不是更全面一些呢？""我们"一词会把师生双方融合在一起。有位教师是这样肯定同学们的："我们班级取得了好成绩，老师是多么高兴。看到我们逐渐长大、成熟，我们的父母该会多么自豪！"教师把自己与学生视为一体，对自己反而使用第三人称，以此消除师生间的隔阂，增强语言的亲切感和学

---

① 王尚文：《语感论》上海教育出版社 2000 年版。
② 童仁编：《现代闲情小品》，湖北辞书出版社 1993 年版。

生对老师的信任感。

第二部分　提高思维品质

一、语言与思维

数学家华罗庚有一种非常奇特的读书方法。他在灯下拿起一本书，不是从头至尾一字一句地读，而是对着书名思考片刻，然后熄灯躺在床上，闭目静思。他设想，这样一个题目如果到了自己手里，应该分做几章几节。……想完后打开书，如果作者写的和他的思路一样，他就不再读了。一本本来需要十天半月才能读完的书，他一夜两夜就读完了。

华罗庚养成的这种"想书"的习惯，实际上也是一种"读书"的习惯。它和我们通常的朗诵所不同的，只是它使用的是内部语言（没有说出声来的语言），而朗诵使用的是外部语言（说出声来的语言）。语言不仅是交际工具，也是一种必不可少的思维工具。马克思、恩格斯早就提出"语言是思想的直接现实"。

苏联语言学家波罗夫斯基，曾经把钢针状的电极嵌入被试者的舌头或下唇的肌肉里，并且要求被试者分别用口算、心算做同一道简单的算术题。结果在两种情况下，言语器官动作的电流记录完全相同。

语言是思维的外壳，思维是语言的内核。语言表达的过程实际上就是把思维的结果表述出来的过程。思维是在表象、概念的基础上进行分析、综合、判断来反映并认识客观现实的一种能动过程。逻辑思维的全部和形象思维的一部分，都是在语言材料的基础上进行的。这些思维活动的结果、认识活动的成果都需要用语言来记载，来保存。

那么，语言和思维之间到底有什么样的关系的呢？

思维和语言的关系是国内外学术界长期争论的一个问题。迄今为止,国外的研究,大约有四种不同的意见:一是主张语言决定思维,没有语言就没有思维;二是主张思维决定语言,没有思维就没有语言;三是主张思维和语言各自独立,否认二者的联系;四是主张思维和语言是一回事,否认二者有任何区别。国内的研究,从20世纪50年代至今,占统治地位的观点是——思维和语言具有不可分割的联系。

一个人对语言这一思维工具掌握的数量越多,程度越深,他的思维能力就越强。比如,一般人们写文章只用三千常用词,而古今中外一些杰出大文豪的作品中出现的用字量远远超过这个数目。被人们称为"诗圣"的杜甫,一生留下近千首诗,却鲜有重复的词句。另有人统计过,莎士比亚在文章中使用了一万五千个词。此外,像马克思、列宁、毛泽东等很多伟人,他们的语言造诣都是极为高超的,思想也是极为深邃的。

让我们欣赏一段郭沫若先生1948年在女作家萧红墓前的演讲:

> 年轻人之所以为年轻人,并不是单靠着年纪轻,假如是单靠年纪轻,我们倒看见有好些年纪轻轻的人,却已经成了老腐败、老顽固,甚至活的木乃伊——虽然还活着,但早已死了,而且死了几千年。反过来我们在历史上也看见有好些年纪老的人,精神并不老,甚至有的人死了几千年,而一直都还像活着的年轻人一样。所以一个人的年轻不年轻,并不是专靠着生理上的年龄,而主要的还是精神上的年龄。便是"年轻精神"充分的,虽老而不死;"年轻精神"丧失的,年虽轻而人已死了。

当然知识丰富的人并不都善于表达,因为从"慧于心"到"秀于口"还有一个从思维到表达的"加工"过程。在这个过程中,人的思维是处于不稳定的运动状态的,而对于这种思维的适应性,人们各有差异。这就有些聪慧而且知识丰富的人，在许多场合只能"知"其然而不能"表"其然了。但这种"心乖于内，口拙于外"的语言障碍现象，只存在于一小部分人身上。教师不能因此而找到借口，并时时来一个"妙不可言"加以搪塞。

翻译家们在翻译过程中常有"语言的痛苦"的感叹，其实这种"语言的痛苦"不仅存在于翻译过程中，教师有时在表述自己的思想时，也常会遇到这样的"痛苦"。因为教师对于问题的思考是个人化的行为，但他必须把自己思考的结果，以每个学生都能听懂的最公众化的语言表述出来。况且，人的思维是立体的、多维的，而语言的表达却是一句连一句的，是"一维"的。教师必须克服"语言的痛苦"，用各种巧妙的方式，用各种形象化的语言，来表达出"妙不可言"的事物，做到"妙而可言"，从而使学生充分接受他的思想。

二、提高思维品质

"20 年前，我去听一位教师的课，观察孩子们怎样感知新教材的讲解。我发现，孩子们听后很疲劳，下课时简直是精疲力竭了。我开始仔细听教师的语言，大为吃惊。教师的语言那么混乱，没有逻辑顺序，他讲的教材的意思是那么模糊不清，以至于第一次感知这个或那个概念的儿童，不得不用全部气力，才能听懂一点点东西。"苏霍姆林斯基批评的教师为什么会"语言混乱"呢？其深层原因还是因为思维混乱。

教学过程中思维品质的高低，很大程度上制约着教学语言的质量。德国教育家第斯多惠认为教师首先应具备娴熟的语言表达能力，"凡是会想不会表达，主要是思想不清"。不同的思维方法，对于不同的行为目标，具有不同的指导作用。比如，一个只能运用单型思维方法的教师，在其确定教学的行为目标时，就会只有一个指向、一个角度、一个线索和一个结果，在教学上陷入片面性的泥淖之中，导致教学上的单调和失败。

要想成为一名出色的教师，除了应当具备深厚的理论功底、高超的学识、精明的头脑和新颖的见解之外,需努力提高自身的思维品质。

1. 提高思维的条理性

条理性是思维品质最基本的要求。思路清晰,说话就条理清楚,有板有眼,否则就会语无伦次,前言不搭后语。因为语言的轨迹也就是思路的轨迹,思路轨迹清晰不乱,语言也就有条不紊。一个好教师,不管是讲授知识,还是与学生谈话,目的、步骤、前因后果,脑子里都一清二楚。反之,如果思路混乱,语言就会东一榔头西一锤子,学生听了如坠五里雾中。

当年复旦大学参赛队在首届国际大专辩论赛上一举夺魁,正是因为他们思路清晰、言辞犀利。让我们看看教练和队员们是怎样就"人性本恶"这个辩题理清思路的:

一辩:我方的立场是"人性本恶":

(1)人性由自然属性与社会属性组成;

(2)"人性本恶"指人性本来的、先天的就是恶的;

(3)我们这个世界并未在人欲横流中毁灭,因为人有理性,可以通过后天教化加以改造。

二辩:我方认为"人性本恶"基于如下理由:

(1)"人性本恶"是古往今来人类理性认识的结晶;

(2)"人性本恶"是日常生活一再向我们显示的道理;

(3)人有判断是非的理性,能扬善弃恶。

三辩:下面从历史与现实的层面进一步阐述我方观点:

(1)人类诞生之初,本恶的人性充分显示出来了;

(2)"人性本恶",所以教化才显得重要,也相当艰巨;

(3)人类社会的演进过程是虚假的虚荣被剥去的过程。

四辩:"抑恶扬善"是我方确立立场的根本出发点:

(1)只有认识"人性本恶"才能正视历史和现实;

（2）只有认识"人性本恶"才能重视道德法律的教化作用；

（3）只有认识"人性本恶"才能调动一切社会教化手段，扬善避恶。

正因为队员们头脑中思路清晰，有条有理，才能在辩论场上叱咤风云，上下古今，不拘一格。整个辩论粗粗听来恍似天马行空，实则由主旨统率，思路清晰。

怎样使思维富于条理性呢？我们在平时的说话过程中要注意适时地留下一些"思维路标"。比如用上"首先""其次""总之"、"由此可见"等插入语，也可以用上如"因为""所以""虽然""但是"等关联词语。有时，适度地重复词语，如"什么样的学生才是好学生呢？好学生是……好学生是……"或者，重提称代，如"……华东师范大学国际与比较教育研究所的教授来给我们讲课。这位教授……"

2. 提高思维的开阔性

山东军阀韩复榘说话没有章法，常常离题万里。举个例子：

> 今天，我们去修路。什么叫路呢？路就是人走的地方。带什么工具呢？带铁锹。什么叫铁锹呢？铁锹就是圆形的有木把的铁片。铁片是哪来的？铁匠打出来的。你们中有没有铁匠？有的话就站出来，让我看看铁匠的模样。

如此思维称得上"开阔"，但这种"开阔"的效果是可想而知的。思维的开阔性应建立在条理性之上。在教学教育活动过程中，要做到口若悬河、纵横捭阖、左右逢源，除了具备渊博的知识外，还必须有开阔的思维，要能全面地、辩证地看问题，要富于联想，善于想象。不然老是重复那几个观点，总是套用别人的话，那正如"吃别人嚼过的馍——没味道"。

如最近一段时间，北京、上海、南京等一些大城市的中小学正在开展"研究性学习",教师满堂灌、学生死记硬背的传统教学方式正在被突破。这是一件令人合掌称快的大好事。那么,在观念和制度上,"研究性学习"将会使我国的教育面临一些什么样的问题呢?

有位教师从几个方面来谈这个问题:①

(1)研究性学习是"正常"的还是"不正常"的?
(2)研究性学习采用什么评价标准?
(3)研究性学习该选择什么样的课题?

这几个问题之间是有联系的,但每个问题又都有其独立性,可见这位教师的思维既具"条理",又备"开阔"。在谈第(3)个问题时,他还说:

不同年龄段的学生应该有和他们的思维及知识水准相适应的研究课题,要珍视他们的胡思乱想,他为什么不可以设计人类的月球家园呢?他能不能琢磨一下怎样从太阳上毫发无损地归来呢?他能不能批评一个名作家?能不能对某个历史时间或历史人物有自己的臧否?

若没有广阔的思维,这位教师又怎么能提得出这些问题呢?

3. 提高思维的敏捷性

我国古代有这么一则故事:

司马昭与阮籍有一次同上早朝,忽然有侍者前来报告:"有人杀死了母亲!"放浪不羁的阮籍不假思索便说:"杀父亲也就罢了,怎么能杀母亲呢?"此言一出,满朝文武大哗,认为他"抵牾孝

---

① 摘自《教育文摘周报》2001 年 5 月 2 日第 18 期。

道"。阮籍也意识到自己言语的失误，忙解释说："我的意思是说，禽兽才知其母而不知其父。杀父就如同禽兽一般；杀母呢？就连禽兽也不如了。"一席话，竟使众人无可辩驳，从而使阮籍避免了杀身之祸。

其实，阮籍在失口之后，只是使用了一个比喻，就暗中更换了题旨，然后借题发挥一番，就巧妙地平息了众怒。这与阮籍敏捷的思维是分不开的。

在1988年亚洲大专辩论赛中，有一场关于艾滋病的辩论。正方悉尼队提出输血可以传染艾滋病毒，如果是一个婴儿传染了病毒，也要对他进行性安全教育吗？反方复旦队严嘉反应非常敏捷，马上反驳道："至于说到小女孩，当然我们不要对她进行性安全的教育，但是对她母亲当然要教育，这样才能防止艾滋病的母婴传染啊！"可谓一针之下，见血封喉，场上掌声雷动。

在教育教学过程中，有时教师会发现自己有些语言啰嗦重复，这就是因为思维来不及反应，不够敏捷、不够活跃而造成的。语言训练有素的教师，虽然语速慢但并不会中断，说的话虽然有停顿、有断续，但话题依然是同一的，连贯的。而一些语言训练差的教师，就可能在停顿与等待中，失去了同一的话题，发生语义不连贯的现象。

这就需要训练思维的速度。比如，让学生就某篇课文质疑，学生提出一二十个问题，教师立刻储存在脑子里，并试图立刻加以分类处理，如哪些问题需当堂议论解决，哪些可放到课后；哪些是重点讨论的，哪些作一般性处理；哪些以教师为主进行处理，哪些可放手由学生处理，等等。经常训练，思维的敏捷度就会得到提高。

第三部分　提高心理素质

说话是个复杂的心理和生理过程。一个教师是否具备健全的心理素质，是否能够克服自身的心理障碍，是否懂得心理沟通的方法，与教学语言的成功与否密不可分。

戴尔·卡耐基在《挑战人性的弱点》一书中指出："言语乏味是人格生病的一种症状，也是人格不再成长的一种现象。它可以显示出说话的人缺乏智性、想象力和对人的敏感性，而这些特性都是完成见人格、能对别人有正常反映所不可或缺的重要因素。"①

一、克服心理障碍

1. 变胆怯为轻松

一般说来，年纪轻的教师和性格较为内向的教师登上讲台，容易产生胆怯、紧张、慌乱的情绪。一紧张一慌乱，便六神无主，不知所措，思维紊乱。思维一旦不能正常运行，语言便不受支配。这时有的教师面红耳赤，呼吸急促，心跳加快；有的教师手腿发抖，大汗淋漓，战战兢兢。

这样，教学语言便出现种种混乱：或结结巴巴，出现口吃，语流极为不畅；或语无伦次，表情僵硬，下意识地说话；或喃喃自语，唧唧哼哼，甚至张口结舌。更甚者，是几种情况兼而有之，让人听了耳中生棘，如坐针毡。在"怕"字当头的情况下，既不可能准确地传递信息，又不可能恰当地表达情感。

其实，出现不同程度的紧张与慌乱，也是正常情况。它与表现欲望同时而生，相伴而行，只是有经验的教师能够自如地加以控制。我们看到有的教师上课显得非常轻松，既不紧张，又不烦躁，心境如秋

---

① ［美］戴尔·卡耐基：《挑战人性的弱点》，学林出版社 2000 年版。

日的草原,如雨后的天空,讲课如和朋友聊天,如和儿女闲话,亲切温和、畅快轻松。这时的教学语言必是出言有方,开口有味,一语既出,满座称妙。

但如果紧张与慌乱经常出现,以至于影响教学,那就需要找出心理原因,并通过有的放矢的训练加以克服。古语云:狭路相逢勇者胜,在教学中,教师应战胜胆怯,才能临危不惧、处变不惊、从容不迫。

2. 变自卑为自信

有些教师虽然有强烈的上好课的欲望,但不敢大大方方地与学生交往,常常会生出许多担心。比如学生是否能接受我准备好的讲课内容? 如果上课时出现意想不到的问题该怎么办? 这样的教师在课堂上,往往还未开口,就情不自禁地手足无措起来,即使开口,也是反应迟钝、谈吐木讷,甚至语无伦次、不知所云。如此反复,便逐渐强化了他们的自卑心理。

自卑的本质是自我意识的弱化。自卑的人只是一味地看到自己的弱点,而看不到自己的长处,整个心理状态是消极的,它使人离群索居,孤立苦闷。过分自卑的人或嫉妒沮丧,或易暴易怒,或自欺欺人,具有这种心理的教师,是难以成为一个好教师的。

一个优秀教师必是充满了自信的。自信是意志和力量的体现,是人们对自我认识感到满意的心理倾向。有了对自己才智的充分认可,具备了深厚的专业知识功底,并在每堂课前对所讲知识烂熟于心,融会贯通,就能充满自信地走上讲台,处变不惊,机敏风趣,妙语解窘,侃侃而谈。否则只是色厉内荏,虚张声势而已。

3. 变自傲为自尊

与自卑心理相反的是自傲心理。表现出自傲心理的人,通常有较好的语言基础,有一定的语言表达能力,但是过高地估计了自己的能力,常常自我感觉良好。这样的教师,常喜欢一个人在讲台前高谈阔论,滔滔不绝,口若悬河,以至于讲得天花乱坠,根本不顾学生的情绪。

自傲是建筑在以自我为中心的基础上，它是一种超现实的自我评价与自我态度，它使人因孤傲而无法合群。这样的教师，学生是不敢轻易接近的，师生关系就难以协调，这对课堂教学极为有害。

而自尊是建筑在客观实际的基础上，它是一种正确的自我评价与自我态度，建立在自信的前提之下。它能满足肯定自我形象与维护自我威信的心理需求，与自傲截然不同。

有自尊感的教师勇于发表自己的看法，敢于负责，但对自己估计不会过高，他们会看到教学工作的艰巨性，因而不会盲目乐观，不会不切实际地对自己提出什么"高标准"、"严要求"，不会眼高手低，心气太盛，他们懂得欲速则不达。所以，他们会在"战略"上藐视它，又在"战术"上重视它，事先对讲授内容加以精心整理，使之中心明确，条理清楚，这样的讲课，或言辞犀利，跌宕纵横；或严密精谨，滴水不漏。

二、训练心理素质

克服教学中的胆怯、自卑和自傲等心理障碍，根本在于正确地认识和估价自己。同时，还要通过积极的自我暗示等，进行有意识的实践与训练，逐步形成良好的心理素质。很多语言学大师都是通过后天的训练才走向成功的。

英国戏剧大师、批评家、社会活动家萧伯纳的口才是有口皆碑的。但是，他年轻时却胆小木讷，连拜访朋友都不敢敲门。后来他鼓起勇气参加了一个"辩论学会"，不放过一切机会同对手争辩。练胆量，练机智，练语言，千锤百炼终成口才家。他的演说，他的妙对，至今仍脍炙人口。当有人问及他如何练口才，他说："我是以自己学溜冰的办法来做的——我固执地、一味地让自己出丑，到我习以为常。"

20 世纪 80 年代初，在演说圈内外，曲啸的名字不胫而走。曲教授以"心底无私天地宽"、"人生的价值"等 30 多个讲题，奔走于国内外，做了一千多次演讲。当有人盛赞他是"天生的好口才"时，他笑了："哪里来的天才？我小时候，性格内向，说话还口吃，越急越结巴，有时涨得脸通红也说不出话来……"殊不知,曲啸为了训练心理素质,常在清晨迎着寒风,跑到沙滩上高声背诵高尔基的散文诗《海燕》。他不放过一切"说"的机会,积极参加演讲赛、辩论赛、话剧演出,终于崭露头角。在一次"奥斯特洛夫斯基诞辰纪念会"上,他手拿一份简要提纲,竟然作了整整两个小时的精彩演讲,全场掌声雷动。

心理训练的关键在于根据造成心理障碍的原因,有针对性地选择训练方法。如果是由于自我分析不当,期望值过高而形成自卑,一般可采用自我心理暗示法,有意识地做自我心理调节;如果是因为性格内向、不爱或不善讲话而引起的胆怯,则可以采用强化训练法,在实践中加以提高。

下面介绍几种常见的、较为有效的心理训练方法。

◎**生理法**

呼吸法和气功法是两种常见的从生理上来训练心理素质的方法。

呼吸法要求上台前做几次深呼吸,先深深地吸一口气,再慢慢地从鼻腔里呼出,反复多次,几分钟后可以抑制因紧张而引起的心跳加速,使呼吸与心跳趋于正常,从而减缓血液流动,起到抑制紧张情绪的作用。

气功法要求上台前,双眼微闭,徐徐地吐气吸气,而后让意守丹田,再徐徐吸气吐气,让气在体内慢慢运行,从头到脚,意随气行。这样做,同样可抑制心跳,并减少肾上腺分泌,起到舒缓情绪的作用。

◎**照镜法**

平时有机会时,可站在镜子前,看着自己的眼睛,边想边说:现在,我应该用柔和的目光去与学生交流:"大家看,这篇文章写得极为优美……";现在,我应该用乞求的目光去征询学生的意见:"你们听懂了吗?";现在,我应该用坚定的目光去告诉学生:"对中国,我抱有信心!"

如果你要去外校参加一次演讲,同样应该先对着镜子,先修饰一下自己的容貌,然后自信地凝视着自己的形象,接着大声对自己说几遍:我今天一定能成功! 最后精神抖擞地跨出家门。

这种做法似乎可笑,其实是一种很有效的自我暗示,自我肯定的潜意识会帮助人克服自卑与胆怯,变得自信。

◎**话题法**

经常选择一些带有暗示性和激励性的话题,如"战胜怯懦,走向成功""我已消除了怯场心理""我喜欢,我可以"等,先在小组内与三五知己围桌而坐,侃侃而谈;然后在较大的范围内,先坐着说,再起立说。若能坚持不懈,相信一段时间以后,你一定能在教室里、会场上从容讲话。

◎**藐视法**

如果在演讲或其他比赛中发现有强大的对手,千万不要盲目自卑:"我的普通话没他好,我的风度不及他,我肯定比不过他!"而应该这样在心里对自己说:"他能这样绝不是一朝一夕形成的,也许他的基础还没我好呢。马克思不是说过,'你所以感到别人伟大而高不可攀,只因为自己跪着。'如果我站起来,绝不比别人矮半截。"这会是一种很有效的心理暗示。

比赛开始,上台后不要急着开口,应先扫视全场,待静场以后再开讲。在开讲后,不要太注意听众的反应,把听众看作什么也不懂的孩子。这样,有利于放松自己,以克服紧张慌乱。当自己镇静下来后,再去注意听众的反应,做出相应的调整。

曾在国际辩论赛中两次夺魁的复旦大学队的指导老师王沪宁教授说:"当你面向对手时,你要觉得自己对这个题目全知全能,而对方是无知的,你不是在和他辩论,而是在教他。如果他反驳,那是说明他没听懂,你可以再教他一遍。记住你始终是老师,而他是学生。"斯言中肯。

◎**比较法**

有自卑与自傲心理的人应采用两种不同的比较法,以克服自身的心理障碍。

自卑者要找出自己的长处同对方的短处比："天生我材必有用"、"我并非一无是处，只要扬长补短，我定能比他好！"自傲者则要找出自己的短处，来同别人的长处比："这方面我不如他，那方面我不如她，有什么值得骄傲的呢？"

除上述五种方法外，还有很多途径可以帮助我们克服心理障碍，提高心理素质。比如，提前进入教室或会场，以熟悉环境；事先熟悉对象，同听者交谈，消除陌生感；慢慢喝水，慢慢咽下，来稳定情绪；专心致志，排除干扰，集中思想考虑所讲内容……

如果某些心理障碍一时不能很快克服，也不必急躁，可以通过渐进训练的方法。不妨从容易的事做起，不放过任何一次训练的机会，在实践中逐渐增强自信。比如，第一次教学不成功，可以先从讲一段话开始练起；与校长交谈太拘束，可以先跟办公室同事进行交谈；与性格内向的家长交往不成功，可以先从与性格外向的家长交往开始。

【就什么说点什么】

舒元舆说，宝剑锋从磨砺出，梅花香自苦寒来！

龚自珍说，万一禅关砉然破，美人如玉剑如虹！

于我心有戚戚焉。

漫谈青年语文教师的成长

有人说，"自我反思＋同伴互助＋专业引领＝教师专业成长"；也有人说，"经验＋反思＝成长"。我尚未提炼出公式，只能从自己成长过程中的一些小故事来说说感悟和体会。

从一部电影谈开去

相信90％以上的中文系学生都喜欢看电影，我也不例外。在大学时代和工作以后的日子里，我忙里偷闲地看过许多部电影，罗曼·波兰斯基、吕克·贝松、罗伯托·贝尼尼、黑泽明、贾樟柯……他们的电影我都喜欢，其中最心爱的电影要属彼得·威尔导演的《死亡诗社》，它帮助我勾画了教师生涯的美丽蓝图。

第一次看这部电影是在我读大三的时候。《死亡诗社》的主人公是一位名叫基廷的语文教师。在教学"如何理解诗"这一课时，他原本试图按照文章作者的思路，以数轴的方法分析诗歌创作。但他突然说，"诗歌是这样欣赏的吗？不！这是鬼话！这不是在修木管，这是在谈诗。把教材撕掉吧！"他教学生撕掉了权威关于诗歌的评价，而用自己的心去品读，他让学生在足球运动中学习文学，鼓励他们站到桌子上用另一个视角看世界。

我至今还记得在看完那部电影的当天晚上，梦见自己也成了基廷，站在教室的课桌上，向学生们大声地朗诵着惠特曼的诗歌"啊，船长！我的船长！"基丁——这名来自教育模式固定、单调的威尔顿预备学院的新教师，教学生撕掉了权威关于诗歌的评价，而用自己的心去品读，他指引着学生珍视并发现自己内心的梦想，帮助学生去挑战那些金科玉律的教条。

正是从看这部电影开始，我下定了决心，要做一名像基丁一样的教师，永远给学生以飞翔的勇气和激情。

从一个公式谈开去

1992 年，我踏上了心仪已久的教师岗位，在著名特级教师于漪担任校长的上海第二师范学校担任语文老师。那一年，恰逢于漪老师开展一个中、美、英三国的课题研究，主题是职初教师的岗位成长。我有幸成为研究对象，也有幸享受比别的年轻教师更多更长的"黑夜"，因为每天要完成一篇日记，每两周要接受一次录音访谈，每月要上一节公开录像课。为了不辜负这份幸运，我付出了郊寒岛瘦似的苦心孤诣。我把每一节家常课都当公开课来对待，每天晚上泡一杯清茗，伴一盏孤灯，细察默品，博采众家。课本上满是圈圈画画和密密麻麻的批注，学生的随笔本上留下了我满页的鼓励之语。

后来担任班主任工作，依然如痴如醉。还记得 1999 年 12 月 31 日，那是一个放假的日子，但我还是起了个大早。我找出前几天买好的 47 张有奖明信片，用钢笔一张一张地写下对学生们的真诚祝愿。几十份不同的祝福写完，已经是下午五点。怀揣着厚厚一沓明信片，我快步直奔邮局，因为要赶上 20 世纪的最后一趟邮戳，而让同学们收到时又是 21 世纪的第一趟邮戳。我没有在明信片上留下自己的姓名，只是想让学生们拥有一份意外的惊喜。有细心而聪明的学生在惊喜之余读懂了我的心，他们打来电话，"谢谢老师，您是在用一种特殊的方式教育我们"，"我会一直保存这张有特殊意义和收藏价值的明信片。"

"教学千古事，得失寸心知。"当我思考备课、学生与教学效果三者之间的关系时，牛顿的力学第三定律从我的脑海中跳了出来——两个物体之间的作用力和反作用力，在同一条直线上，大小相等，方向相反。是啊，教师付出多大的作用力，在学生这个作用点上，就会有多大的反作用力。

这是不擅长物理的我最喜欢的物理公式。

从一首诗谈开去

从求学时代起，我就喜欢读海子的诗，到后来在课堂上教《面朝大海，春暖花开》，愈发被他的那种陶醉于歌唱与梦想中的气质所吸引，诗歌表面传递给我们的幸福与热爱的"外在情感"，和实际的冷漠与厌倦的"内在情感"，形成了强烈的矛盾和反差，正是这种矛盾和反差，使诗歌形成巨大的张力，也让我深深地喜欢上了这首诗。

当我成为一名市教研员后，我经常有机会去听老师们上课。那是一次市级教学录像课。一位女老师执教的就是海子的这首诗，课堂上始终流淌着诗一般的优雅与纯净，无论是学生的朗读，还是教师的点拨，都把诗歌的情味传递给了听课的我，"从明天起，做一个幸福的人/喂马，劈柴，周游世界/从明天起，关心粮食和蔬菜/我有一所房子，面朝大海，春暖花开"。那一刻，我又一次被这首诗深深打动。

谁知，回家路上，我接到了这位老师的电话："我能重新录课吗？我觉得今天的课上得不够好……有一个学生的回答触发了我的灵感，现在我已经找到了教这首诗的一个非常好的切入口……"由于种种因素，这节课最终没有重录，但是我牢牢地记住了这位"一根筋"的语文老师。

后来，她请我给她的学生习作选作序，我写了一篇短序《做一个幸福的人》，此处录下全文：

　　初识殷老师，是在一次市级教学录像课的拍摄中。殷老师执教的篇目是海子的诗歌《面朝大海，春暖花开》，课堂上始终流淌着诗一般的优雅与纯净，无论是学生的朗读，还是教师的点拨，都把诗歌的情味传递给了听课的我，"从明天起，做一个幸福的人/喂马，劈柴，周游世界/从明天起，关心粮食和蔬菜/我有一所房子，面朝大海，春暖花开"。那一刻，我竟不清楚是海子的诗打动了我，还是有着甜甜酒窝的殷老师打动了我。

　　谁知，回家路上，我接到了殷老师的电话："我能重新录课吗？我觉得今天的课上得不够好……有一个学生的回答触发了我的灵感，现在我已经找到了教这首诗的一个非常好的切入口……"考虑到种种因素，我劝她打消重录的念头，她虽是同意了，但我感受得到电话那一端的遗憾。

　　如此"一根筋"的语文老师，今天实属稀缺。

　　前些天，殷老师用邮件发来了厚厚的书稿——《和语文老师过招》，怯生生地提出："您能抽空写个序吗？"我脑子都没转，就满口答应了，为老师们做点力所能及的事，难道不是我的工作吗？

　　当时，我正忙着收拾行李，因为要赴比利时参加一个国际会议，就嘱读初中的女儿帮我把部分书稿打印出来，准备带去飞机上拜读。谁知她在我的书房里忙活了两小时都没出来，我进去一瞧，她正捧着稿子读得津津有味呢，"太棒了！我也想跟语文老师过招。"

　　长达十几个小时的飞行旅程中，我一直在读书稿，边读边忍不住让邻座分享精彩片断。虽然，有些学生的文笔确实还嫌稚嫩，不少文章也没有经过精雕细刻的修改，但不打磨的东西，往往会因为鲜活而显得一派天然，叫人心中抑制不住喜悦。这里，少有公共话语、成人思维、宏大叙事。

殷老师的十几篇"下水文"也并非完美，却颇为耐读，当然更吸引我的是自信满满的学生与殷老师的"过招"，我禁不住为这种平起平坐后的唇枪舌剑而拊掌击节。这样的"对话"难道只可遇而不可求？殷老师说她自己很幸运，遇到了这么一群有才华有梦想的孩子，难道这样类似的幸运从未曾降临到有些老师的身上？

境由心造啊！

很多时候，听到某些老师在抱怨，现在的学生是一代不如一代了。教育的现状固然艰难，但我们以怎样的心境和态度去面对，难道不重要吗？古语云：有心栽花花不开，无心插柳柳成荫，但我坚信，有心栽花花自开，无心插柳柳无荫。一名教师，不能把成功和幸福建立在不可捉摸的侥幸和偶然上。一名教师是否能成为好教师，不在于他教了多少年书，而在于他用心教了多少年书。殷老师曾在全国语文教师下水比赛中获得过特等奖，我想这绝不是偶然。

飞机穿过厚厚的云层开始下降，我已读完厚厚的一沓书稿。往舷窗外望去，是碧蓝碧蓝的北海，我多想大声吟诵"面朝大海，春暖花开"。

感谢殷老师，让我本是枯燥的飞行旅程不再单调。

感谢殷老师，让我的女儿主动提笔，写下她自以为是的得意之作。

感谢殷老师，让我读到了青年语文教师的追求与幸福。

从一则故事谈开去

曾经读到这么一则故事：一只老鼠意外地掉入了一个盛有半缸

米的缸中,这令它喜出望外。它先是警惕地环顾四周,待确定没有任何危险之后,就美美地饱餐起来。就这样,老鼠在米缸里吃了睡,睡了吃,时光就在无忧无虑中溜走。有时候,它睁开眼来,也曾为是否要跳出米缸而有过激烈的思想斗争,有过抉择的痛苦,但他终究没能摆脱白花花大米的诱惑。终于有一天,米缸见了底,它才觉悟自己已经再也没法跳出去了。

这不是一只完全没有思想的老鼠,也不是一只彻底不思进取的老鼠,面对半缸米的诱惑,它徘徊过,动摇过,但最终,它在白花花的大米面前乖乖投降。

老鼠如此,人又何尝不是这样?教师又何尝不是这样?

相信几乎每一位教师,在刚刚站上三尺讲台的时候,都曾踌躇满志,怀揣着对教育事业的崇高理想,勾画着自身成长的宏伟蓝图。于是,他仔细地钻研教材,认真地设计教案,一丝不苟地批改学生的作业……若干年以后,他评上了中级职称,他在感到欣喜的同时,又给自己制定了新的奋斗目标:力争在五年内评上高级。于是,他一如既往地努力工作,还经常买书看书,在积累了一定教学实践经验的基础上,他进行理性的思考,写下的教学论文在专业杂志上发表了……若干年过去,他真的拥有了高级职称。

然而,当为他庆贺的同事离去的时候,他突然有些恍惚:接下来,我的目标是什么?特级教师?那毕竟是少有人能问津的;学科带头人?那也只有少数几个人能戴上这顶桂冠。我四十不到,也算是"功成名就"了,吃吃老本吧,何必再坐冷板凳呢,何必还让"我的黑夜比白天多"呢,何必再让我的黑发间多出几缕白发呢。于是乎,当校长请他为外省市教师开一堂公开课时,当教研组长请他负责某一校本教材的开发时,他总是会找到这样那样冠冕堂皇的借口,"我该退居二线了,还是把机会留给新分配来的青年教师吧。"渐渐地,他只满足于把每天的课上完,把每天的作业批改完,下班时间一到,两手空空,潇洒地准时离开学校。校长找不到他的碴,因为他已经把自己份内的事都完成了。

若干年过去,他突然发现自己丧失了求学时代和工作伊始对文学的感受力、判断力、思辨力。当他再一次踏进书店的时候,望着书架上一本本新书,他竟然不知道该买哪些书来读。无所适从的他最终还是买了几本书回去,可是刚翻了几页,就觉得眼皮沉重,那些字迹在眼前跳来晃去,就是进不了大脑。他幡然醒悟:若干年前那本鲜红的高级职称证书,不就是老鼠面对的半缸米吗?原来那是一块试金石啊!

陈平原教授曾在一文中这么写道:"十年前我们会因费希特的《论学者的使命》、格拉宁的《奇特的一生》而激动得浑身发抖,而今只会付之一笑。还不只是年龄增长缺乏激情的缘故,最根本的是对学术的崇高感表示怀疑,不大愿意再做祭坛上光荣的牺牲。"我不认为今天本应进入第二次发展的教师,是因为对教育的崇高感产生了怀疑,或是因为教育信仰的幻灭,而降低了对自身的要求,更多的是随着教龄的增长而产生了职业的倦怠。

几乎每位教师在刚踏上工作岗位时都有一种想要成长的原始情结,但当他经历了所谓的"成长"与"成功"以后,又有多少从内心深处想要自觉提升的愿望呢?因为谁都清楚,提升是需要付出努力的,而人又都是有惰性的。怎么办?

首先,要有新的目标,也就是要合理规划属于自己的教师生涯目标。我们要对自己目前教学的状况有一个清晰的认识,什么是自己的强项,什么是自己的弱项,我的发展空间在哪里,我的三年目标是什么,然后把这个目标再细分成由若干个时间段组成的,且具有操作性、可行性的小目标。然后,在日常的教学工作中,不断地在头脑中勾画和重复这些目标,并努力去一项项地完成目标,而不是让目标仅仅成为贴在枕边的一纸空文。

其次,要养成好的习惯——多读、静思、勤写。性格决定习惯,习惯决定人生。

我会在夜阑人静时静心思考：教学参考书上的说法有错吗？今天，我有没有使自己的语文课堂成为一个真正的精神家园？我和学生的生命活力是否在课堂上涌动了起来？只要有了静思的好习惯，我们就不愁没有深邃独到的思想，教学时就能举重若轻、游刃有余，经年累月之后，就能逐步形成自己的"思想舍利子"。

一个好教师绝对不能以孔子"述而不作"为挡箭牌，我们应该经常"下水"，"君子动口更动手"体验写作的艰辛与乐趣，下水作文、教学随笔、科研报告，都要尝试去写。有了勤写的好习惯，我们对语言的感觉就不会是一种"钝感力"，教学时就能得心应手。

第三，一个不得已而为之的办法，就是给自己找一个监督者——如果我们没有足够的自觉性的话。当然，每位教师都有基本的自觉性，都愿为自己的未来作预留，那么，让我们想方设法送走"惰性"这一瘟神。

我们不会像李斯那样去羡慕尽享荣华富贵的"仓鼠"，当然，我们也不决佩服"厕鼠"，我们喜欢的是里尔克耐人寻味的诗句："他们要开花，开花是灿烂的；可是我们要成熟，这就叫甘居幽暗而努力不懈。"

从一句话谈开去

曾读到一本书，书名引用了奥地利诗人里尔克的一句诗"你要爱你的寂寞"，这句看似波澜不惊的话语引起了我内心的震撼。

我想起了几年前教过的一篇课文——东山魁夷的《听泉》，"人人心中都有一股泉水，日常生活的烦乱，遮蔽了它的声音。当你夜半突然醒来，你会从心灵深处听到幽然的鸣声，那正是潺潺的泉水啊！"

我不敢肯定今天的我们是不是能在夜半醒来时，从自己的心灵深处听到潺潺的泉水声，因为我们正在远离"寂寞"，我们的生活中充满了太多的"喧哗与骚动"。可是,青春就应该是寂寞的,教师的青春更应该是寂寞的。一名好教师,必须能够时时叩问心灵,这样才能不至于降低自己当年在"象牙塔"内设定的精神尺度。在思想多元化、文化多元化的今天,作为普通人的青年教师开始慢慢变得浮躁,心灵渐渐变得麻木,很多时候,常常以"吃饭"的名义,做家教、上补习,心安理得地降低自己的精神尺度,书桌上很难再见得到除教辅以外的书籍。

有个故事如此经典:舜年轻时在田里劳动,丝毫没有什么遗憾,后来尧把两个女儿嫁给了他,让他当上帝王,尽享荣华富贵,他也没觉得自己有何了不起,好像天下原本就是属于他的。是啊,无论我们今天是成功还是失败,我们是否能够既不卑微也不骄傲,那样坦然地面对学生,那样执着地面对教育事业,那样恭敬地倾听自己的心声,那样虔诚地爱着你的寂寞。

从一次旅行说开去

教师不仅要"读万卷书",还要"行万里路"。前几年的暑假,我去西藏旅游,沿着雅鲁藏布江去朝圣中国最美的山峰之一——南迦巴瓦峰。这座山峰状若"长矛直刺苍穹",再加上地震、雪崩不断,在1992 年中日联合登山队成功登顶以前,一直是未被人类登上的最高一座"处女峰"。

我此番去,当然无缘也无力登顶。本想一睹它的尊容,但是天公不作美,云雾缭绕,很难看清她的真面目,但我丝毫不遗憾。我喜欢作家张承志在《向往的旅途》中写下的话语:"清洁就在你的心里,圣地就在你的追求之中。"

其实,教师的成长就像一次旅行,不一定每个人都能有机会和实力登上最高峰,但只要我们怀着虔诚之心,一直在路上,就能无限接近圣地。不是所有的教师都能摘得成功的桂冠,但是我们都必须不断成长,因为成长远比成功来得更重要。

【就什么说点什么】

　　我喜欢用以赛亚·伯林关于"刺猬与狐狸"的妙喻来说事。这个比喻来自古希腊诗人亚基罗古斯的话:"狐狸知道很多事,但是刺猬只知道一件事。"伯林以"刺猬"指称那些对人类行为和历史持有整体的、统一理论的思想家或学者,而以"狐狸"指称那些信奉多样性的思想家或学者。我们教师成不了像柏拉图、但丁、黑格尔、陀思妥耶夫斯基、尼采那样的"刺猬",也成不了像亚里士多德、蒙田、莎士比亚、歌德、巴尔扎克那样的"狐狸",但教师一定是既要"博闻强识",又要"术业有专攻"的,从某种意义上来说,是既要做"刺猬",又要做"狐狸"的。

　　我一直记得《城市乡巴佬》那部电影,喜欢那个赶了一辈子牛的老牛仔说过的一句话:"人生快乐的秘密在于'一',只要你认定了一个目标,专心奋斗,就会快乐。"作为青年教师,我们的目标是什么?在社会上的青年人都认准托福、出国、比尔·盖茨的今天,作为人类灵魂的工程师,我们要沉浸自己的心灵,焕发出教师作为人的特质,让自己的生命之花开得绚烂,也让学生的生命之花绽放得更加多姿。时代在变,但教师卓尔不群的精神气质不能变!教师应是激情、责任、力量、诗意、智慧的化身,一名教师如果缺少了儒家的入世情怀,又怎能再去竖起高高的精神标尺?

　　相信,当我们有了奋斗目标,走上了快乐之途,就不会产生职业疲劳。

像于漪老师那样做人做学问

以于漪老师为楷模

做语文教师的，恐怕很少有人没听说过"于漪"这个响亮的名字，也有很多语文教师，以于漪老师为榜样，学习她的为人，学习她的学问。2010 年，80 岁高龄的于漪老师光荣地当选全国首届教书育人楷模。这份光荣不仅属于她个人，也属于千千万万名语文教师。

于漪老师曾说过，"教师首先是个大写的人"。这是一年级小学生都认识的十个字，却有着极其丰富的内涵。这简单明了的话语背后是洞见，是精神，是情怀。

我是一名幸运儿，从大学毕业那一刻起，就跟随于漪老师学习语文教学之道和为人之道。限于篇幅，这里更多地和大家分享于漪老师的为人之道。

惟经历苦难者才会大勇大爱

我们先一起来重温于漪老师《岁月如歌》一书中的这段文字：

1944 年夏，酷暑。肺结核菌终于嚣张地夺走了年仅三十多岁的父亲的生命。白发人祖父呆滞，茫然，母亲哭得泪人儿一般，我们姐弟五人跟着母亲噱哭着，家里阴云密布，天塌下来了。

从日寇铁蹄踩蹁我大好河山以来，父亲因带领我们逃难，只能间或做点小生意，但屡做屡赔，囊中羞涩，家境惨淡。然而，他毕竟是个中年人，担着这个家。他撒手而去，家中老的老，小的小，何以为生？姐弟中，我最大，妹妹才一岁，母亲是半文盲，识几个字，勉强能写封简单的信，无能力养家活口，真是前途渺茫。

父亲的丧事草率办完，家里就商量孩子上学的事。那年，我初中毕业，要不要继续升学，意见不一，求学，不求学，形成拉锯之势。祖父认为女孩有点文化就可以了，家里那么困难，还读什么书，反正将来都是人家的人。母亲从自身的无能为力担当家庭生计的教训出发，期望我能在经济上自力更生，并帮助带领弟妹，虽不敢顶撞祖父，但总反复讲继续求学的重要。我当然死活要求读书，学点求生的本领。最后，祖父作了让步，只要家里不要负担，可以继续求学。

天无绝人之路。正好江苏教育学院附属师范学校到镇江招考新生，招收的人很少，我幸运地被录取。……我一个女孩儿家只身赴苏州求学，举目无亲，母亲又担心了。于是，反反复复叮嘱我：要活，就要靠自己努力，自己吃苦；凡事，都要动脑子想想，要自己管住自己，不能心血来潮；要尊敬老师，友爱同学，做人要有德行，宁可刻苦自己，也不能亏待他人……反反复复地说，简直像语录一样，镌刻在我的心中。……只有奋斗，才能生存，只有奋斗，才能改变孤儿寡母的命运——这成了我前进的动力。勤奋学习，刻苦自励，真诚待人，成为我们姐弟力求上进的做人准则。

读完《岁月如歌》，我们知道于漪老师的一生承受过无数的苦难。早年丧父、家境惨淡，历经战争、四处逃难……但是，家庭的困境和颠簸的尘土并未在她的脸上写下愁苦。最触动于漪老师心灵的是文革那场洗礼。游街、扫地、交代问题,受尽种种屈辱。然而,她挺过来了,她把母亲的家训牢牢地记了一辈子。

痛苦非但没有压垮她,反而磨炼了她的意志,激发了她的责任。一个人如果没有经历痛苦,或许只会有卑微的幸福,伟大的幸福必是产生于战胜巨大的痛苦之后。于漪老师顽强的生命力来自她所承受的痛苦的分量,来自她内心坚定的信仰。

大写的教师必有晶莹剔透之心

于漪老师曾说:"要成为一名合格的人民教师,不辜负党和人民的期望,自己首先必须做一个一身正气、有中国心的堂堂正正的中国人。在此基础上,才谈得上教师的专业发展、教育教学的技能技巧。"

于漪老师是镇江人,中学时代求学于镇江中学。镇江中学的校训是"一切为了民族"。这几个大字掷地铿锵,无时无刻不在影响着于漪老师。

20世纪50年代,于漪老师扎着小辫走进了杨浦中学任教,拉开了在三尺讲台耕耘的序幕。60年代,于漪老师加入了中国共产党,她始终相信党相信祖国。70年代末,于漪老师被光荣地评为全国首批语文特级教师。80年代,于漪老师作为一校之长,大胆管理,改革创新,取得了明显的办学成效。90年代,随着新课程改革的推进,于漪老师参加了教育部语文课程标准的审定和上海市二期课改从小学一年级到高中三年级所有语文教材的审定工作。新世纪以来,于漪老师依然坚守在教改第一线,担任了两个基地的主持人……

在教育的大海中畅游的于漪老师,在现实生活中的脚步是不轻松的。长期的劳累与忙碌,无情地损坏了她的健康。胃溃疡、肝炎、心脏病……都曾光顾过她。每天,她吃大把大把的药;每天,她意气风发地站上讲台。人们常常想不明白，如此羸弱的身体，何来这样旺盛的生命力。

她对教育的不改痴心，就是来自对国家对民族的坚定信仰。"大人者，不失其赤子之心者也"，伟大的教师，必拥有晶莹剔透之心。"教师的天职就是爱学生！"是学生让她的心中涌起热潮，是对教育的痴情让她能如此昂奋地工作。在半个多世纪的时空里，尽管教育的海平面上风风雨雨、潮起潮落，但于漪老师始终以感性与智性的交融从容面对。

她学的是教育，教育学给了她思考的头脑；她教过历史，历史学给了她辩证的思维；接着她改教语文，文学给了她丰富的心灵；后来，她做校长，管理岗位又带给她更多的使命意识。

于漪老师从不取庄子的清静无为，她的生命始终激情奔放。今天，依然有做不完的事在等着 80 多岁的于漪老师，而她，要么伏案疾书，要么四处奔走，从不停歇。在她身上，生命外化的广度和内化的深度早已和谐统一，她不断地在给自己的人生价值以最完满的解答。

感恩与敬畏是做人的美德

在获得了全国首届十大教书育人楷模之后，于漪老师又获得了复旦大学"杰出校友奖"。让我们来分享于漪老师的获奖感言：

> 大学毕业离开母校已整整一个甲子。但母校的培育之恩刻骨铭心，永志难忘。特别是母校博学、笃志、切问、近思的复旦精神谱就了我生命的底色，激励我一辈子锐意进取，奋勇直前，将自己的生命和教书育人的使命结伴同行。
>
> 复旦精神"笃志"，教育了我四年，让我立下了这样的志向：一辈子从事基础教育，做一名合格的人师。家长把孩子交给我，

要让党和国家放心，让千家万户老百姓放心。为此，我刻苦修炼，要求学生做到的，自己一定率先做到，努力做到德才兼备。

教育教学工作中碰到许多困难，怎样从困境中走出来，又是复旦精神"博学"指引我，使我开了窍。做教师，要提高教育教学的有效性，身上必须有时代的年轮，跟随着时代前进。为了可爱的学生，为了他们的成长、成人，我一辈子都在学习。学习怎么立德，怎么修身，怎么求知，怎样才会有比较丰厚的文化积淀，怎样才能有娴熟的教学艺术。

孩子只有一个青春，青春是无价宝。每个孩子都是国家的宝贝，家庭的宝贝，工作中我不敢有丝毫的懈怠。复旦精神中"切问而近思"常给我鞭策。我经常拷问自己的灵魂：你尽责了没有？尽心了没有？你耽误了他们的青春没有？中学生进学校求知，一天要上八节课、九节课，生命的大量时间是在课堂里度过的，因此，课的质量会影响学生生命的质量。如果课只教在课堂上，写在黑板上，就会随着你声波的消逝而销声匿迹。课要教到学生身上，教到学生心中，成为他们优良素质的因子，才算尽到了责任。因此，每堂课下来，我都要反思，寻找和记下自己教学的不足、缺陷乃至错误，探求学科教学的规律，探求育人的规律。我的几百万字的文章、书籍，比如《于漪文集》、《于漪新世纪教育论丛》等等，都是教学反思、探索学科性质功能、探求教育教学规律的表述。

我一辈子承受母校的教育之恩，难以言说。现在尽管我已82岁，还在做些工作，比如像审查12个年级的中小学语文教材；又比如培养中青年骨干教师，带名师基地、带语文德育实训基地，对这些工作我都是尽心尽力。我很高兴带出了三代特级教师、特级教师团队。我总觉得，教育不管是高等教育还是基础教育，都应该是时代的良知，智能的火把，自强不息、追求卓越的教育精神的代表。

我作为一名基础教育的教师，以有限的知识，有限的精力，为我们基础教育做一点奉献，那是我此生的最大荣幸。

对母校、对人生，于漪老师充满了感恩之情；对教育、对学生，于漪老师充满了敬畏之心。在于漪老师的生命中，有着一片教育与人生的谐美境地。于漪老师曾自警说："在教育一刀切排山倒海般的气势下，要能有点不同看法已十分稀罕，十分宝贵，怎能不费吹灰之力就抑制了学生的学习热情？这样抑制的不是某些知识的增减，而是一颗求学征途中追求真知的心。"只有一个时刻对学生充满了敬畏之心的人，才能这样见微知著。

"与其说我做了一辈子教师，不如说我一辈子学做教师。"于漪老师这富有思想力度的箴言，让我们在聆听或阅读时始终保持一种动态，由此去自觉追随她对人生、对教育的执着思索。

今天，80多岁的于漪老师依然心怀着热望，在教育的星空下奋力前行。我们，又有什么理由懈怠呢？

教师要关注学生，哪怕是一颦一笑或眉头一皱

20年前，刚刚走出象牙塔的我有幸成为于漪老师手下的一个"兵"，在于漪老师担任校长的上海市第二师范学校执教语文。在于老师的悉心指导和鞭策下，我较快地成长起来，并有幸成为一名市教研员。

八年前，当时70多岁高龄的于漪老师担任了上海市语文名师培养基地的主持人，我有幸"回炉"，成为基地学员。难忘于老师为我们每一个学员写下的充满深情的寄语，难忘于老师在我们教学设计和科研论文的稿纸上留下的密密麻麻的修改字迹，难忘于老师躺在床上边吊点滴边跟学员讨论课堂教学，更难忘那一次金山之行。

那次的基地活动在上海远郊金山区的华师大三附中举行,大家费了不少口舌想说服于老师不必亲自到场,可她老人家坚持要去:"只要是我基地学员所在的学校,即使再远,我都不会落下。"一大早,于老师准时来了,那个陪伴了她许多年的黑色包袋鼓鼓囊囊的。她坚决不肯一个人坐轿车,而是和我们坐上了同一辆面包车。刚一上车,基地管理员便为我们分发起面包和牛奶,大家都很感谢她的周到,她笑着说:"要不是于老师提前关照……"这时,于老师从包里取出一袋鸡蛋来:"这是我早晨起来刚煮的,快趁热吃了吧!"鸡蛋热乎乎的,跟小时候奶奶的白煮蛋一样好吃。此时,谁都没觉得坐在自己身边的是拥有无数光环的令人敬仰的大师级人物。

车辆并不宽敞,车内的空气并不清新,可于老师毫无倦意,不失时机地和学员们聊家常、谈人生。将近两个小时下来,她的脚肿了……可是一来到三附中,她就一头扎进了教室。

三附中的学生都伸长了脖子,他们盼望着这位中国教育界的泰斗级人物能够到自己的班上去听课,他们也好一展风采啊!可是时间毕竟有限,几节课不能轮流展示,而于老师又没有"分身术",所以有一个班级的课她就没法听到。能够想象,这个班级同学们的脸上会写满多少失望,而于老师是最不能看到学生们这种表情的。

中午,于老师快速地扒拉了两口饭,撂下筷子就往那个教室赶去,她要去和同学们见见面,和他们敞开心扉地聊聊学习和生活,以弥补他们的失落与遗憾。这辈子,她最见不得的,就是孩子们失望的表情。她刚一脚踏进教室,整个教室就沸腾起来了。"我们终于见到尊敬的于漪老师了!"欢乐的笑声飞出了教室,飞出了校园。此刻,同学们的脸上写满了惊喜、兴奋与快乐,他们没料到于老师会突然出现在自己面前,会与他们有这样零距离的交流。

正午的阳光直射进来,这幅世上最美丽最温馨的画面定格了:画面的主角是一位慈祥的老人和一群心满意足的孩子,画面上最打动人心的是孩子们纯真的笑脸,是老人那布满岁月痕迹但依旧焕发着生命活力的脸庞。

从中学到师范再到中学，得到于漪老师教诲的学生数以千计。无论哪个年代，无论面对何种类型的学生，她始终"和学生的心弦对准音调"。她充满智慧，深谙教育这首歌的旋律；她自成风格，最不愿做墨守成规的教书匠；她独具慧眼，发现了孩子们身上的巨大潜能；她善于沟通，最了解孩子们的世界有着怎样独特的色彩与旋律……于是，她成为学生中的一分子，和他们一起喜怒哀乐，把健全人格的自由发展还给他们。

教师要有知识分子的伦理关怀和道德良知

于漪老师在担任名师基地主持人后，又担任了市语文学科德育实训基地的主持人。有一次，基地在松江民乐学校举办教学研讨活动。课间，学校的小记者们见缝插针，忙着向于老师提问："尊敬的于老师，您怎么看待网络语言？""您觉得我们中学生最重要的事情是什么？""您语文这么好，那您读书时，数学成绩怎么样？"孩子们的问题连珠炮似的，他们不知道80岁的于漪老师已经在教室里整整坐了四节课，接下来还有评课等着她呢。我想从中挡驾，可于老师是那么耐心地一一解答着孩子们的问题。是啊，对孩子们的请求，她是不会说"不"的。其实，何尝是对学生呢？新世纪以来，标准审定、教材审查、"两纲"制定、听课评课……总有大大小小的事在等着她。对任何人的请求，于老师都不会推辞。那么，在于漪老师的人生字典中真的就没有"不"字了吗？

20世纪90年代，于漪老师担任第二师范学校校长。在我印象中，她很少外出开会，总是把更多的时间花在青年教师培养和学校管理上。那时，二师的学生被要求一律穿校服，一律剪齐耳短发，连教师也不准戴首饰。于老师常在教工大会上说，"社会上允许的，学校不能都允许；社会上流行的，学校也不一定都提倡；学校风气如果降低到社会的一般水平，那是教育的失败。"于老师还经常告诫我们，不要"东家长李家短"，空余时间就到阅览室去看书，教师不应该只是学科教师，首先应该是文化人。

就这样，没几年的时间，二师就成了全国师范学校中的楷模。

1997年，二师转制为杨浦高级中学。当我得意于自己融进高三应试的队伍中时，于老师的话语如醍醐灌顶："千万不要用机械训练消磨学生的青春。""语文教师力求有自己的独立见解，不追风，不沽名钓誉，不乱提口号，不拾别人牙慧壮自己的声势，坚持教文育人的方向。"听着于老师的这些话语，我陷入了深深的自责与思索之中，什么时候，我能变得更加清醒而不趋时呢？什么时候，我能拥有于老师的一半呢？当时的我又怎会明了，上过两千多节公开课，被誉为"教育界的梅兰芳"的于漪老师，早已把语文教学融化在了自己的血液里。

这些年来，于漪老师总是不遗余力地为语文的价值、地位、作用而呼吁，总是全身心地投入到青年教师培养的工作中。她说："要坚定不移地弘扬人文精神。……坚持这一条十分不易，要敢于说'不'，有些事要敢于'不为'。"

看来，在于漪老师的人生字典中，没有"不"字，又有许多的"不"字。于老师无论是作为校长、语文特级教师、还是教育家，就是在二十多年的代表生涯中，她也从来不作壁上观，常为广大教师谋利益，时而森森剑戟，时而穆穆和风。

于漪老师当过五届市人大代表、三届人大常委、两届人大教科文卫副主任委员。当年，面对基础教育教育经费短缺、中小学教师待遇低下，退休教师的教龄津贴等问题，她向市委书记、市长直陈利弊，乃至犯颜直谏。最终，这些问题都得到了妥善解决。直至今日，于漪老师对政府部门等决策机构的现状仍不"仰视"，还会经常向分管教育的书记、市长和市教委、区委区府领导坦率直言，各级领导也多会采纳她建设性的批评意见。

于漪老师始终强调教学要目中有人,她也认同今天所提倡的"以学定教",但她强调,以学定教是有前提的。培养人,就要有育人的整体计划,随风跟风就是丧失"教格"。她强调青年教师一定要成为有独立见解,有文化批判力的人,一定要有良好的人格特征,如广泛的兴趣、友善的态度、幽默感、公平、机敏、热心、拥抱生活。其实,于漪老师烧得一手好菜,还能边看书边织毛衣,也喜欢欣赏各种戏曲和各流派的书法作品……

今天,在课程改革之路上,我们也应像于漪老师一样,咬定青山不放松,不随风跟风,不人云亦云。

诚恳与宽厚是为人的境界

几年前,由市教研室和市教师学研究会共同举办的每年一届的全市大型论坛在浦东建平实验学校举办,三百多人的会场里济济一堂。台上的聚光灯灼灼发亮,当六位发言嘉宾一一闪亮登场,在一字摆开的椅子上坐定,主持人刚抛出第一个问题时,百年不遇的事情发生了——停电,台上霎时变得昏暗,话筒仅成了点缀。作为活动的主办方之一,我心忧如焚,怕台下会骚动起来,怕听到远道而来的老师们的叹息声,怕看到老师们合上笔记本离开会场。好在,这一切都没有发生,会场内比先前变得更加安静。主持人和嘉宾的情绪在两秒钟之后马上有了调整,他们用比先前响亮的声音讨论着关于文本解读的一个个话题。一个半小时过去,台下依然坐得满满当当。

进入到互动环节了。这时,台下的一位老师上台发言,他发出了颇为尖锐的批评声。其实,他不少地方讲得很有道理,但因为没有话筒,他的声音抬得很高,就显得较为激动,而且一上台就用"他们"(指台上的嘉宾和主持人)、"你们"(指台下的教师观众)这样的字眼,把台上台下同是老师的"我们"推到了对立面。这时,台下在保持寂静一个半小时后,发出了不小的阵阵骚动。我的心跳有些加速。我注意了一下坐在我身旁的于老师的表情,她也代表了主办方(当时于老师担任上海市教师学研究会会长)啊!可于老师的脸上仍然带着对后辈常有的微笑。

于老师上台做点评了。她丝毫没有批评之意,而是真诚地肯定了这位老师的某些想法,提倡论坛就是需要这样的百家争鸣。我的记性实在及不上八十岁的于老师,她的原话我复述不了,但是我读懂了她话语中对青年教师一贯的诚恳与宽厚。接下来,她讲了自己从几十年的文本解读中提炼出来的种种经验……时针已指向四点多,外面的天色也暗了下来,礼堂里就更显得昏暗。不知怎么的,我忽然想起了《于漪语文教学论集》中的一段话来:"在一座由破饭厅改建成的大教室里,挤满了远近而来的密密层层的人。闻一多先生在讲台前讲《九歌》:'黄昏时分。从四面八方辐辏而来的鼓声,近了,更近了,十分近了。神光照得天边通亮。满坛香烟缭绕'……教室里弥漫着像唱歌一样的声音。"

那一刻,我分不清站在台上的是闻一多先生还是于漪先生。那一天,八十岁的于漪老师又是一口气讲了三刻钟。要知道,那时校外的供电还是没有恢复,三百多人的会场,依然没有麦克风。但那时,台下又恢复到先前的寂静,大家都伸长了脖子,拉长了耳朵,生怕漏听了什么。那样的场景,十年、二十年、一辈子,我都不会忘记。

感谢停电,感谢那位勇敢跨上讲台的老师,感谢我的恩师于漪。

后来,我才知道,当天晚上回到家,她老人家的喉咙就嘶哑了。

我深切地明白:那天,于漪老师教给我们的,远不止怎样解读文本。

大气象的背后是大胸襟

　　前几年,在华东师范大学的礼堂里,第二届上海市语文大讲堂评选活动正在举行,活动将从 19 位选手中评出十名上海市语文教学之星。评委席上的于老师时而对选手们的表现频频点头,时而又紧蹙眉头。比赛结果出来了,19 位选手中的 3 位男选手全部脱颖而出,其中有两位分列第一、第二名。

　　我们似乎已经习惯,这样盛大的活动如果少了于老师的讲话,总觉得缺了点什么。这不,华师大中文系的主办者又把于老师请上了讲台。于老师先是肯定了近年来初中语文教学的新气象和初中语文教师的进步,接着又言辞恳切地指出,比赛也暴露了不少问题,不少教师还缺少思考,有的不会审题,有的答非所问,更多的是习惯性思维而缺少创新思维,相对来说,男教师比女教师在这一点上要强得多,他们思考的准确度、深度、广度都强于女教师。

　　于老师这么说,在我们听来,丝毫没有贬低女教师的意思,她还说自己也是一名女教师。但是会后,她问我,"我刚才有些话,是不是说得太重了?"

　　这就是我们的于老师啊! 她让我们明白,什么叫做"严于律己,宽以待人",什么叫做将心比心,换位思考。所以,她的每一次讲话、报告,都是言者朗然,听者豁然。

　　当时,坐在我身边的华师大中文系主任问我,于漪老师这么大年纪了,思维怎会这么敏捷? 对问题怎会看得如此透彻? 她的讲话为什么总能呈现出大气象? 其实,我也一直在思考类似的问题。这些年来,我觉得已经找到了答案,那就是——如果一个人的人生意义充盈,情怀便自然天成,讲话就会呈现出大气象。这就跟我们平时上课一样,如若胸襟小,课堂的气象就不可能大;如若旨趣俗,课堂的味道就难以清新怡人。

今天，无论在何种场合听于老师的报告，我们总能发现她与时俱进，抒发着对新事物的真切感受。她极少重复自己，因为当一个人的精神状态达到一定纯度时，是很少会重复的。

反思是教师应有的专业品质

于漪老师常说："我上了一辈子课，教了一辈子语文，但还是上了一辈子深感遗憾的课。"确实，谁都承认教学是遗憾的艺术，但在这个浮躁的时代，又有多少人愿意静下心来切己体察？而在寥寥的切己体察者中，又有几个能反求诸己？然而，耄耋之年却依然在为教育事业忙碌奔波的于漪老师做到了！

翻开《于漪新世界教育论丛》，我们不时能看到这样的字句：

> 我反躬自省，发现自己教学中存在一个大毛病，那就是"目中无人"。只抱着教材，从教材出发，忽略了对学生的了解与研究。

> 课堂教学中学生完全有发挥自己聪明才智的机遇与空间，遗憾的是往往自己"麻木不仁"，无意中掐掉了机遇，剥夺了空间，让创造意识的萌芽轻易流失。教训要记取，牢记：保护，悉心保护！

反思已经成为于漪老师的一种习惯，一种在长期的工作中形成的专业品质。"学然后知不足，教然后知困。知不足，然后能自反也；知困，然后能自强也"，恐怕在座的每位老师都对此耳熟能详，可又有几人能像于漪老师一样从习焉不察的教学现象中来加以反思呢？

知人论世，知世论人，是常识问题，教学中我怎么会忘却而丢在一边呢？

　　今日看来，不是教学内容、教学环节处理不当的技巧问题，而是这类植根于现实生活土壤，作者用激情与生命歌唱的诗文，究竟拿什么来指向学生的心？

　　这是被誉为中国语文教育界一代"情感派"大师内心世界的真实祖露。于漪老师没有告诉我们反思的性质、类型与方法等，只是从自己的教学中，从大家都会忽略了的问题与细节中去反思。这样的反思不受任何框框的限制，只遵循自己的心灵，唯一的准则就是本真。

　　反思作为一种品质体现在于漪老师身上，更是知与行的和谐统一。"知而不行"与"行而不知"，都不是成为专家型教师的理想状态。始于魏晋六朝的"清谈"之风，今天仍在中国吹刮。今日的一些"文人学士"仍止于"清谈"或"清议"，却从不去实践（不屑或是不能），他们也经常反思，但因为没有实践打地基，所以那些悬在半空中的所谓反思多半是不可能有说服力的。

　　在海德格尔看来，"思"是一种"存在之思"，一种行动，一种把存在对人的本质的关系形之于语言的行动。如果没有洞察力与判断力，没有实实在在的实践与记录，反思只能成为无稽之谈。于漪老师的反思既不盲目也不冲动，既可见树又可见林，这种反思能力的培养，或许应列为每一名教师所必需的"第六项修炼"。

叩问自我，一种可贵的为人之道

　　鲁迅在《摩罗诗力说》中写道的，"首在审己，亦必知人；比较既周，爱生自觉"，这里强调了做事首先在于审视自己，同时也必须了解他人；只有相互比较才会周全合宜，才能产生自觉。至此，我明白了为什么每次评课，于漪老师总是能够将心比心，换位思考？为什么她和教师之间没有壁垒，没有对峙，有的只是真诚对话？为什么于老师的每一次讲话，都是言者朗然，听者豁然？

子曰"吾日三省吾身"，蒙田说"世界上最重要的事情就是认识自我"，古希腊神庙上则镌刻着五个字"认识你自己！"人正是在这种对自我的叩问中成熟起来。任何时候，最大的敌人就是自己。

于漪老师清醒地认识到这一点，所以有坚强的心理力量去引咎自责，有深沉的行为内驱力去反躬自问。

我又想起了在《岁月如歌》一书中，于漪老师用她一贯的真诚与质朴写下的话语：

岁月如歌，往事依依，留下的痕迹有浓有淡，有深有浅，有伤痕有欢乐，有失落有收获，但更多的是教育征程中自己的不足与遗憾，每想到此，总对学生心怀愧疚。

这件事我记了一辈子，教训深刻，不断叩问自己的灵魂，要努力提升思想，净化感情。

于漪老师的叩问，不仅仅是对自己所行之事的追问，更多的是心灵深处的叩问，甚而至于是来自灵魂的拷问。

于漪老师的叩问，让我们看到她的清醒、自觉与真率的本性。

怎一个"问"字了得！一个非真正意义上的知识分子，是很难对未能挽回的事实负责的。于漪老师的叩问力透纸背，于漪老师的为人坦坦荡荡。在这叩问的背后，恰是一种自我解剖，而这样的自我解剖，难道不正是对自己对所肩负的人生使命的深沉回应吗？

这是于漪老师的精神元素，也是教育的底色。

【就什么说点什么】

于漪老师有许多头衔和荣誉，上海市人大常委会委员、全国中学语文教学研究会副理事长、多所师范大学兼职教授、上海市教师研究会会长、上海市劳动模范、全国"三八"红旗手、全国先进工作者、全国首届教书育人楷模……但她最喜欢的称呼是"老师"，因为她最想成为的就是一个有良知、有担当、有自省的人民教师。

正如于漪老师自己所言，在全球经济一体化和文化多元化的时代，我们的语文教学处在非常困难的境地，但是母语是文化的生命线。愈是困难，我们愈是要努力帮助学生学好母语。所以，80 高龄的她总是跟自己过不去。

一个平庸之人，经常会处于自我满意的状态，但于漪老师总对自己不满意，总不停地跟自己较劲。在这种较劲的背后，不正是对自我的突破与超越吗？这样的自我批评，不正是敢于担当的体现吗？她敏锐地发现自身的问题，警觉自己的不足，但这绝不动摇她在我们心中的高度。因为她坚持更高的价值观，愿意为更高的目标去努力，寻根究底，探究本源。

这种超越只属于坚定者。

后　记

　　收录在本书中的大部分文章，曾在《语文学习》、《中学语文教学》、《语文教学通讯》、《语文建设》、《上海教育》、《上海教育科研》、《中文自修》、《中国教育报》等报刊上发表过。此次分主题成书时做了局部的修改，一是尽可能把原来大块的文章分成一个个小板块，并加上小标题，以利于读者阅读和理解；二是在每篇文章结尾处加上"就什么说点什么"（援引亚里士多德的常用说法）的板块，或长或短，或严肃或轻松，来上几句或几个自然段关乎痛痒的话语。

　　随着教育部义务教育语文课程标准修订稿的出台，上海的语文课程标准也在紧锣密鼓的修订之中。对广大语文教师而言，他们日常教学研究的主要目的不在于创造新的教育教学理论，发现新的教育教学规律，而是拥有教好语文的信念，摸准语文课标的主动脉，认准语文教改的方向，把握语文教学的逻辑，选择语文教学的策略，从而提高语文教学效率。

　　看过《帝企鹅日记》的人都知道，在南极大地的水陆交接处，是一望无垠的光滑冰层，身躯笨重的企鹅如何从水中上岸？只见企鹅猛地低头，从海面深深地扎入海中拼命沉潜，之后便犹如离弦之箭蹿出水面，腾空跃起，稳稳地落于陆地之上。如果企鹅缺少了这份沉潜，就不可能积聚起腾空而起的力量，从而成功登陆。面对新的语文课程标准，教师如果没有潜心钻研，试图以不变应万变，"任凭风浪起，稳坐钓鱼船"，是不可能获取成功的。

　　从教师教学和自身成长的角度思考是这样，从学生的角度思考也是如此。学生喜欢怎样的教师？一份问卷调查表明，学生最喜欢能欣赏他们特殊天赋、才能和潜力的教师，能使教材变得妙趣横生的教师，能认真倾听他们倾诉的教师，能真正以教学为乐的教师——有充沛的精力、高昂的热情、飞扬的神采、忘我的热爱。

由此看来，为更好地实现未来语文课程与教学的图景，首先需要教师的转变。如果借用海明威的理论来构建一个教师专业发展冰川模型，那么冰川之上的显性品质是教师的专业素养，包括教师的本体性知识、条件性知识、实践性知识等；冰川之下的隐性品质则包含了教师的仁爱、开放心灵、合作共享、自我悦纳、不断接受新理念并努力完善自我……

在本书多篇文章中提及的于漪老师，本丛书的策划人——上海师范大学人文与传播学院副院长詹丹教授，注释中提及的与我共同撰文的老师，在两篇"评课集锦"和其他文章中引用其教学实录的老师，还有本书和相关书刊报纸的编辑，他们身上都鲜明地体现出这些显性品质和隐性品质。

真诚地感谢你们——在成长道路上我有幸遇见的尊敬的前辈和各位语文同仁！

图书在版编目(CIP)数据

语文教学的现实与图景/谭轶斌著.—北京:商
务印书馆,2014
(语文教学研究丛书)
ISBN 978-7-100-10555-2

Ⅰ.①语… Ⅱ.①谭… Ⅲ.①中学语文课-教学研究
Ⅳ.①G633.302

中国版本图书馆 CIP 数据核字(2014)第 139079 号

语文教学的现实与图景

谭轶斌 著

商 务 印 书 馆 出 版
(北京王府井大街 36 号 邮政编码 100710)
商 务 印 书 馆 发 行
山 东 临 沂 新 华 印 刷 物 流 集 团
有 限 责 任 公 司 印 刷
ISBN 978-7-100-10555-2

2014 年 7 月第 1 版   开本 890×1240 1/32
2014 年 7 月第 1 次印刷   印张 11.5
定价:36.00 元